Karin Weiß
Das Neue Steuerungsmodell –
Chance für die Kommunalpolitik?

Reihe: Städte und Regionen in Europa

Herausgegeben von

Jürgen Friedrichs, Köln
Oscar W. Gabriel, Stuttgart
Herbert Schneider, Heidelberg
Rüdiger Voigt, München

Band 9

Karin Weiß

Das Neue Steuerungsmodell – Chance für die Kommunalpolitik?

Leske + Budrich, Opladen 2002

Ausgeschieden von
Landtagsbibliothek
Magdeburg

am ,.............................

Gedruckt auf säurefreiem und alterungsbeständigem Papier.

zgl. Diss. Univ. der Bundeswehr München 2001

Die Deutsche Bibliothek – CIP-Einheitsaufnahme
Ein Titeldatensatz für diese Publikation ist bei Der Deutschen Bibliothek erhältlich.

ISBN 3-8100-3390-1

© 2002 Leske + Budrich, Opladen

Das Werk einschließlich aller seiner Teile ist urheberrechtlich geschützt. Jede Verwertung außerhalb der engen Grenzen des Urheberrechtsgesetzes ist ohne Zustimmung des Verlages unzulässig und strafbar. Das gilt insbesondere für Vervielfältigungen, Übersetzungen, Mikroverfilmungen und die Einspeicherung und Verarbeitung in elektronischen Systemen.

Druck: Druck Partner Rübelmann, Hemsbach
Printed in Germany

Inhalt

	Editorial	9
	Dank	11
1	**Problemstellung**	**13**
1.1	Ausgangslage	13
1.2	Methode	16
1.2.1	Untersuchungsbereich	16
1.2.2	Untersuchungsziel	18
1.2.3	Thesen	21
1.2.4	Erhebungstechnik	23
2	**Grundlagen der Kommunalpolitik**	**27**
2.1	Wertorientierung der Kommunalpolitik	27
2.1.1	Gemeinwohlbegriff	27
2.1.2	Demokratieprinzip	29
2.2	Normative Grundlagen der Kommunalpolitik	31
2.2.1	Die kommunale Selbstverwaltung	31
2.2.2	Entscheidungsstruktur	32
2.2.2.1	Der Erste Bürgermeister	32
2.2.2.2	Der Gemeinderat	35
2.2.2.3	Die Bezirksausschüsse	37
2.2.2.4	Die Fraktionen	38
2.2.2.5	Referenten/Dezernenten	40
2.2.3	Entscheidungsprozesse	41
2.2.3.1	Zusammenwirken von politischer Vertretung und Verwaltung	41
2.2.3.2	Entscheidungsprozesse innerhalb des Rates	43
2.2.3.3	Entscheidungsabläufe innerhalb der Verwaltung	44
2.3	Kommunalpolitik – eine Politikqualität eigener Art	46
2.3.1	Der Policy-Aspekt in der Kommunalpolitik	46
2.3.2	Der Politics-Aspekt in der Kommunalpolitik	50
3	**Das Konzept des Neuen Steuerungsmodells**	**53**
3.1	Zum Begriff der Steuerung	53
3.2.	Die Einführung des Neuen Steuerungsmodells in der Bundesrepublik Deutschland	55
3.3	Die Führungsrolle der Volksvertretung im Neuen Steuerungsmodell	58
3.3.1	Abgrenzung der Verantwortungssphären	58
3.3.2	„Politikformulierung" durch den Rat	61
3.3.2.1	Ziele als Ausdruck des politischen Willens	61
3.3.2.2	Die outputorientierte Budgetierung	63

3.3.3	Rahmenbedingungen für eine politische Steuerung	65
3.3.3.1	Informationsmanagement	65
3.3.3.2	Controlling	67
3.3.3.3	Kontraktmanagement	69
3.3.3.4	Struktur der politischen Gremien	71
3.4	Derzeitige Gesetzeslage – ein Hindernis für die Einführung des Neuen Steuerungsmodells?	72
4	**Ausgewählte Probleme bei der Umsetzung des Neuen Steuerungsmodells**	**77**
4.1	Dominanz der Verwaltung	77
4.1.1	Modernisierungsschwerpunkt: Einführung betriebswirtschaftlicher Elemente	77
4.1.2	Beteiligung der Politik am Reformprozess	79
4.2	Mandatsträger als Vertreter der Gemeindebürger	85
4.2.1	Selbstverständnis der Ratsmitglieder	86
4.2.2	Erwartungshaltung der Bürgerinnen und Bürger	89
4.3	Mandatsträger als Politiker	91
4.3.1	Wiederwahlinteresse	91
4.3.2	Selbstbeschränkung des Rates	94
4.3.3	Machtausübung mittels Personalpolitik	97
4.4	Mandatsträger und die Verwaltung	99
4.4.1	Grundsatzentscheidungen durch die Politik	99
4.4.2	Kontrolle der Verwaltung	106
4.5	Entlastungseffekt für Ratsmitglieder durch das Neue Steuerungsmodell?	114
5.	**Neues Steuerungsmodell – Chance für die Kommunalpolitik**	**117**
5.1	Kommunalpolitik zwischen exekutiver Führerschaft und legislatorischer Programmsteuerung	117
5.2	Voraussetzungen für eine Stärkung des Politischen im Reformprozess	118
5.2.1	Breiter Grundkonsens im Rat	118
5.2.2	Vorleistungen der Verwaltung	120
5.3	Einfluss des Neuen Steuerungsmodells auf die Gemeinwohlbestimmung	122
5.3.1	Ergebnisorientierung	122
5.3.2	Effektivität und Effizienz	123
5.3.3	Funktionswandel in der Kommunalpolitik	126
5.3.4	Konsequenzen für die Fraktionen	127
5.4	Das Neue Steuerungsmodell und die demokratische Legitimation der Kommunalpolitik	132

5.4.1	Repräsentationsgedanke	132
5.4.1.1	Ziele werden durch die Bürgerschaft gesetzt	132
5.4.1.2	Unabhängigkeit der Repräsentanten	134
5.4.1.3	Konsequenzen für den Charakter des Rates	136
5.4.2	Einfluss des kommunalen Wahlrechts	139
5.4.3	Bürgernahe Verwaltung – Machtverlust für den Rat?	141
5.4.4	Bürgerkommune	143
5.4.4.1	Von der Dienstleistungskommune zur Bürgerkommune	143
5.4.4.2	Bürgerschaftliches Engagement	146
5.4.4.3	Beratende Partizipation	148
5.4.4.4	Das Neue Steuerungsmodell und die Formen der direkten Demokratie	152
5.4.4.5	Das Neue Steuerungsmodell und die Rolle der Bezirksausschüsse/Stadtteilvertretungen	153
5.4.5	Die kommunale Selbstverwaltung im Zeichen des Neuen Steuerungsmodells	156
5.5	Das Neue Steuerungsmodell und die Rationalität des politischen Handelns	159
5.5.1	Die politische Rationalität	159
5.5.2	Einfluss des Neuen Steuerungsmodells	162
6	**Schlussfolgerungen**	**165**
6.1	These 1: Das Neue Steuerungsmodell stärkt das Primat der Politik in der Kommunalverwaltung	165
6.2	These 2: Durch das Neue Steuerungsmodell rückt die Policy-Komponente der Kommunalpolitik in den Vordergrund	169
6.3	These 3: Das Neue Steuerungsmodell stärkt die repräsentative Demokratie in den Kommunen	172
6.4	These 4: Das Neue Steuerungsmodell vernachlässigt die aktive Teilhabe der Bürgerinnen und Bürger an der Kommunalverwaltung	174

Anhang

Auswertung des Fragebogens zu Veränderungen des Verhältnisses von Politik und Verwaltung im Rahmen des Neuen Steuerungsmodells ... 177

Abkürzungsverzeichnis ... 187

Literaturverzeichnis ... 189

Editorial

Das Neue Steuerungsmodell steht bereits seit einigen Jahren im Zentrum der kommunalpolitischen Diskussion. Dabei sind die Kommunen die Speerspitze der Verwaltungsmodernisierung. Auch in den Ländern und im Bund müssen noch grundlegende Umbauarbeiten an der Verwaltung stattfinden, um sie fit zu machen für das 21. Jahrhundert. Um so spannender ist es, die Bemühungen einer lebendigen Großstadt wie München zu beobachten, dieses Modell Schritt für Schritt einzuführen und dabei zugleich an die eigenen Gegebenheiten anzupassen.

Im Vordergrund des neuen Steuerungsmodells steht die Idee von effizientem und effektivem Management letztlich also eine Vorstellung, die stark von der Ökonomie geprägt ist. Die kommunale Selbstverwaltung hat aber zwei Gesichter. Neben der kommunalen Daseinsvorsorge, bei der in erster Linie die Verwaltung gefragt ist, steht gleichberechtigt die Selbstverwaltung durch die Bürgerschaft. Sie wird durch den von den Bürgerinnen und Bürgern gewählten Stadtrat repräsentiert, kann aber auch durch Bürgerbegehren und ähnliche Verfahren direkt eingreifen. Die Bürger sind nicht nur Kunden, sondern vor allem auch Wähler.

Kein Wunder also, dass die Mitglieder der Vertretungskörperschaften allen Versuchen ihrer Verwaltung skeptisch gegenüber stehen, die Aufgabenerfüllung allzu stromlinienförmig zu gestalten. Der Stadtrat soll nach dem Neuen Steuerungsmodell lediglich die großen Ziele festlegen („Steuerung auf Abstand") und deren Umsetzung kontrollieren. Der Verwaltung soll ein weiter Handlungsspielraum eingeräumt werden. Wo bleiben dann die Möglichkeiten für den einzelnen Ratsherren, sich als Wahrer von Bürgerinteressen zu profilieren? Nicht zuletzt seine Wiederwahlchancen hängen davon ab.

In der Untersuchung von Karin Weiß steht zwar die Stadt München im Mittelpunkt, daneben wurden aber auch andere Städte in verschiedenen Bundesländern zum Vergleich herangezogen: Dortmund, Essen, Köln und Wuppertal in Nordrhein-Westfalen, Nürnberg, Passau und Weiden in Bayern sowie Stuttgart und Saarbrücken. In allen diesen Reformgemeinden befindet sich die Umsetzung des Neuen Steuerungsmodells bereits in einem fortgeschrittenen Stadium. Ein Vergleich liegt also nahe. Dabei wurden quantitative mit qualitativen Verfahren kombiniert, um die Schwächen des einen durch die Vorzüge des anderen auszugleichen.

Der Untersuchung liegen vier Thesen zugrunde, deren Bearbeitung sich wie ein roter Faden durch das Buch zieht und die einzelnen Kapitel mit einander verknüpft. Zu den Hauptthesen hat die Verfasserin jeweils ein oder zwei Ergänzungsthesen angefügt. In Kurzform lauten die Hauptthesen etwa wie folgt:

1. Das Neue Steuerungsmodell stärkt den Primat der Politik in der Kommunalverwaltung.
2. Durch das Neue Steuerungsmodell rückt die Policy-Komponente der Kommunalpolitik in den Vordergrund.
3. Das Neue Steuerungsmodell stärkt die repräsentative Demokratie in den Kommunen.
4. Das Neue Steuerungsmodell vernachlässigt die aktive Teilhabe der Bürgerinnen und Bürger an der Kommunalverwaltung.

Den negativen Folgen einer allzu einseitigen Orientierung an der Effektivität versucht die Verfasserin durch das Modell der Bürgerkommune entgegenzuwirken. Dabei geht es um die Einbeziehung des aktiven Bürgers in die Kommunalpolitik. Als „homo politicus" soll er an der „res publica" beteiligt werden. Ein solcher Ansatz könnte angesichts der knallharten ökonomischen Zwänge, denen sich heute jede deutsche Stadt ausgesetzt sieht, als naiv belächelt werden. Es hieße aber die Wurzeln der kommunalen Selbstverwaltung verkennen, wenn man sie auf ein „Public Management" reduzieren wollte. Denn ohne das Engagement selbstbewusster Bürgerinnen und Bürger können lebendige Städte und Gemeinden nicht bestehen.

Rüdiger Voigt, München im August 2001

Ich danke

meinem Doktorvater Herrn Prof. Dr. Rüdiger Voigt für seine ständige Hilfestellung und die Anregungen, insbesondere zur Methodik und Strukturierung.

den vielen Mitarbeiterinnen und Mitarbeitern der Landeshauptstadt München, insbesondere Herrn Udo Loose, die mir Einsicht in die verschiedensten Dokumente gewährt haben und mich mit wertvollen Hinweisen und Hintergrundinformationen versorgt haben.

den Mitgliedern der Fraktionen von SPD, CSU, Grünen/Bündnis 90 und FDP im Münchner Stadtrat für die gewährten ausführlichen Interviews.

meinen Kolleginnen und Kollegen der Stabstelle Planung, Koordination, Controlling des Schulreferates der Landeshauptstadt München für die anregenden Diskussionen zum Thema Verwaltungsreform.

Frau Petra Kaneider für die Unterstützung am PC.

allen Rücksendern des Fragebogens für die vielfältigen Informationen. Hier möchte ich insbesondere der Stadt Passau danken, die mich auch zur Teilnahme an Arbeitskreisen eingeladen hat.

Frau Magdalena Heck-Nick für den Gedankenaustausch, vor allem in methodischen und theoretischen Fragen.

meinen Freunden für die Unterstützung bei der Betreuung meiner Kinder, so dass mir die Teilnahme an interessanten Veranstaltungen auch abends möglich war.

meinen beiden kleinen Söhnen Sebastian und Florian, die sich bestimmt oftmals mehr "Spielezeit" mit ihrer Mama gewünscht hätten.

meinem Mann Norbert für sein großes Verständnis und seine Geduld. Er hat die Mühe auf sich genommen, als Fachfremder die Thematik zu verstehen und konnte mir gerade deshalb wertvolle Hinweise gegeben.

1 Problemstellung

1.1 Ausgangslage

Die Kommunalpolitik ist seit Anfang der neunziger Jahre kräftig in Bewegung geraten, insbesondere haben sich die Rahmenbedingungen in den letzten Jahren grundlegend geändert. So erfahren vor allem direktdemokratische Elemente eine grundsätzliche Stärkung. Zum einen wurde die Direktwahl des Bürgermeisters in allen Flächenstaaten der Bundesrepublik Deutschland eingeführt, nachdem bis 1991 nur Bayern und Baden-Württemberg die Volkswahl kannten. Zum anderen wurde die Möglichkeit eines Referendums in die Gemeindeordnungen aller Flächenstaaten aufgenommen, was es zuvor nur in Baden-Württemberg möglich war.[1]

Neben der Einführung direkt-demokratischer Elemente auf Kommunalebene wurde zeitgleich eine die öffentlichen Verwaltungen betreffende Modernisierungskampagne in Gang gesetzt, die sich mit den Schlagwörtern „Schlanker Staat",[2] „Lean Management", „Bürgernähe" nur ungenügend abbilden lässt. Die Verwaltung als Organisation selbst soll zur Steigerung ihrer Effektivität und Wirtschaftlichkeit „liberalisiert" werden, das heißt, einen Marktbezug erhalten und marktmäßig gesteuert werden.[3] Die Modernisierungsbewegung erstreckt sich auf die öffentlichen Verwaltungen in Bund, Ländern und Gemeinden. Allerdings hat sich die Verwaltungsmodernisierung nicht auf allen Verwaltungsebenen mit gleichmäßiger Intensität entwickelt. Das Schwergewicht liegt bisher eindeutig im kommunalen Bereich, während die Länder mit unterschiedlichem Abstand folgen und der Bund das Schlusslicht bildet.[4] Klages spricht in diesem Zusammenhang auch von einer „entwicklungsleitenden"[5] Funktion der Kommunen. Insgesamt deutet vieles darauf hin, dass Deutschland in die Phase eines umfassenden Verwaltungsmodernisierungsschubes[6] eingetreten ist, in dem die Kommunen die Vorreiterrolle übernehmen. Es handelt sich hierbei um keine staatlich verordnete oder

---

1 Wehling 1998, S. 76 - 80 (76)
2 Czerwick 1996, S. 433 - 453 (433)
3 Penski 1999, S. 85 - 96 (86)
4 Schöneich 1996, S. 1 - 18 (4); Reichard 1999, S. 117 - 130 (119)
5 Klages 1997, S. 132 - 139 (133)
6 Kißler/Bogumil 1997, S. 14

koordinierte Reformbewegung, sondern die Impulse zur Reform gehen von den Kommunen selbst aus.[7]

Ursächlich für diese Dynamik ist das Zusammentreffen verschiedener Faktoren. Als Hauptursache wird die kritische Finanzlage der Kommunen genannt.[8] Nicht Einsicht, sondern blanke Finanznot setzten vielerorts die Reformen in Gang. Die kommunale Finanzkrise resultiert dabei aus einem sehr komplexen Entwicklungsprozess, indem erhöhte Ausgabenzwänge[9] und begrenzte Einnahmenmöglichkeiten[10] zusammenwirken. Ein weiterer Faktor derzeitiger Modernisierungsbestrebungen ist der allgemeine Wertewandel in der Gesellschaft. Es handelt sich hier um einen Abbau generalisierender Normen der Verhaltenssteuerung hin zu einem grassierenden Individualismus, der alles Gemeinsame aufzehrt.[11] Gerade die kommunalen Verwaltungen als unterste Ebene werden infolgedessen mit einer Anspruchs- und Forderungsinflation der Bürger konfrontiert, die unmöglich aufgrund schrumpfender Ressourcen erfüllt werden kann.[12] Ebenso ist es den Politikerinnen und Politikern nicht mehr möglich, die aufgrund der wachsenden Differenzierung und Pluralisierung auseinanderstrebenden Entwicklungsprozesse zu koordinieren.

Das weitverbreitete negative Ansehen der Verwaltungen in der Öffentlichkeit, charakterisiert mit Schwerfälligkeit, Ideenarmut bis hin zu Korruption, verstärken den Reformdruck. Die Kommunalpolitikerinnen und Kommunalpolitiker spüren ebenfalls diese Imagekrise der Verwaltung, indem die Bürger „die auf dem Rathaus" im Visier haben und in ihre Kritik auch Politikerinnen und Politiker mit einbeziehen.[13] Den Reformdruck vergrößert haben auch die immer offensichtlicher werdenden Steuerungsmängel innerhalb der Verwaltung, die von Banner mit dem Schlagwort „organisierte Unverantwortlichkeit"[14] betitelt wurden sowie eine Übersteuerung durch den Rat bei gleichzeitiger Untersteuerung. Eine Übersteuerung des Rates meint die Einengung des Handlungsspielraumes[15] der Verwaltung durch Vorgaben des Rates im Detail, was wiederum auch Grund für die kritisierte Überlastung des Rates darstellt. Zu einer gewissen Untersteuerung führen dagegen unklare und

---

7   Mutius von 1997 a, S. 685 - 716 (688)
8   Schöneich 1996, S. 1 - 18 (4), Röber 1996, S. 98 - 111 (98) vgl. auch Grömig/Gruner 1998, S. 581 - 587 (582) 3. Umfrage des Deutschen Städtetages 1998: über 98 % der befragten Städte gaben Finanzkrise als Hauptgrund für Modernisierung an.
9   Dies kann beispielsweise auf übertragene staatliche Aufgaben, soziale Sicherung, „Organisationsausbau", etc. basieren.
10 Budäus 1994, S. 20
11 Böhme 1997, S. 82
12 Budäus 1993, S. 163 - 176 (166)
13 KGSt 1996, Politikerhandbuch, S. 7
14 Banner 1991, S. 6 - 11 (7) Er spricht auch von einem Ressourcenbeantragungsspiel und meint dabei die ineffiziente Entscheidungsstruktur zwischen Fach- und Querschnittsämtern; ebenso Blume 1993, S. 1 - 8 (4)
15 Voigt 1993, S. 289 - 322 (313)

häufig wechselnde Zielvorgaben der politischen Führung.[16] Diese Steuerungsmängel ziehen vielfach den Unmut vor allem in der Verwaltung nach sich.[17] Auf der anderen Seite wächst die Frustration der Politikerinnen und Politiker, die vor allem Bürokratismus und unzureichende bzw. auch zurückgehaltene Informationen der Verwaltung beklagen. Hinzu kommt, dass nach dem Empfinden der Politik der Zeitaufwand für die Wahrnehmung des Mandats in keinem Verhältnis zum Ergebnis steht.[18]

Begünstigt wird die Modernisierungswelle durch eine Vielzahl wissenschaftlicher Publikationen, die sich des Themas angenommen haben. Dabei förderten insbesondere Veröffentlichungen über ausländische Erfahrungen mit neuesten Verwaltungsmodellen die Reformbereitschaft in Deutschland. Man hatte nun Vorbilder und wollte nicht nachstehen. Die Reformlandschaft ist durch eine Vielzahl von Modellen und Konzepten mit unterschiedlichen Schwerpunkten gekennzeichnet. Vor allem hinsichtlich der konkreten Aktivitäten bietet sich ein außerordentlich buntes Bild. Die Individualität der Kommunen bedingt auch die Individualität der Modernisierungsprojekte.[19] Trotz der Unterschiede im einzelnen sind gleichwohl weitgehende inhaltliche Parallelen festzustellen. Das sogenannte Neue Steuerungsmodell der Kommunalen Gemeinschaftsstelle verbindet die typischen Reformelemente zu einem umfassenden konsistenten Konzept.[20] Dieses Modell beeinflusst in entscheidender Weise die bundesdeutsche Reformdiskussion und bildet die Grundlage der Reformkonzepte zahlreicher Kommunen. Aus diesem Grund beschränkt sich die folgende Arbeit auf dieses wichtigste und am weitesten verbreitete Reformmodell.

Die Zielrichtung des Modernisierungsprozesses liegt schwerpunktmäßig in der Binnenstruktur der Verwaltung. Aus der 3. Umfrage des Deutschen Städtetages zum Thema Verwaltungsreform ist eindeutig abzulesen, dass wichtigstes Ziel die Erhöhung der Effizienz sei.[21] Oftmals mit Hilfe von externen Beratern – die Angebote privater Unternehmensberatungen zur Begleitung und Moderation des Modernisierungsprozesses schießen wie Pilze aus dem Boden – konzentriert sich der Reformprozess auf die perfekte Produktbeschreibung, Einführung der Kosten-Leistungs-Rechnung oder Delegation von Entscheidungsbefugnissen, also nur auf verwaltungsinterne Vorgänge. Bei diesem Prozess besteht die Gefahr, dass die Politik nur eine geringe Aufmerksamkeit erfährt. Die Schnittstelle Politik zur Verwaltung wurde von

---

16 Pfister 1995, S. 41 - 68 (43)
17 KGSt 1996, Bericht Nr. 10, S. 13
18 KGSt 1996, Politikerhandbuch, S. 5 mit weiteren Kritikpunkten
19 Schöneich 1996, S. 1 - 18 (12)
20 Mutius von 1997 a, S. 685 –716 (688)
21 Grömig/Gruner 1998, S. 581 - 587 (582)

der Modernisierungsentwicklung lange ausgespart und scheint erst in letzter Zeit ein wichtiges Thema zu werden. Allgemein ist festzustellen, dass die Verwaltungsmodernisierung bisher vielmehr um die Politik herum gebaut wird.[22] Die Aussparung dieser Schnittstelle könnte sich langfristig als Sollbruchstelle des Reformprozesses erweisen. Es besteht die Gefahr des Leerlaufes an einem entscheidenden Punkt, weil ihr das eigentlich angezielte Wirkungsfeld (Politik, Bürger) fehlt.[23] Erst langsam findet die Verwaltungsreform auch das Interesse der Politikerinnen und Politiker, wobei die Intensität von Kommune zu Kommune höchst unterschiedlich ist. Aus diesem Grund ist es geboten, das Augenmerk verstärkt auf die Probleme und Auswirkungen des Reformmodells auf die Kommunalpolitik zu richten.

1.2 Methode

1.2.1 Untersuchungsbereich

Für die vorliegende Studie wurde die kommunale Ebene als Handlungs- und Untersuchungsbereich gewählt. Folgende Gründe waren dafür ausschlaggebend:

1. Das Neue Steuerungsmodell, konzipiert und vorgestellt von der Kommunalen Gemeinschaftsstelle (KGSt), orientiert sich in wesentlichen Punkten am Modernisierungskonzept der niederländischen Stadt Tilburg.[24] Das Neue Steuerungsmodell ist deshalb in erster Linie auf die Verhältnisse der Kommunen abgestimmt. Obwohl inzwischen beispielsweise auch Landesverwaltungen Interesse am Neuen Steuerungsmodell zeigen, gilt das Augenmerk hauptsächlich den Gemeinden und Landkreisen.
2. Die kommunalen Gebietskörperschaften spielen traditionell eine wichtige Rolle bei der Erfüllung öffentlicher Aufgaben.[25] Die Entscheidungen haben maßgebliche Bedeutung für die Lebensbedingungen der Bevölkerung, wie beispielsweise im Bereich der wirtschaftlichen, sozialen und kulturellen Infrastruktur. Die Nähe zur Bevölkerung lässt sich auf kommunaler Ebene am besten untersuchen.
3. Die Gemeinden sind Dienstleistungs- und Wirtschaftsbetriebe, die ein umfangreiches Aufgabenspektrum erfüllen und vielfältige Investitions-

---

22 Bogumil/Kißler 1997 b, S. 118 - 142 (135)
23 Klages 1998, S. 53
24 KGSt 1992, Bericht Nr. 19, s.u. 3.2.1
25 Kunz 2000, S. 19

und Sachausgaben tätigen. Den Landkreisen kommt in diesen Bereichen eine eher untergeordnete Rolle zu. Sie bleiben deshalb in der Analyse weitgehend unberücksichtigt, wenngleich viele Aussagen auf Landkreise übertragbar sind.
4. War die Kommunalpolitik lange Zeit von einer konfliktfreien Sachpolitik geprägt, so lässt sich spätestens seit der Verabschiedung der kommunalpolitischen Grundsatzprogramme von CDU, SPD und FDP im Jahr 1974 eine Politisierung der kommunalen Selbstverwaltung beobachten.[26] Ein konkurrenzdemokratischer Politikstil und parteipolitisches Profilierungsstreben treten verstärkt auch im kommunalen Bereich auf.

Die Studie geht in erster Linie von der Situation einer Großstadtverwaltung aus. Städte verfügen meist über eine ausdifferenzierte Politiklandschaft, gekennzeichnet durch eine Parteienvielfalt und offene Austragung politischer Konflikte, klare Mehrheits-/Minderheitskonstellationen sowie starken Einfluss der Fraktionen.. Aus diesem Grund sind auch entsprechende Entscheidungsprozesse und Machtkomponenten offensichtlich. Damit zusammenhängend treten die Auswirkungen von Reformen und die mit der Umsetzung verbundenen Schwierigkeiten deutlich zu Tage. Nicht zuletzt waren auch praktische Gegebenheiten, insbesondere die Nähe zur Landeshauptstadt München, mit ausschlaggebend.

Eine Abgrenzung zu kleineren Gemeinden kann in manchen Teilbereichen der Untersuchung erforderlich sein. Die Politikqualität und politischen Prozesse einer Großstadt sind nicht immer auf kleinere Gemeinden übertragbar, wenn gleich sich einige Strukturen stark ähneln. Das Gleiche gilt für die Beziehungen zwischen Kommunalpolitikerinnen/ Kommunalpolitikern und der Wählerschaft. Sollte aufgrund lokaler Begebenheiten oder besonderer Verhalten der Akteure eine Übertragbarkeit mit Schwierigkeiten verbunden sein, wird darauf im Text gesondert verwiesen bzw. werden bestehende Unterschiede bewusst herausgearbeitet. Ansonsten wurde bereits die Fragestellung generell gefasst mit dem Ziel, allgemeine Auswirkungen auf die Kommunalpolitik zu ergründen.

Die dieser Untersuchung zugrunde liegende Kommunalverfassung ist die Bayerische Gemeindeordnung. Es handelt sich hierbei um den Typus der Süddeutschen Ratsverfassung mit einem direkt vom Volk gewählten Bürgermeister.[27] Berücksichtigt man jedoch die jüngsten Änderungen der Kommunalverfassungen, die die Direktwahl des Bürgermeisters in allen Flächenstaaten der Bundesrepublik Deutschland vorsehen, können die Resultate nun auf Kommunen dieser Länder größtenteils übertragen werden.

---

26   Kunz 2000, S. 20
27   siehe Unterscheidung der Kommunalverfassungstypen: Mutius von 1996, RdNr. 663; Wehling 1989, S. 221 - 238 (223)

1.2.2 Untersuchungsziel

Grundsätzliches Ziel dieser Untersuchung ist eine breit angelegte Analyse der Rolle der Kommunalpolitik im Veränderungsprozess im Rahmen des Neuen Steuerungsmodells. Die Analyse der Theorie des Neuen Steuerungsmodells und ihre Wirkungen auf die Kommunalpolitik ist eine Zielrichtung der Untersuchung. Die zweite und für die Zukunft weitaus wichtigere Komponente ist die mögliche Umsetzung des Neuen Steuerungsmodells in die Praxis. Das Neue Steuerungsmodell erhebt den Anspruch, die politische Praxis zu verändern. Diese Verbindung zwischen Theorie und Praxis ist ein wichtiges Anliegen dieser Untersuchung. Der Untersuchungsansatz ist deshalb insgesamt auf Praxisrelevanz ausgerichtet. Zu berücksichtigen ist dabei, dass erfahrungsgemäß wissenschaftliche Erkenntnisse nicht einfach in das politisch-administrative System übernommen werden.[28] Praktiker, wozu neben den Verwaltungskräften auch die Kommunalpolitikerinnen und Kommunalpolitiker zählen, übernehmen in der Regel keine fertigen Lösungen und abstrakte Theorien, sondern werden langfristig durch Konzepte, Sichtweisen und Begriffe der Wissenschaft beeinflusst.[29] Gezielt werden deshalb Probleme behandelt, die gerade viele Kommunalpolitikerinnen und Kommunalpolitiker bewegen. Welche Veränderungen ergeben sich für Kommunalpolitikerinnen und Kommunalpolitiker in ihrer Mandatsausübung? Welche Chancen eröffnet das Neue Steuerungsmodell diesem Kreis? Auf die vielfach geäußerten Veränderungsängste wird in mehreren Punkten Bezug genommen. Insofern versteht sich die Untersuchung auch als Praxisanalyse und damit verbunden, als Praxisberatung für Bürgermeister, Gemeinderäte und Führungskräfte der Verwaltung.

Allgemein lassen sich in diesen Forschungsbereichen idealtypisch zwei Untersuchungsansätze unterscheiden.[30] Einmal handelt es sich um eine eher ex ante, präskriptiv, normativ ausgerichtete Konzeption, die den Entscheidungsträgern helfen will, die für ihre Kommune „beste" Entscheidung zu treffen. Die zweite Version ist eher ex post, deskriptiv und empirisch ausgerichtet. Zwischen beiden Auffassungen bestehen jedoch enge kausale Zusammenhänge, denn jede Präskription enthält notwendigerweise theoretische Annahmen so wie jede empirische ex post Analyse normative Implikationen hat. Die vorliegende Untersuchung bedient sich aus diesem Grunde auch der beiden Ansätze. Ein bereits kreiertes und in Einführung befindliches Modell zur Verwaltungssteuerung, das Neue Steuerungsmodell, wird anhand der

---

28   Jann 1983, S. 26 - 38 (36)
29   Jann 1983, S. 26 - 38 (36)
30   Jann 1983, S. 26 - 38 (29)

ideellen und normativen Grundlagen der Kommunalpolitik bewertet. In diese Analyse fließen die überwiegend empirisch festgestellten Schwierigkeiten der bisherigen Umsetzung mit ein. Es handelt sich in diesem Bereich entsprechend der vorherigen Klassifikation eher um eine ex post Analyse. Das Untersuchungsfeld erschöpft sich jedoch nicht mit einer Klärung der systematischen Zusammenhänge zwischen dem Neuen Steuerungsmodell, den Grundlagen der Kommunalpolitik und den bisher damit verbundenen Schwierigkeiten, sondern versucht noch einen Schritt weiter zu gehen und Voraussetzungen und Anreize zu einer weiteren Implementation des Neuen Steuerungsmodells und vor allem einer größeren Akzeptanz im politischen Bereich zu entwickeln. Die Ergebnisse sollen den politischen und administrativen Entscheidungsträgern Hilfestellungen bieten, den für sich und ihre Gemeinde besten und erfolgversprechendsten Reformweg einzuschlagen. Es handelt sich bei diesem Teilbereich um einen eher ex ante ausgerichteten Forschungsansatz, ausgehend jedoch von einer ex post Untersuchung. Beide Konzeptionen werden somit verknüpft.

Die Kommunalpolitik stellt ein äußerst komplexes Gebilde dar. Verschiedene Akteure determinieren die Entscheidungsabläufe und -inhalte. Aus diesem Grund ist eine multikausale Betrachtungsweise angebracht, die die Bürgersicht, die Verwaltungssicht und die Sichtweise der Politikerinnen und Politiker berücksichtigt. Die deutliche Herausarbeitung der Unterschiede und deren Beachtung bei der Beurteilung des Neuen Steuerungsmodells stellt einen wesentlichen Teilaspekt der Arbeit dar. Für die Analyse der Wirkungen der Kommunalpolitik ist ebenfalls ein mehrperspektivischer Ansatz erforderlich. Diese Wirkungen zielen zum einen nach innen in Richtung Verwaltung, dem Verwaltungsmanagement. Zum anderen entfalten sie „Outputs" vor allem für die Bürgerinnen und Bürger. Die vorliegende Studie deckt beide Perspektiven ab und beleuchtet sowohl die Innenwirkung auf die Verwaltung als auch die Außenwirkung auf die Bürgerschaft.

Die Untersuchung berücksichtigt dabei die Strukturen in einer Kommunalverwaltung ebenso wie die jeweiligen Entscheidungsprozesse. Das bestehende Steuerungsnetzwerk ist in die Überlegungen zur Umsetzung des Neuen Steuerungsmodells mit einzubeziehen und beeinflusst im großen Umfang den Modernisierungserfolg. Die Analyse bezieht damit die Dynamik der Macht- und Konfliktsituationen mit ein.[31] Eine systematische Analyse der Verwaltungsreform und ihre Wirkungen auf die Kommunalpolitik kann nicht losgelöst von der Machtfrage gesehen werden. Folglich geht es auch darum, Veränderungen aufzuspüren, die sich in den horizontalen Beziehungen zwischen den Organen der Kommunalverwaltung ergeben. Wie hat sich das Verhältnis

---

31 Schafer/Volger 1977, S. 68 - 82 (69)

der Administration zum Gemeinderat geändert? Ist ein Wandel der Machtverteilung im kommunalpolitischen System eingetreten? Diese Fragen lehnen sich eng an die klassische Tradition amerikanischer community-power-Forschung an.[32]

Analysen und Umfragen zum Neuen Steuerungsmodell mit dem Schwerpunkt der Untersuchung des Verhältnisses von politischer Vertretung und Rat, also der Innenperspektive, wurden in letzter Zeit vereinzelt durchgeführt.[33] Des Weiteren existieren neuere Umfragen insbesondere von der Kommunalen Gemeinschaftsstelle und des Städtetages mit Zielgruppe Verwaltungsführung zum allgemeinen Stand der Umsetzung des Neuen Steuerungsmodells. Ebenso werden nun verstärkt Tagungen zur Schnittstellenproblematik Rat – Verwaltung und in jüngster Zeit auch zur Rolle der Bürger im Zuge der Verwaltungsreform veranstaltet.[34] Diese Tagungen dienen in erster Linie dem Austausch praktischer Erfahrungen. Die nun vorliegende Untersuchung möchte dagegen eine Verbindung herstellen zwischen der Verwaltung, den Kommunalpolitikerinnen und Kommunalpolitikern sowie den Bürgerinnen und Bürgern. Sie stellt dabei die Kommunalpolitik in den Mittelpunkt, da zum einen die Verwaltung und die Bürgerschaft die Kommunalpolitik beeinflussen und zum anderen die Kommunalpolitik Auswirkungen auf Verwaltung und Bürgerschaft haben. Die Kommunalpolitik ist somit das Zentrum der kommunalpolitischen Handlungen, wobei es jedoch die zwischen den Akteuren bestehenden Korrelationen zu berücksichtigen gilt.

Der Begriff Kommunalpolitik wird in dieser Arbeit allein für die lokale Politik in der jeweiligen Kommune mit Blickrichtung auf das Umfeld in der Kommune verwendet. Kommunalpolitik meint hier nicht die Politik der Länder für, mit oder gegen Kommunen und steht umgekehrt weiter nicht für die Politik der Kommunen mit Zielrichtung Länder.

Das Demokratieprinzip und die bürgerschaftliche Selbstverwaltung sind entscheidende Faktoren für die Kommunalpolitik. Ein weiterer unabdingbarer Bezugspunkt ist das Gemeinwohl. Die Feststellung der Auswirkungen des Neuen Steuerungsmodell auf die Kommunalpolitik und die Prüfung der Vereinbarkeit des Neuen Steuerungsmodell mit der kommunalpolitischen Aufgabenstellung der politischen Vertretung wurde deshalb anhand dieser ideellen und normativen Grundlagen vorgenommen. Der Handlungsrahmen der Kommunalpolitik ist dadurch vorgegeben und es gilt die Veränderungen der politischen Praxis durch die Reformen daran zu messen.

---

32 Kleinfeld 1996, S. 39; Ellwein 1982, S. 28; Köser 1984, S. 91 - 93 (91)
33 z. B. Kißler/Bogumit/Greifenstein/Wiechmann 1997 (Fallstudie über die Stadtverwaltung Hagen)
34 z.B. Fachkonferenz des Deutschen Instituts für Urbanistik und der Kommunalen Gemeinschaftsstelle „Bürger-Politik-Verwaltungsreform" vom 20.11. - 21.11.1997, Fachkonferenz der KGSt „Bürgerkommune vom 25.05. -26.05.2000 in Berlin

Im Rahmen des Neuen Steuerungsmodells sollen vermehrt betriebswirtschaftliche Komponenten in die Kommunalverwaltung übernommen werden. Ziel ist eine effizientere und effektivere Verwaltung. Um mehr Effizienz, definiert als Verhältnis von Output zu Input,[35] und Effektivität, worunter man das Verhältnis der tatsächlich erreichten zu der angestrebten Handlungswirkung versteht[36], zu erreichen, sollen in der Kommunalverwaltung vermehrt Methoden und Elemente der Mikroökonomik[37] Anwendung finden. Aus diesem Grund werden in der vorliegenden Untersuchung auch die Auswirkungen dieser Zielrichtung des Neuen Steuerungsmodells auf die Kommunalpolitik berücksichtigt. Auf den Sinn und die Vorteile einer Einführung betriebswirtschaftlicher Buchungssysteme oder als Alternative, einer Erweiterung der vorhandenen Kameralistik, wird nicht im Detail eingegangen, da dies in erster Linie die Verwaltungsseite berührt und auch in jüngster Zeit in vielen Fachzeitschriften bereits ausführlich diskutiert wurde.[38] Die Auswirkungen auf die Kommunalpolitik durch die sich daraus ableitbaren Daten werden dagegen im Kapitel 5.3.2 behandelt.

1.2.3 Thesen

Die Vorgabe der Untersuchung lautet zusammengefasst: Darstellung der kommunalpolitischen Veränderungen durch das Neue Steuerungsmodell, Prüfung der Vereinbarkeit des Neuen Steuerungsmodells mit den Grundlagen der Kommunalpolitik und die sich daraus ergebenen Chancen und Risiken für die Kommunalpolitik. Folgende Thesen liegen der Untersuchung zu Grunde:

1. Das Neue Steuerungsmodell stärkt das Primat der Politik in der Kommunalverwaltung.
   Ergänzend: Das Neue Steuerungsmodell verändert das Selbstverständnis der Kommunalpolitikerinnen und Kommunalpolitiker.

Die ergänzende These wurde gewählt, da die Stellung der Politik nicht nur theoretisch geklärt werden sollte, sondern auf die ständige Praxis und die Tätigkeiten der Politikerinnen und Politiker Bezug genommen werden sollte.

---

35 Budäus/Buchholtz 1997, S. 322 - 337 (330), Kyrer /Jettel /Vlasils 1995: Bei gegebenen Input sollte der größtmögliche Output (Maximalprinzip) oder bei gegebenen Output der kleinstmögliche Input (Minimalprinzip) angestrebt werden. Die Effizienz ist ein Zwischenziel auf dem Weg zu einer höheren Effektivität.
36 Budäus/Buchholtz 1997, S. 322 - 337 (330), Kyrer /Jettel /Vlasils 1995
37 Gabler 1997, Die Mikroökonomik setzt grundsätzlich an den Individualitäten des Wirtschaftsprozesses an, nämlich den Wirtschaftssubjekten (Haushalte, Unternehmen, Staat) einerseits und den Gütern andererseits, und zwar im Gegensatz zur Makroökonomik, die sich auf Aggregate bezieht (z.B. Haushaltssektor, Unternehmenssektor).
38 beispielhaft: Quasdorff/Häfner 2000, S. 20 - 23; Schmid 2000, S. 84 - 90

Für eine dauerhafte Veränderung scheint die Einstellung zur kommunalpolitischen Tätigkeit maßgeblich zu sein.

2. Durch das Neue Steuerungsmodell rückt die Policy-Komponente der Kommunalpolitik in den Vordergrund.
Ergänzend: Durch das Neue Steuerungsmodell wird die politische Diskussion von betriebswirtschaftlichen Argumenten beherrscht.
Ergänzend: Das Neue Steuerungsmodell führt zu einer Veränderung der politischen Rationalität.

Dieser Themenbereich deckt die inhaltliche Komponente der Kommunalpolitik ab. Die Ergänzungen wurden als notwendig erachtet, um wichtige Spezifizierungen der Policy-Komponente anzusprechen.

3. Das Neue Steuerungsmodell stärkt die repräsentative Demokratie in den Kommunen.
Ergänzend: Das Neue Steuerungsmodell hat positiven Einfluss auf die Bürgernähe der politischen Vertreterinnen und Vertreter.

Die Bürgernähe als wichtigstes demokratisches Element wurde herausgegriffen, da gerade in dieser Hinsicht die meisten Befürchtungen hinsichtlich einer negativen Entwicklung geäußert wurden.

4. Das Neue Steuerungsmodell vernachlässigt die aktive Teilhabe der Bürgerinnen und Bürger an der Kommunalverwaltung.
Ergänzend: Die „Bürgerkommune" gleicht die Schwächen des Neuen Steuerungsmodells im Bereich der Partizipation aus.

Die ergänzende These geht auf die jüngsten Entwicklungen im Bereich der Verwaltungsmodernisierungen ein.

Allgemein stellt sich die Frage nach der Überprüfbarkeit der Thesen. Bestandteile dieser Thesen sind teilweise theoretische Konstrukte und schwer definierbare Begriffe, wie Bürgernähe, Rationalität, Selbstverständnis. Mit Hilfe von jeweils mehreren Indikatoren wurde versucht sich dieser Problematik zu nähern. Beispielhaft sollen hier nur die Mitwirkungsmöglichkeiten der Bürgerinnen und Bürger sowie das Tätigkeitsfeld der Fraktionen aufgeführt werden. Die empirische Nachprüfbarkeit leidet zwangsläufig unter diesen Gegebenheiten. Es wurde deshalb weiter versucht, dieses Problem durch eine Mischung von induktiver Generalisierung über beobachtete gesellschaftliche

Tatbestände und Entwicklungen sowie einen Bezug auf singuläre theoretische Konstrukte zu lösen.

Einen weiteren Problempunkt stellt die sich in ständiger Bewegung befindliche Reform dar. Bei der Einführung des Neuen Steuerungsmodells handelt es sich um einen langwierigen, mehrjährigen Prozess, der bei weitem noch nicht abgeschlossen ist. Eine zeitlich limitierte Forschung kann dagegen nur eine gewisse Momentaufnahme liefern. Diese Untersuchung kann deshalb lediglich Eindrücke von Implementationsproblemen vermitteln, allerdings auf der Grundlage einer empirisch gestützten Argumentation. Angesichts des momentanen Implementationsstandes des Reformmodells – ein Abschluss des Reformprozesses ist noch in keiner Kommune abzusehen[39] – sind die Überlegungen bezüglich der endgültigen Veränderungen in der Kommunalpolitik überwiegend theoretischer Natur und lassen sich letztendlich nur experimentell[40] klären.

1.2.4 Erhebungstechnik

Zur Analyse und Bewertung der Thesen bietet sich ein multimethodisches Vorgehen an.[41] Die Grundlage für die Ausführungen bildet eine umfangreiche Analyse von Dokumenten mit einer Vielzahl schriftlich fixierter Informationen zum Bewertungs-, Entscheidungs- und Realisationsprozess der Verwaltungsreform. Eigenveröffentlichungen verschiedener Städte bezüglich der durchgeführten Reformprojekte und des Reformstandes wurden ebenso umfassend recherchiert, wie Sitzungsprotokolle, Tagesordnungen, Statistiken und sonstige Dokumente, insbesondere der Landeshauptstadt München, die in dankenswerter Weise zur Verfügung gestellt wurden. Anhand von Niederschriften (teils Wortprotokolle) konnten zum Beispiel Sitzungsverläufe, Befürchtungen und Motivationen einzelner Mitglieder gut rekonstruiert werden. Zur rechtlichen Einordnung des Umsetzungsprozesses des Neuen Steuerungsmodells bei der Landeshauptstadt München wurden auch das allgemeine Stadtrecht, wie die Geschäftsordnung des Stadtrates und die Satzung der Bezirksausschüsse mit herangezogen. Bei der Landeshauptstadt München erfolgte der Zutritt zu den verschiedensten Dokumenten über mehrere Dienststellen und über mehrere verantwortliche Personen sowie durch die einzelnen Fraktionen im Rat. Mögliche Verzerrungen durch „Vorsortierungen" oder

---

39 Grömig/Gruner 1998, S. 581 - 587 (587)
40 Derlien 1986, S. 17
41 Albertin/Keim/Werle 1982, S. 53

Profilierungsstreben von städtischen Mitarbeiterinnen und Mitarbeitern können daher weitgehend ausgeschlossen werden.

Neben der Dokumentenanalyse wurde auch die Methode der teilnehmenden Beobachtung eingesetzt. Sie diente der direkten Information und vor allem dem Auffangen von Stimmungen. Dies geschah selbstverständlich mit Zustimmung der Teilnehmerinnen und Teilnehmer und nach vorheriger Absprache und Zusicherung, die Äußerungen und Ergebnisse dieser Sitzungen nicht auf individuelle Personen heruntergebrochen zu veröffentlichen. Vor diesen Hintergrund wurde die Teilnahme an verschiedenen Fraktionssitzungen und fraktionsinternen Arbeitskreisen unterschiedlicher Fraktionen sowie fraktionsübergreifenden Arbeitsgruppen, die sich mit den Reformbestrebungen befassten – teils mit Vertretern der Verwaltung – in den Städten München und Passau ermöglicht. Hinzu kommt noch die mehrmalige Teilnahme an öffentlichen Stadtratssitzungen – Vollversammlungen und Ausschüsse – zum Thema Umsetzung des Neuen Steuerungsmodells in der Landeshauptstadt München.

Der Erfolg einer Verwaltungsreform, die massiv in bestehende Strukturen und Handlungsfelder eingreift, hängt in großem Umfang von subjektiven Einschätzungen und Erwartungen der Betroffenen ab. Es ist wichtig, die Reform „mit den Augen der Handelnden selbst"[42] zu sehen, das heißt subjektive Sinnstrukturen nachzuvollziehen. Aus diesem Grund war es auch erforderlich, diese persönlichen Sichtweisen abzufragen, wobei die unterschiedlichsten Perspektiven von Mitarbeiterinnen und Mitarbeitern der Verwaltung und von Kommunalpolitikerinnen und Kommunalpolitikern zu berücksichtigen waren. Es wurden deshalb mehrere Interviews mit beiden Seiten geführt sowie ein gleichlautender Fragebogen an Vertreter der Verwaltung und an Politikerinnen und Politiker verschickt. Gerade diese Mehrperspektivenanalyse[43] brachte die unterschiedlichen Anschauungen zutage und ermöglichte so erst eine angestrebte verobjektivierende Bestandsaufnahme. Interviews wurden in München mehrmals mit zeitlichen Abstand mit den Fraktionsvorsitzenden bzw. einigen Stadträtinnen und Stadträten geführt. Entsprechend wurden Vertreter der Verwaltung, die maßgeblich am Umsetzungsprozess beteiligt sind, befragt. Zum Vergleich wurden Interviews auch in der Mittelstadt Weiden[44] mit dem Oberbürgermeister, dem Kämmerer sowie den Fraktionsvorsitzenden der beiden großen Parteien geführt. Es handelte sich hierbei um halbstandardisierte Interviews unter Verwendung eines Leitfadens. Den Befragten wurde jedoch auch ausführlich Gelegenheit gegeben, von sich aus für sie

---

[42] Terhart 1997, S. 27 - 42 (29)
[43] Kißler/Bogumil 1997, S. 44
[44] ca. 50.000 Einwohner

interessante Vorkommnisse und Einschätzungen zu schildern. Die Gespräche dienten in erster Linie zur Feststellung der mit dem Neuen Steuerungsmodell verbundenen Ziel- und Zukunftsvorstellungen sowie zur Dokumentation der bis dahin aufgetretenen Probleme bei der Umsetzung. Des Weiteren wurden zahllose lockere Kontakte mit Verwaltungsmitarbeitern und Mitgliedern des Stadtrates der Landeshauptstadt München genutzt, um weitere Informationen und Wertungen zu erhalten. Die Arbeit geht jedoch über eine reine Fallstudie hinaus. Es wurden zwar in erster Linie Dokumente der Landeshauptstadt München ausgewertet und auch hier die Interviews geführt sowie Sitzungen beobachtet, soweit als möglich wurden jedoch auch Schriftstücke und Äußerungen von Personen anderer Städte mit herangezogen. Dies hat zum Ziel, eine eventuelle Sonderrolle der Landeshauptstadt München und lokale Spezifika, die nicht auf andere Kommunen übertragbar sind, zu kompensieren.

Um das Problem der Verallgemeinerungsfähigkeit[45] zu lösen, wurde neben den bisher aufgezeigten qualitativen Untersuchungsmethoden auch eine Abfrage mittels Fragebogen durchgeführt. Sinn der Fragebogenaktion war die Erweiterung der Datenbasis sowie eine vergleichende Querschnittsanalyse. Die Ergebnisse der Fragebogen geben Hinweise auf die Generalisierbarkeit der angenommenen Effekte.[46] Inhalt und Formulierung des Fragebogens (siehe Anhang 2) war mit dem Deutschen Städtetag abgestimmt, der freundlicherweise die Unterstützung zugesagt hatte. Die Anonymität wurde selbstverständlich gewährleistet. Wichtiges Ziel der Fragebogenaktion war die Beantwortung gleichlautender Fragen durch politische Entscheidungsträger und Führungskräfte der Verwaltung. Dies trug wesentlich zur Herausarbeitung der verschiedenen Sichtweisen bei.

Die zu Befragenden wurden positional ausgewählt, das heißt die Informanten sollten innerhalb des politisch administrativen Systems der Kommunen zu den formalen Entscheidungsträgern gehören. Der Fragebogen wurde deshalb gezielt an Fraktionsvorsitzende, Vorsitzende sonstiger Gruppierungen und an führende Vertreter der Verwaltung (Leiter Hauptamt, Stadtkämmerer, etc.) folgender Städte verschickt: Dortmund, Essen, Köln, München, Nürnberg, Passau, Saarbrücken, Stuttgart, Weiden in der Oberpfalz, Wuppertal. Eine vergleichende Querschnittsanalyse erfordert vergleichbare Untersuchungssubjekte.[47] Die Auswahl der Städte richtete sich nach folgenden Kriterien:

- Ortgröße

---

45   Oswald 1997, S. 71 - 87 (73)
46   Kunz 2000, S. 47
47   Simon 1988, S. 28

- Reformgemeinden, deren Umsetzung des Neuen Steuerungsmodells schon etwas fortgeschritten ist[48]
- praktische Gegebenheiten, wie Zeit, Kosten, bereits erfolgte Kontaktaufnahme.

Insgesamt wurden 68 Fragebogen verschickt, wobei darauf geachtet wurde, dass in jeder Stadt in etwa die Anzahl der Fragebogen an die Verwaltungsseite und an die politische Seite gleich verteilt war. Die Rücklaufquote betrug 63 % (Verwaltung: 61 %, Politik: 65 %) Der Fragebogen beinhaltet teils standardisierte Fragen, teils offene Fragen zu den Themen Reformstand, Beteiligung der politischen Gremien am Reformprozess, Veränderungen am Berichtswesen und der Organisation. Es wurden auch bewusst persönliche Vorbehalte und Einschätzungen abgefragt. Die Auswertung der Fragebogen ergab eine interessante Querschnittsanalyse bezüglich der Modernisierungsbemühungen der Städte und viele zusätzliche Informationen gerade durch die ausführliche Beantwortung von offenen Fragen.

Auf eine entsprechende Umfrage bei den Bürgerinnen und Bürgern wurde aus mehreren Gründen verzichtet. Zum einen würden die Bürgerinnen und Bürger von den Fragestellungen im Fragebogen sicherlich überfordert sein, da sie teilweise sehr spezifisch auf das Verhältnis zwischen Rat und Verwaltung abstellen und die Bürgerschaft in keiner Kommune über die Details der Verwaltungsreform bisher informiert ist. Zum anderen hätte eine auf die Bürgerschaft erweiterte Umfrage die vorhandenen Ressourcen überschritten. Ein derartiges Unterfangen ist nur durch ein institutionalisiertes Forschungsteam zu leisten. In Bezug auf Erwartungen und Ansichten der Bürgerinnen und Bürger musste deshalb auf die vorhandene Literatur zurückgegriffen werden.

Die Kombination zwischen qualitativer und quantitativer Verfahren wurde gewählt, um die Schwächen einer Methode durch die Vorzüge der anderen ausgleichen zu können. Eine unreflektierte Bevorzugung qualitativer Verfahren kann zu unkontrollierbaren, subjektiven Verzerrungen führen. Verlässt man sich dagegen ausschließlich auf die quantitative Methode, besteht die Gefahr, nur rigoros quantifizierbare Objektbereiche zu analysieren.[49] Nur durch die Kombination von Dokumentenanalyse, Beobachtungsstudien, Interviews und einer schriftlichen Befragung kann der Vielschichtigkeit und den komplexen Zusammenhängen des Reformprozesses Rechnung getragen werden. Die gewählte Vorgehensweise hat außerdem den Vorteil der Praxisnähe und bringt damit die Zielrichtung dieser Untersuchung deutlich zum Ausdruck.

---

48 Die Auswahl wurde durch den Deutschen Städtetag angeregt.
49 Wehling/Siewert 1987, S. 148

2 Grundlagen der Kommunalpolitik

2.1 Wertorientierung der Kommunalpolitik

2.1.1 Gemeinwohlbegriff

Das Wort Gemeinwohl wird von den Politikerinnen und Politikern in ihren Äußerungen wie selbstverständlich benutzt. Neben der Verwendung in der praktischen Politik taucht dieses Wort auch vielfach in Rechtsnormen und sogar in den Verfassungen vieler Staaten auf. Auch das Grundgesetz der Bundesrepublik Deutschland verwendet Formulierungen wie „Wohl der Allgemeinheit" (Art. 14 Abs. 2 GG) und „Wohl des deutschen Volkes" (Art. 56 Abs. 2 Satz 1 GG). Die deutschen Kommunalverfassungen gehen dagegen eher sparsam mit diesem Begriff um.[50] Die Beamtengesetze jedoch fixieren die Gemeinwohlverpflichtung. Der Beamte wird verpflichtet, dem ganzen Volk zu dienen und bei seiner Amtsführung auf das Wohl der Allgemeinheit Bedacht zu nehmen.[51] Die gleiche Aussage gilt für kommunale Wahlbeamte.[52] Dagegen werden Gemeinderäte nicht explizit durch Gesetz auf die Wahrung des Gemeinwohls verpflichtet, jedoch haben viele Geschäftsordnungen des Gemeinderates ähnliche Formulierungen aufgenommen.[53] Kommunalpolitik vollzieht sich also nicht in einem wertfreien Raum. Das Gemeinwohl stellt anerkanntermaßen den Ausgangspunkt und die Zielgröße aller kommunalpolitischer Handlungen dar.

Was jedoch ist der Bedeutungsgehalt des Gemeinwohlbegriffs und welche Schwierigkeiten sind damit verbunden? Man unterscheidet dabei apriorische Konzeptionen, nach denen ein vorab definiertes, objektives Allgemeinwohl existiert, das sich nicht aus der empirisch zu ermittelnden Zustimmung der Gemeinschaftsmitglieder ergibt, woran diese jedoch gebunden sind und sich unterzuordnen haben.[54] In der politischen Theorie der Neuzeit wurden sie abgelöst durch aposteriorische Gemeinwohlvorstellungen, die stärker indivi-

---

50 Die BayGO erwähnt diesen Begriff bzw. entsprechende Formulierungen überhaupt nicht.
51 § 35 Abs. 1 Sätze 1 und 2 BRRG, Art. 62 Abs. 1 Sätze 1 und 2 BayBG
52 Art. 34 Abs. 1 Sätze 1 und 2 KWBG
53 z.B. § 31 GeschO des Stadtrates der Landeshauptstadt München „Die ehrenamtlichen Stadtratsmitglieder üben ihre Tätigkeit im Rahmen der Gesetze nach ihrer freien nur durch das öffentliche Wohl bestimmten Überzeugungen aus".
54 Hierzu zählen die Konzeptionen von Aristoteles und Rousseaus

dualistisch ausgerichtet sind und sich am Interesse und Wohlergehen des Einzelnen orientieren.[55]

Gemeinwohl ist ein recht unbestimmter Begriff und schwierig fassbar. Er setzt eine Beschäftigung mit Werten und Abwägungen zwischen ihnen im Konfliktfall voraus[56]. Die Problematik der inhaltlichen Ausgestaltung wird besonders deutlich, wenn eine Konkretisierung des Gemeinwohls über den Bereich der materiellen Wohlfahrt hinaus in den geistig-geistlichen Bereich hineinreicht. Gegenüber einem solchen Denken wird der Vorwurf der unerträglichen Anmaßung erhoben, da niemand wissen kann, was den anderen innerlich bewegt.[57] Dies kann zu einer geistigen Bevormundung führen, und der Weg zur autoritären Bestimmung von wahren Werten ist nicht mehr weit. Des Weiteren besteht die Gefahr, dass der Begriff von Vertretern von Partikularinteressen zur Durchsetzung der eigenen Interessen unter dem Blickwinkel des Allgemeininteresses missbraucht wird. Die unzulängliche Berücksichtigung nicht konflikt- und organisationsfähiger Interessen ist dann die Folge.[58]

Ernst Fraenkel definiert dabei Gemeinwohl folgendermaßen: „Das Gemeinwohl stelle die Resultante dar, die sich jeweils aus dem Parallelogramm der ökonomischen, sozialen, politischen und ideologischen Kräfte einer Nation dann ergibt, wenn ein Ausgleich angestrebt und erreicht wird, der objektiv den Mindestanforderungen einer gerechten Sozialordnung entspricht und subjektiv von keiner maßgeblichen Gruppe als Vergewaltigung empfunden wird."[59] Auch von Arnim stellt den Menschen mit seinen individuellen Interessen in den Mittelpunkt, aus denen sich dann dass Gemeinwohl zusammensetzt.[60] Er geht jedoch noch einen Schritt weiter als Fraenkel und sieht das Problem der nur vagen inhaltlichen Determinationskraft der Gemeinwohlwerte und dadurch verbunden der Gemeinwohlentscheidungen. Für ihn beginnen deshalb die Verfahren zur Bildung gemeinschaftserheblicher Entscheidungen ein maßgebliches Gewicht zu gewinnen.[61] Wichtig ist deshalb für die Ausgestaltung von Verfahrensregelungen, dass die nach diesem Verfahren zu Stande gekommenen Entscheidungen möglichst „richtig" sind. Dies bedeutet nach von Arnim die Notwendigkeit relativer Unabhängigkeit der Entscheidungsträger von Pressionen einzelner Interessengruppen.[62]

---

55 Schultze 1991, S. 193 - 198 (193)
56 Arnim von 1977, S. 6
57 Rohe 1994, S. 96
58 Schultze 1991, S. 193 - 198 (196)
59 Fraenkel 1974, S. 21
60 Arnim von 1977, S. 14
61 Arnim von 1977, S. 48
62 Arnim von 1977, S. 183 und 185

In Fragen des Gemeinwohls sind somit sowohl inhaltliche Festlegungen – trotz der damit verbundenen Unzulänglichkeiten – als auch politische Verfahren zur Gemeinwohlsuche entscheidend. Das in dieser Studie diskutierte Neue Steuerungsmodell ist deshalb in mehrfacher Hinsicht auf die Gemeinwohlverträglichkeit hin zu untersuchen. Neben den Auswirkungen auf das Verfahren zur Gemeinwohlsuche, interessieren auch die Effekte auf die inhaltliche Ausgestaltung.

2.1.2 Demokratieprinzip

Neben dem allumspannenden Gemeinwohl wird das kommunalpolitische Handeln in starken Maße vom demokratischen Prinzip geprägt. Das Grundgesetz beinhaltet das Modell der gestuften Demokratie. Aus Art. 28 Abs. 1 i.V.m. Art. 20 Abs. 2 GG lässt sich entnehmen, dass Gemeinden und Kreise in den Aufbau der Demokratie mit einbezogen werden sollen. Dies ergibt sich insbesondere aus Art. 28 Abs. 1 Satz 2 GG, in dem für Länder und ebenso für Kreise und Gemeinden eine Volksvertretung gefordert wird, die aus allgemeinen, unmittelbaren, freien, gleichen und geheimen Wahlen hervorgegangen ist. Die verfassungsrechtlichen Grundlagen sprechen deshalb eindeutig für die uneingeschränkte Geltung des Demokratieprinzips auch für Kommunen.[63]

Doch was bedeutet der Demokratiegrundsatz nun für die Kommunen? Die ideelle und politische Legitimation wird verkörpert durch den Satz: „Alle Staatsgewalt geht vom Volke aus" (Art. 20 Abs. 2 Satz 1 GG). Entsprechend diesem Prinzip der Volkssouveränität muss jede Ausübung der Staatsgewalt und damit auch jede Handlung in einer Kommune, ihre Grundlage in einer Entscheidung des Volkes finden.[64] Das Grundgesetz orientiert sich dabei stark an der klassischen liberal-parlamentarischen Repräsentation. In Art. 38 Abs. 1 Satz 2 GG wird ein klares Votum zu Gunsten des freien Mandats der Abgeordneten des Deutschen Bundestages abgegeben. Des Weiteren sprechen die Ausübung der Volkssouveränität durch „besondere Organe der Gesetzgebung" (Art. 20 Abs. 2 Satz 2 GG) und das Fehlen fast aller plebiszitären Elemente auf Bundesebene für das Modell der repräsentativen Demokratie. In der Praxis besteht jedoch in der Bundesrepublik Deutschland keine Illusion darüber, dass vor allem in der Vorbereitungsphase politischer Entscheidungen ein Ringen um die Durchsetzung einzelner Interessen stattfindet.[65] Von Par-

---

63 Nawiasky/Schweiger/Knöpfle 1998, Art. 11 RdNr. 12
64 Badura 1996, S. 230
65 Arnim von 1977, S. 128; Alemann von 1996, S. 655 - 658 (657)

teibindungen und Interessenvertretungen völlig freie Abgeordnete wird es in der politischen Praxis nicht geben. Das freie Mandat und der Repräsentationsgedanke haben deshalb zunehmend nur einen dogmatischen Charakter. Auch die Landesverfassungen und die Kommunalverfassungen gründen sich auf den Gedanken der repräsentativen Demokratie. Das wichtigste Mitwirkungsrecht der Bürger ist das aktive und passive Wahlrecht zu den Vertretungen in den Gemeinden und Kreisen.[66] Dem trägt beispielsweise Art. 30 Abs. 1 Satz 1 GO i.V.m. Art. 17 GO[67] Rechnung, wonach auch in den Gemeinden das Volk eine aus Wahlen hervorgegangene Vertretung haben muss. Dadurch wird klargestellt, dass in der Gemeinde die Bürger zwar die ursprünglichen Träger der Hoheitsgewalt sind, die Gesamtheit der Bürger aber ihre politische Vertretung, ihre Repräsentation, im Gemeinderat hat.[68] Einige Gemeindeordnungen sprechen explizit von einer freien und nur durch die Rücksicht auf das Gemeinwohl geleiteten Überzeugung der kommunalen Mandatsträgerinnen und Mandatsträger.[69] Im Unterschied dazu enthält die Bayerische Gemeindeordnung keine Bestimmung, die das freie Mandat der Gemeindevertreter ausdrücklich festlegt. Der Bayerische Verwaltungsgerichtshof hat es jedoch als allgemeinen Rechtssatz bezeichnet, dass die durch Volkswahlen berufenen Repräsentanten des Volkes, also auch die Gemeindevertreter, in keiner Weise rechtswirksam zu einer bestimmten Ausübung des Mandats verpflichtet werden können.[70] Dies resultiert aus der grundsätzlichen Anordnung der repräsentativen Demokratie für die gemeindliche Selbstverwaltung.[71] Allerdings wird auch hier das altliberale Repräsentationsprinzip durch die Aufnahme vielfältiger Formen direkter Demokratie, wie Volks- und Bürgerentscheid, in den letzten Jahren zusehends durchbrochen. Diese Teilnahmemöglichkeiten unmittelbar Betroffener können auch als themen- oder bereichsbezogene Partizipation[72] verstanden werden. Ebenso sind auch die Vertreter auf der Kommunalebene nicht frei von Parteibindungen und in gewisser Form abhängig von organisierten Interessenvertretungen.

Um dem Prinzip der Legitimation der Herrschaft durch das Volk zu genügen, muss der Volksvertretung ein Entscheidungsprimat in der Kommune zustehen und die Möglichkeit eröffnet werden, die kommunale Entwicklung

---

66   Eine Ausnahme bildet die Möglichkeit von Gemeindeversammlungen in Kleingemeinden gem. Art. 28 Abs. 1 Satz 3 GG, davon wurde jedoch in Bayern kein Gebrauch gemacht.
67   Die folgenden zitierten Artikel der Gemeindeordnung beziehen sich auf die Gemeindeordnung für den Freistaat Bayern.
68   Widtmann/Grasser 1998, Art. 29 GO RdNr. 1; Masson/Samper/Bauer/Böhle 1998, Art. 30 GO RdNr. 1; Hölzl/Hien 1998, Art. 30 GO Anm. 1
69   z.B. § 39 Abs. 1 NGO, § 32 Abs. 1 SHGO
70   Urteil des Bayerischen Verwaltungsgerichtshofs v. 21.08.1961 in: BayVBl 1962, S. 24 - 25 (25)
71   Frowein 1976, S. 44 - 46 (45)
72   Prittwitz von 1994, S. 102

entscheidend zu steuern[73]. Der politischen Vertretung dürfen existentielle Entscheidungen nicht entzogen werden bzw. sie darf sich seiner Aufgaben selbst nicht „beliebig" entäußern.[74] Letzterer Gesichtspunkt spielt, neben der Funktion der Kommunalpolitikerinnen und Kommunalpolitiker als Repräsentantinnen/Repräsentanten der Bürger, eine entscheidende Rolle bei der Beurteilung der Auswirkungen des Neuen Steuerungsmodells auf die Kommunalpolitik.

2.2 Normative Grundlagen der Kommunalpolitik

2.2.1 Die kommunale Selbstverwaltung

In enger Beziehung zum Demokratiepostulat steht die kommunale Selbstverwaltung. Ihr Ziel ist es, wie das Bundesverfassungsgericht formuliert hat, „das bürgerliche Element enger mit dem Staate zu verbinden, den Gegensatz zwischen Obrigkeit und Untertan zu mildern und durch selbstverantwortliche Beteiligung der Bürgerschaft an der öffentlichen Verwaltung in der Kommunalebene den Gemeinsinn und das politische Interesse des Einzelnen neu zu beleben und zu kräftigen".[75]

Das Grundgesetz enthält in Art. 28 Abs. 2 Satz 1 eine institutionelle Garantie der gemeindlichen Selbstverwaltung für alle öffentlichen Angelegenheiten der örtlichen Gemeinschaft. Die wesentlichen Merkmale der kommunalen Selbstverwaltung sind bereits hier festgelegt, nämlich das Universalitätsprinzip („alle Angelegenheiten der örtlichen Gemeinschaft") und das Eigenverantwortlichkeitsprinzip („in eigener Verantwortung"). Insgesamt lässt sich die kommunale Selbstverwaltung als ein Bündel verschiedener Hoheitsrechte begreifen. Entsprechend der üblichen Distinktionen gehören dazu insbesondere die Personalhoheit[76], das heißt, die Berufung eigener Dienstkräfte, die Organisationshoheit[77], als Recht zur eigenverantwortlichen Gestaltung des Gemeindeaufbaus und Geschäftsablaufs, die Planungshoheit sowie die Finanzhoheit, die eine besondere Gewährleistung in Art. 106 Abs. 5 - 8 GG erfahren hat.

Diese eigenverantwortliche Erfüllung von öffentlichen Aufgaben durch eigene Organe wird als verwaltungs-organisatorische Funktion der kommu-

---

73 Henneke 1997, S. 1270 - 1276 (1274)
74 Stern 1984, § 18 II 5
75 Beschluss des BVerfG v. 12.07.1960, in: BVerfGE 11, S. 266 - 277 (274)
76 BVerfGE 1, 167 - 184 (175,178)
77 Schmidt-Bleibtreu 1995, Art. 28 RdNr. 11

nalen Selbstverwaltung bezeichnet. Sie ist jedoch nur eine Komponente dieses Rechts. Der zweite Bestandteil, die politisch-demokratische Funktion[78], stellt die Aktivierung der Beteiligten für ihre eigenen Angelegenheiten in den Mittelpunkt. Die örtliche Gemeinschaft soll ihr Schicksal selbst in die Hand nehmen und in eigener Verantwortung solidarisch gestalten[79]. Durch die Mitwirkung der Bürgerinnen und Bürger an der Verwaltung soll auch der Übermacht der Verwaltungsbürokratie entgegengewirkt werden.[80]

Ihren praktischen Ausdruck findet die Selbstverwaltung vor allem in der Berufung von Bürgerinnen und Bürger in Ehrenämter.[81] Die gemeindliche Selbstverwaltung stellt somit per definitionem eine selbstgestaltete Verwaltung der Bürger dar[82]. Die Selbstverwaltung versteht die Bürgerinnen und Bürger als Subjekt und nicht als Objekt der Verwaltung.[83] Eine wesensbestimmende Komponente ist dabei die Bürgernähe, die insbesondere durch die ehrenamtliche Mitwirkung sichergestellt werden soll. Das Recht auf Selbstverwaltung beinhaltet für die Selbstverwaltungsorgane gleichzeitig die Verpflichtung, die Bevölkerung zur Mitarbeit zu gewinnen.[84]

Die beabsichtigten Verwaltungsreformen berühren beide Seiten des Selbstverwaltungsrechtes. Bei der Optimierung der Verwaltungsabläufe darf indes nicht das Wesen der kommunalen Selbstverwaltung und damit die gleichgewichtige Berücksichtigung ihrer politisch-demokratischen Funktion außer Betracht bleiben[85]. Das Neue Steuerungsmodell ist auch daran zu messen, ob eine Austarierung der politisch-demokratischen und der verwaltungsorganisatorischen Funktion der kommunalen Selbstverwaltung gelingt.

2.2.2 *Entscheidungsstruktur*

2.2.2.1 Der Erste Bürgermeister

Zum besseren Verständnis der politischen Abläufe werden nun die Entscheidungsstrukturen und Entscheidungsprozesse in der Kommunalverwaltung kurz erläutert. Der Erste Bürgermeister[86] und der Gemeinderat werden als die

---

78 Henneke 1999, S. 132 - 136 (133); Grauhan 1970, S. 69
79 Beschluss des BVerfG v. 12.07.1960, in: BVerfGE 11, S. 266 - 277 (276)
80 Vogelsang/Lübking/Jahn 1997, RdNr. 41
81 Vogelsang/Lübking/Jahn 1997, RdNr. 41
82 Schmidt-Jortzig 1980 a, S. 1 - 10 (4)
83 Berg 1982, S. 552 - 557 (556)
84 Ziegler 1974, S. 67
85 Henneke 1999, S. 132 - 136 (133)
86 „Der Erste Bürgermeister" wird hier im Sinn einer Organbezeichnung verwendet. Aus diesem Grund wurde die weibliche Bezeichnung nicht gesondert ausgewiesen

zwei Hauptorgane der Gemeinde bezeichnet.[87] Dem Ersten Bürgermeister, in großen Städten auch Oberbürgermeister genannt, kommt von der Aufgabenstellung her dabei eine umfassende Bedeutung zu.

Wichtigstes eigenständiges Aufgabengebiet des Ersten Bürgermeisters ist die Erledigung der so genannten laufenden Angelegenheiten, die für die Gemeinde keine grundsätzliche Bedeutung haben und keine erheblichen Verpflichtungen erwarten lassen (Art. 37 Abs. 1 Satz 1 Nr. 1 GO). In diesem Bereich stehen dem Gemeinderat im Einzelvollzug keine Entscheidungsbefugnisse zu. Was jedoch genau unter laufenden Angelegenheiten zu verstehen ist, hängt nicht nur von der Natur der Sache, sondern insbesondere auch von der Größe und Leistungsfähigkeit der einzelnen Kommune ab.[88] Es handelt sich dabei um einen unbestimmten Rechtsbegriff,[89] wonach der Kreis dieser Geschäfte von vornherein festgelegt ist und grundsätzlich verwaltungsgerichtlicher Überprüfung unterliegt. In der Regel fällt unter diesem Terminus die tägliche Routinearbeit, die es nicht erfordert, dass sich das Kollegialorgan damit beschäftigt.[90]

In einer Geschäftsordnung können jedoch nicht nur die laufenden Angelegenheiten präzisiert werden (Art. 37 Abs. 1 Satz 2 GO), sondern der Gemeinderat kann dem Ersten Bürgermeister auch weitere Angelegenheiten zur selbstständigen Erledigung übertragen (Art. 37 Abs. 2 GO). Diese Übertragung steht im Ermessen des Gemeinderats und kann jederzeit durch Änderung der Geschäftsordnung widerrufen werden, jedoch nicht im Einzelfall. Zweck dieser Aufgabenübertragung ist die Verwaltungsvereinfachung und die Verminderung der Abgrenzungsschwierigkeiten, die der Begriff der laufenden Verwaltung gelegentlich mit sich bringt.[91] Um einer Selbstentmachtung des Gemeinderats vorzubeugen, kann es sich hier nicht um eine pauschale Übertragung handeln, sondern die Aufgabenbereiche müssen einzeln näher bezeichnet werden.[92]

Der Erste Bürgermeister führt außerdem als Behördenleiter die Dienstaufsicht über die Beamten, Angestellten und Arbeiter der Gemeinde (Art. 37 Abs. 4 GO). Für die eigentlichen Personalentscheidungen, wie zum Beispiel Einstellung, Ernennung, und Beförderung, ist jedoch grundsätzlich der Gemeinderat zuständig, der jedoch durch Beschluss wiederum bestimmte Befugnisse auf den Ersten Bürgermeister übertragen kann. Zum operativen Auf-

---

87 Bauer/Böhle/Masson/Samper 1998, Art. 29 GO RdNr. 1
88 Widtmann/Grasser 1998, Art. 37 GO RdNr. 3; Hölzl/Hien 1998, Art. 37 GO Anm. I; Bauer/Böhle/Masson/Samper 1998, Art. 37 GO RdNr. 4
89 Bauer/Böhle/Masson/Samper 1998, Art. 37 GO RdNr. 4; Widtmann/Grasser 1998, Art. 37 GO RdNr. 3
90 Knemeyer 1996, RdNr. 199
91 Widtmann/Grasser 1998, Art. 37 GO RdNr. 8; Bauer/Böhle/Masson/Samper 1998, Art. 37 GO RdNr. 11
92 Hölzl/Hien 1998, Art. 37 GO Anm. III, vgl. § 23 GeschO des Stadtrates der Landeshauptstadt München

gabenbereich des Ersten Bürgermeisters zählt weiter der Vollzug der Beschlüsse des Gemeinderats (Art. 36 Satz 1 GO). Auch wenn diese Aufgabe mehr im Bereich der Administrative angesiedelt ist als der Politik, bleibt bei allen Beschlüssen des Rates immer noch ein Stück Ermessen, das der Erste Bürgermeister ausfüllen darf und muss.[93] Darin liegt eine Möglichkeit der politischen Einflussnahme und Steuerung. Ergänzend gehört zum Aufgabenbereich des Ersten Bürgermeisters die Vertretung der Gemeinde nach außen (Art. 38 Abs. 1 GO) und damit verbunden die Öffentlichkeitswirksamkeit.

Trotz der vielfältigen administrativen Aufgaben hat der Erste Bürgermeister auch politische Aufgaben.[94] Als gesetzliches Mitglied des Gemeinderats und zugleich dessen Vorsitzender ist er ein gewichtiger Teil der politischen Führung (Art. 31 Abs. 1 GO, Art. 36 Satz 1 GO). Einen nicht zu unterschätzenden Einfluss auf den Gemeinderat hat der Erste Bürgermeister bereits durch die Vorbereitung der Beratungsgegenstände des Rates (Art. 46 Abs. 2 Satz 1 GO) einschließlich der Aufstellung der Tagesordnung. Vorbereitung beinhaltet immer sachliche Einflussnahme. Jeder Beschlussentwurf bedarf zuerst umfangreicher Untersuchungen und Überlegungen der Verwaltung und mündet dann in einen Entscheidungsvorschlag. Der Rat kann den Entwurf zwar ändern, er hat aber in der Praxis weder die fachliche Kompetenz noch die Zeit, jede Überlegung im Einzelnen nachzuvollziehen bzw. gleichwertige entscheidungsreife Alternativen zu entwickeln.[95] Auch die Aufstellung der Tagesordnung selbst kann unter Umständen die Entscheidungsfindung im Rat beeinflussen. So ist es zum Beispiel möglich und auch durchaus üblich, kritische und kontroverse Punkte an den Schluss der Tagesordnung zu stellen, indem die Verwaltung damit rechnet, dass mit zunehmender Sitzungsdauer die Diskussionsfreudigkeit abnimmt und die Wahrscheinlichkeit einer problemlosen Zustimmung steigt. Vom Aufgabenzuschnitt her befindet sich der Erste Bürgermeister folglich in einer Art Zwitterstellung zwischen Chef der Administrative und Teil der Politik. Es ist ihm deshalb möglich, als „Scharnier"[96] zwischen der Gemeindevertretung als Organ der politischen Führung und den Fachbereichen als Ausführungseinheiten zu fungieren.

Unterstützt wird diese starke institutionelle Stellung durch die Volkswahl des Ersten Bürgermeisters. Durch die Direktwahl ergibt sich ein Mehr an demokratischer Legitimation und allein schon durch diese besondere Legitimation auch ein Machtzuwachs des Ersten Bürgermeisters.[97] Es macht ihn im

---

93 Thieme 1997, S. 948 - 954 (950)
94 Mutius von 1997, S. 685 - 716 (703)
95 Thieme 1997, S. 948 - 954 (950)
96 Mutius von 1997, S. 685 - 716 (704)
97 Wehling 1998, S. 76 - 80 (80)

politischen Alltag unabhängig vom Rat.[98] Obwohl die Ersten Bürgermeister gerade in größeren Kommunen überwiegend Parteimitglieder sind und auch von Parteien zur Wahl aufgestellt werden, steht er nach der Wahl in der Praxis vielfach über den Parteien. Die Direktwahl zwingt ihn vielmehr zur Rückkoppelung bei den Bürgern. Er muss für den Bürger ständig und überall greifbar sein. Durch ihn wird für den Bürger die Gemeindeverwaltung fassbar und verliert etwas an Abstraktheit.[99] Um „für alle" dazusein und um mit dem gesamten Gemeinderat zusammenzuarbeiten zu können, muss er sich ein gewisses Maß an persönlicher Unabhängigkeit bewahren.[100] Gelegentlich spricht man deshalb vom Ersten Bürgermeister als „lokalem Bismarck".[101]

2.2.2.2 Der Gemeinderat

Das zweite Hauptorgan einer Gemeinde, der Gemeinderat (Art. 29 GO)[102], ist gemäß Art. 30 Abs. 1 Satz 1 GO die Vertretung der Gemeindebürger. Als Repräsentativorgan soll der Rat die unterschiedlichsten Meinungen und Interessen der Bürgerschaft zu einem einheitlichen politischen Willen der Gemeinde zusammenführen und die Gemeinde damit handlungsfähig machen.[103] Dem Gemeinderat stehen umfassende Kompetenzen zu. Er entscheidet über sämtliche Angelegenheiten der Gemeinde, mit Ausnahme der Aufgaben, die dem Ersten Bürgermeister gemäß Art. 29 GO zustehen, und den Angelegenheiten, die beschließenden Ausschüssen übertragen wurden (Art. 30 Abs. 2 GO). Da die Ausschüsse vom Gemeinderat gebildet werden, steht es auch überwiegend[104] in seinem Ermessen, welche Aufgaben ihnen übertragen werden. Im Rahmen seiner Aufgabenkompetenz kann der Gemeinderat nicht nur Richtlinien und politische Leitlinien aufstellen, sondern entscheidet auch über die Übernahme neuer, gesetzlich nicht geregelter Aufgaben.[105] Des Weiteren verfügt er über wichtige Personalentscheidungen bei leitenden Beamten und Angestellten (Art. 43 GO)[106]. Er ist somit das eigentliche Entscheidungsgremium in allen wichtigen Fragen der Kommune.

Zu den weiteren Aufgaben des Gemeinderats zählt die Überwachung der gesamten Gemeindeverwaltung, insbesondere auch die Ausführung seiner Beschlüsse (Art. 30 Abs. 3 GO). Das Überwachungsrecht erstreckt sich auf

---

98 Wehling 1984, S. 27 - 36 (33)
99 Wehling 1989, S. 221 - 235 (221)
100 Ellwein 1982, S. 95
101 Frey 1989, S. 121 - 135 (125); Wehling 1984, S. 27 - 36 (33)
102 Er führt in den Städten die Bezeichnung Stadtrat (Art. 30 Abs. 1 Satz 2 BayGO)
103 Lang/Gronbach 1998, S. 160 - 168 (162)
104 siehe Ausnahmenkatalog insb. Art. 32 Abs. 2 Satz 2 BayGO
105 Lehmann-Grube 1981, S. 119 - 126 (120)
106 Mutius von 1997, S. 685 - 716 (696)

jegliche Tätigkeiten der Gemeindeorgane und seiner Hilfskräfte, also auch auf die Geschäfte der laufenden Verwaltung, für die der Erste Bürgermeister zuständig ist, und sichert so die nötige Einflussnahme des Gemeinderates in diesem Bereich.[107] Dies wird ergänzt durch die Möglichkeit des Rates, Richtlinien für laufende Angelegenheiten aufzustellen (Art. 37 Abs. 1 Satz 2 GO). Die dem Gemeinderat zugewiesene Überwachungsbefugnis erstreckt sich nicht nur auf Fragen der Rechtmäßigkeit, sondern auch auf Fragen der Zweckmäßigkeit[108] und erfasst damit auch die Handhabung des Verwaltungsermessens. Ebenfalls ist zu beachten, dass die Überwachungsbefugnis dem Gemeinderat in der Regel nur als Kollegialorgan[109] zusteht und nicht einem einzelnen Gemeinderatsmitglied, es sei denn, der Gemeinderat hat diese Befugnis für bestimmte Aufgabenbereiche einem Gemeinderatsmitglied übertragen. Die Landeshauptstadt München hat beispielsweise dazu Regelungen in der Geschäftsordnung des Stadtrates getroffen.[110] Der Stadtrat bestellt für einzelne Aufgabenbereiche ein ehrenamtliches Stadtratsmitglied als Korreferentin/Korreferent bzw. für bestimmte Gebäude oder sonstige Wertobjekte sogenannte Verwaltungsbeiräte. Sie sollen der Verwaltung beratend und unterstützend zur Seite stehen und als Bindeglied zwischen Verwaltung und Rat zum Wohle der Bevölkerung fungieren. Sie üben dabei das Überwachungsrecht des Rates aus und sind von allen bedeutsamen Angelegenheiten ihres Wirkungsbereiches zu unterrichten. Eindeutig festgelegt ist, dass sie nicht in den Dienstbetrieb eingreifen dürfen oder Weisungen erteilen können. Die Verwaltung ist auch nicht an die Stellungnahmen der Korreferenten und Verwaltungsbeiräte gebunden, sondern hat diese lediglich zu würdigen.

Die umfassende Überwachungsbefugnis beinhaltet ein Auskunftsrecht und das Recht auf Akteneinsicht. In der Praxis wird dies vor allem in der Form von Anfragen und der Beantragung von Fragestunden und Aktuellen Stunden durch Ratsmitglieder wahrgenommen. Das Recht auf Anfrage wird in der Praxis sehr häufig benutzt. Auf der anderen Seite muss jedoch berücksichtigt werden, wie ergiebig die Auskünfte des Verwaltungschefs sind. Ebenfalls sind Anfragen oftmals kaum geeignet, Verborgenes und Missstände aufzudecken. Sie dienen vielmehr der Selbstdarstellung der Kenntnisse und der politischen Auffassungen des Antragstellers vor einer imaginären Öffentlichkeit[111] und verfehlen damit den eigentlichen Sinn dieses Instrumentariums.

---

107 Hölzl/Hien 1998, Art. 30 GO Anm. 3
108 Bauer/Böhle/Masson/Samper 1998, Art. 30 GO RdNr. 7
109 Bauer/Böhle/Masson/Samper 1998, Art. 30 GO RdNr. 4; Hölzl/Hien 1998, Art. 30 GO Anm. 3
110 vgl. zu folgenden Ausführungen §§ 15 und 16 der Geschäftsordnung des Stadtrates der Landeshauptstadt München
111 Lehmann-Grube 1981, S. 119 - 126 (123)

2.2.2.3 Die Bezirksausschüsse

Im Zusammenhang mit Bezirksausschüssen spricht der Volksmund auch gerne von „Stadtviertelparlamenten". Bezirksausschüsse haben also etwas mit Stadtteilen bzw. Ortsteilen und der entsprechenden Bürgervertretung zu tun. Die Kommunalverfassungen bzw. Gemeindeordnungen in der Bundesrepublik Deutschland kennen durchwegs alle dieses Instrument der bürgernahen Gemeinde. Es werden jedoch verschiedene Bezeichnungen wie Ortsbeirat,[112] Bezirksvertretung[113] oder Ortschaftsrat[114] verwandt. Ebenfalls unterscheiden sie sich in den übertragenen Aufgaben und Befugnissen, die von Beratungs- und Anhörungsrechten bis hin zu einzelnen Entscheidungsrechten reichen.

Die Gemeindeordnung des Freistaates Bayern spricht von Bezirksausschüssen (Art. 60 GO), die juristisch gesehen, Organe der jeweiligen Stadt[115] – nicht ein Ausschuss des Rates – sind. Die Bezirksausschussmitglieder werden gleichzeitig mit dem Stadtrat von den Bürgern gewählt. Diese direkte Wahl der Mitglieder sowie die nun eröffnete Möglichkeit der Übertragung von Angelegenheiten zur endgültigen Entscheidung (Art. 60 Abs. 2 Satz 2 GO) geht zurück auf einen Volksentscheid vom 01.10.1995.[116] Nähere Ausführungen insbesondere bezüglich der Befugnisse der Bezirksausschüsse erließ die Landeshauptstadt München in ihrer Satzung für Bezirksausschüsse vom 03.01.1996.

Neben Antrags-, Anhörungs- und Unterrichtungsrechten stehen einem Bezirksausschuss nun Entscheidungsrechte aus dem Zuständigkeitsbereich des Stadtrates – nicht aus dem Aufgabenbereich des Ersten Bürgermeisters – zu, deren Bedeutung auf den jeweiligen Stadtbezirk beschränkt ist und deren Übertragung auf beschließende Ausschüsse nicht ausgeschlossen ist.[117] Die Fälle sind im Katalog zur Bezirksausschusssatzung einzeln aufgezählt. Der Bezirksausschuss entscheidet abschließend, das heißt, der Stadtrat hat hier kein Reklamationsrecht, wie es ihm bei beschließenden Ausschüssen zusteht.[118] Bei seiner Entscheidung hat der Bezirksausschuss die gesamtstädtischen Belange (Art. 60 Abs. 2 Satz 2 GO) und den vom Stadtrat vorgegebenen finanziellen Rahmen zu beachten. Ferner behandeln die Bezirksausschüsse Empfehlungen der Bürgerversammlungen, die wiederum ausschließlich ihren Stadtbezirk betreffen. Es muss sich hierbei jedoch nicht um Entschei-

---

112 z.B. § 54 GO Brandenburg; § 82 GO Hessen; § 75 GemO Rheinland-Pfalz
113 z.B. § 37 GO Nordrhein-Westfalen
114 z.B. § 67 GO Sachsen; § 45 KO Thüringen
115 Bauer/Böhle/Masson/Samper 1998, Art. 60 GO RdNr. 8
116 Bauer/Böhle/Masson/Samper 1998, Art. 60 GO RdNr. 7
117 Bauer/Böhle/Masson/Samper 1998, Art. 60 GO RdNr. 9; § 2 Abs. 2 Satz 1 Bezirksausschusssatzung der Landeshauptstadt München
118 Landeshauptstadt München, Presse- und Informationsamt 1997, S. 103

dungsbereiche des Bezirksausschusses handeln, sondern es können auch laufende Angelegenheiten betroffen sein, für die der Oberbürgermeister zuständig ist.[119] Bei Letzteren ist jedoch nur ein empfehlender Charakter für die Verwaltung möglich.[120] Auch Anträge der Bezirksausschüsse können sich auf Angelegenheiten der laufenden Verwaltung beziehen. Sie sind dann nicht vom Stadtrat, sondern vom Oberbürgermeister zu behandeln.[121]

2.2.2.4 Die Fraktionen

Fraktionen werden im Allgemeinen definiert als selbstständig handelnde, von einander unabhängige, mit eigenen Zielvorstellungen versehene politische Gruppen in parlamentarischen Gremien.[122] Juristisch gesehen sind sie Teile der Vertretungskörperschaft.[123] Die Akzeptanz und Etablierung von Fraktionen auf kommunaler Ebene hängt eng mit der zugewiesenen Rolle des Rates als politisches Organ oder als reines Verwaltungsorgan zusammen. Lange fanden Parteien und Fraktionen in das überkommene Kommunalverfassungsrecht keinen ausdrücklichen Eingang. Dass sie trotzdem vom Gesetzgeber anerkannt waren, fand insbesondere seinen Ausdruck in den Regelungen des Kommunalwahlrechts. Heute haben die Kommunalverfassungsgeber die Etablierung der Fraktionen überwiegend akzeptiert und – von Baden–Württemberg, Bayern und Sachsen abgesehen – das Fraktionsbildungsrecht in die Kommunalverfassungen aufgenommen.[124] Die Landeshauptstadt München regelt aufgrund fehlender Aussagen in der Gemeindeordnung das Fraktionsbildungsrecht in der Geschäftsordnung des Stadtrates.[125] Fraktionen bzw. mögliche Ausschussgemeinschaften bilden beispielsweise die Grundlage für die Besetzung der Fachausschüsse des Stadtrats.[126]

Gerade in den größeren Gemeinden stellen die Fraktionen die Schaltstelle der Ratsarbeit dar. Wie das Bundesverfassungsgericht festgestellt hat, haben die Fraktionen den technischen Ablauf der Meinungsbildung und Beschlussfassung in der Vertretungskörperschaft in gewissem Grade zu steuern und damit zu erleichtern[127]. Die politische Richtliniensetzung, Programmaufstellung und Formulierung von Entwicklungszielen für die Kommune ist dabei als ureigenste Aufgabe der Fraktionen anzusehen. Will eine Fraktion ihr poli-

---

119 § 1 Abs. 2 Satz 2 Bezirksausschusssatzung der Landeshauptstadt München
120 Bauer/Böhle/Masson/Samper 1998, Art. 60 RdNr. 12
121 § 2 Abs. 3 Bezirksausschusssatzung der Landeshauptstadt München
122 Holler/Naßmacher 1976, S. 141 - 181 (163)
123 Schmidt-Jortzig 1980, S. 719 - 723 (721); Rothe 1988, S. 382 - 388 (383)
124 Hennecke, 1997, S. 1 - 9 (2)
125 § 17 GeschO des Stadtrates der Landeshauptstadt München
126 § 5 Abs. 2 GeschO des Stadtrates der Landeshauptstadt München i.V.m. Art. 33 Abs. 2 Satz 1 BayGO
127 Urteil des BVerfG v. 19.07.1966 in: BVerfGE 20, 56 - 119 (104)

tisches Gewicht in die Waagschale werfen, muss sie die Meinungen ihrer Mitglieder in einem gemeinsamen Willensbildungsprozess bündeln.[128] Auch wenn einzelne Ratsmitglieder Anfragen und Anträge stellen können, ist es gängige Praxis, dass vor allem wichtige Anträge in der Fraktion vorbesprochen und ein gemeinsames Vorgehen und eventuell einheitliches Abstimmungsverhalten[129] festgelegt wird. Den Fraktionsvorsitzenden kommt dabei eine besondere, zentrale Vorentscheiderrolle zu. Zu den Aufgaben von Fraktionen gehört es, den Sachverstand von außen zu mobilisieren und den Kontakt zu ihren Parteien und vor allem direkt zu den Bürgern zu pflegen. Sie sind auf der einen Seite Informationsvermittler und zuständig für die Veröffentlichung von politischen Meinungsverschiedenheiten zwischen den Fraktionen, auf der anderen Seite üben sie eine Art Filterfunktion[130] für die Vielzahl der Wünsche, Anregungen und Interessen der Bevölkerung aus.

Um diesen vielfältigen Aufgaben sowie der wachsenden Informationsflut, Komplexität und Konfliktintensität kommunalpolitischer Entscheidungsprozesse gerecht werden zu können, ist die Organisation der Fraktionsarbeit von besonderer Bedeutung. Eine fraktionsinterne Arbeitsteilung (Fachleute, Arbeitskreise) erweist sich gerade bei größeren Fraktionen und in Großstädten als unumgänglich, um die in der Fraktion vorhandenen Ressourcen, wie Sach- und Ortskenntnis, optimal für die Aufgabenerfüllung und zur Verwirklichung von Zielen einzusetzen.[131] Je größer die Gemeinde, desto eher wird den Fraktionen auch ein überwiegend von der Gemeinde finanziertes Fraktionspersonal zur Verfügung gestellt. Es handelt sich hier um einen „think tank"[132] für die Fraktion zur Ausarbeitung von Ratsinitiativen, Informationsbeschaffung, Dokumentation, Öffentlichkeitsarbeit und Abwicklung des Schriftverkehrs. Außerdem ist es überwiegend Aufgabe des Fraktionspersonals, die Beschlussentwürfe bzw. die Entscheidungstendenz der Verwaltung auf die Übereinstimmung mit dem Handlungsprogramm der Fraktion hin zu überprüfen.[133] Zusammenfassend ist festzustellen, dass Fraktionen eine entscheidende Größe im politischen Betrieb der Kommunalverwaltung darstellen und bei der Aufgabenerfüllung nicht mehr wegzudenken sind.

---

128 Gisevius 1997, S. 85
129 Henneke 1997, S. 1 - 9 (2)
130 Wimmer 1989, S. 59 f
131 Nassmacher 1989 b, S. 179 - 196 (186)
132 Nassmacher 1989 b, S. 179 - 196 (189)
133 Gisevius 1997, S. 90

2.2.2.5 Referenten/Dezernenten

Dezernentinnen und Dezernenten – in Bayern auch überwiegend Referentinnen/ Referenten genannt – sind in der Regel kommunale Wahlbeamte. Sie werden vom Vertrauen politischer Parteien getragen. Die Wahl durch den Gemeinderat[134] erfolgt häufig nach politischen und nicht allein nach „fachlich-betriebswirtschaftlichen Gesichtspunkten"[135]. Referentinnen und Referenten sind in Bayern als berufsmäßige Gemeinderatsmitglieder mit dem Recht der Anwesenheit, Mitberatung sowie des Vortrages und der Antragstellung in den Gegenständen ihres Geschäftsbereiches ausgestattet[136]. Wichtig ist, dass für sie das Gesetz über kommunale Wahlbeamte Anwendung findet, indem die Unparteilichkeit und die Pflicht bei der Amtsführung, auf das Wohl der Allgemeinheit Bedacht zu nehmen, niedergelegt ist (Art. 34 Abs. 1 KWBG). Ein weiterer Unterschied zu ehrenamtlichen Gemeinderäten besteht darin, dass die berufsmäßigen Gemeinderatsmitglieder einen Dienstvorgesetzten, den Ersten Bürgermeister, haben (Art. 3 Abs. 2 KWBG).

Ihre Funktion liegt überwiegend in der Führung des ihnen vom Gemeinderat zugewiesenen Verwaltungsbereiches. Die berufsmäßigen Stadtratsmitglieder gehören zwar zur Verwaltungsspitze, sie nehmen jedoch, insbesondere aufgrund ihrer politischen Auswahl, die Rolle eines Mittlers zwischen Verwaltung und Rat wahr. Sie werden zum Beispiel regelmäßig zu den Sitzungen „ihrer" Fraktion eingeladen, was auf der einen Seite zur gegenseitigen Informationsbeschaffung dient, auf der anderen Seite jedoch auch den Durchgriff der Parteipolitik auf die Verwaltung erleichtert. Dies kann für die Referentinnen und Referenten zu erheblichen Interessen- und Loyalitätskonflikten führen.[137] Die Praxis hat jedoch gezeigt, dass sie sich in erster Linie als Vertreter der Verwaltungsspitze und nicht als „politische Parteibeamte" verstehen. Dementsprechend genießt die Loyalität gegenüber dem Ersten Bürgermeister oberste Priorität.[138]

---

134 in Bayern besteht die Möglichkeit ab 10.000 Einwohner (Art. 40 Satz 1 GO)
135 KGSt 1998, Bericht Nr. 9, S. 20
136 Bauer/Böhle/Masson/Samper 1998, Art. 40 GO RdNr. 5
137 Dieckmann 1996, S. 19 - 32 (22)
138 Winkler-Haupt 1988, S. 185

2.2.3 Entscheidungsprozesse

2.2.3.1 Zusammenwirken von politischer Vertretung und Verwaltung

Kenntnisse über das Zusammenwirken von politischer Vertretung und Verwaltungsapparat sind der Schlüssel zum Verständnis der Wirkungsweise des administrativen Systems und der ablaufenden Entscheidungsprozesse innerhalb einer Kommune. Der Rat als politisches Organ ist eng mit der Administration verflochten. Die Besorgung der Angelegenheiten der örtlichen Gemeinschaft lässt sich nur erfüllen, wenn Rat und Verwaltung intensiv zusammenwirken. Bei der Erledigung kommunaler Aufgaben gilt folgender Grundsatz: Der Rat kann kein wesentliches Ziel ohne die Verwaltung erreichen und umgekehrt kann die Verwaltung auch kein wesentliches administratives Ziel ohne den Rat durchsetzen.[139]

Die Verwaltung leistet die Vorarbeit für die politische Entscheidung in Form von Beschaffung der Informationen und deren entsprechende Aufbereitung sowie durch das Aufgreifen bestimmter Themen. Man spricht auch von der Verwaltung als „Entwicklungsagentur" für die Politik.[140] Vom Verfahren her erfolgt diese Vorbereitung in erster Linie über Sitzungsvorlagen, die, in der Regel innerhalb bestimmter Fristen, den Ratsmitgliedern vorliegen müssen.[141] In der Praxis kommt es höchst selten vor, dass der Rat eine Entscheidung trifft, die nicht in irgendeiner Form bereits durch die Verwaltung vorbereitet wurde. Des Weiteren ist die Verwaltung auch für die Ausführung der Beschlüsse des Rates zuständig. Sie vollzieht die Entscheidungsprogramme der Politik durch formal verbindliche Einzelfallentscheidungen. Auf der anderen Seite benötigt die Verwaltung den Rat als politisches Organ zur Legitimierung ihrer Tätigkeiten. Damit verbunden ist das Ziel der Verwaltung, sich das Ausmaß an öffentlicher Unterstützung zu verschaffen, das sie für ihre operativen Tätigkeiten benötigt.[142] Diese Kooperation gewährleistet, dass die Bürgerinnen und Bürger die Entscheidungen als legitim akzeptieren.

Bereits die Struktur einer Kommunalverwaltung fördert die Zusammenarbeit zwischen Rat und Administration. Wie bereits ausgeführt,[143] ist in der Mehrzahl der derzeitigen Gemeindeordnungen der Ratsvorsitzende und Verwaltungschef in einer Person vereint. Zum anderen befinden sich auch die Referenten/Dezernenten in einer Art Brückenfunktion zwischen Politik und

---

139 Voigt 1984, S. 239 - 243 (241); Banner 1982, S. 26 - 47 (34)
140 Böhret 1998, S. 41 - 57 (43)
141 vgl. § 45 GeschO des Stadtrates der Landeshauptstadt München
142 Nassmacher 1989 b, S. 179 - 196 (180); Wallerath 1986, S. 533 - 545 (533)
143 s.o. 2.2.2.1

Verwaltung. Über diese Personen erfolgen – bedingt durch ihre Zwitterstellung – in erster Linie die Kontakte und die Zusammenarbeit zwischen Ratsmitgliedern und Verwaltung. Neben diesem formalen Zusammenwirken ist es vielerorts gängige Praxis, dass in jedem Stadium des politischen Entscheidungsprozesses vielfältige informelle Kontakte zwischen Ratsmitgliedern und Mitarbeiterinnen und Mitarbeitern der Verwaltung gepflegt werden. Vorabsprachen zwischen den Meinungsführern beider Seiten sind durchaus üblich und helfen Missverständnisse und Konflikte zu vermeiden, die die weitere Handlungsfähigkeit beeinträchtigen könnten.[144] Überwiegend vollziehen sich die Kontakte jedoch nur innerhalb der jeweiligen politischen couleur.

Banner spricht an dieser Schnittstelle von Politik und Verwaltung auch von „Grenzgängern",[145] deren Einfluss aus eben dieser Vermittlungsarbeit resultiert. Die hier dargestellte Verflechtung hat somit nicht nur eine strukturelle, sondern auch eine strategische auf Personen bezogene Seite. Für die Akteure ist es reizvoll in diesem Terrain zu agieren. Auf diese überwiegend informelle Art und Weise werden von bestimmten Einflussträgerinnen und Einflussträgern aus Politik und Verwaltung bereits wichtige Vorentscheidungen getroffen und Alternativen oftmals von vornherein eliminiert.[146] Banner hat hierfür den Begriff „Vorentscheider" geprägt,[147] zu denen auf der politischen Seite meist Ausschussvorsitzende und Fraktionsvorsitzende gehören sowie auf der Verwaltungsseite der Verwaltungschef, die Dezernentinnen und Dezernenten und wichtige Amtsleitungen. Die Kontakte vor allem im Vorfeld anstehender Entscheidungen werden jedoch häufig noch als zu wenig empfunden[148], wobei diese Kritik an schlechter Kommunikation zwischen politischer Führung und Verwaltungsmanagement in erster Linie von Ratsmitgliedern erhoben wird. Gerade von politischer Seite werden also Vorinformationen eingefordert und Absprachen gewünscht. Die Details dieser äußerst komplexen Entscheidungsprozesse zwischen Administration und Rat hängen von den örtlichen Machtverhältnissen und den in diesem System agierenden Persönlichkeiten ab. Sie können an dieser Stelle deshalb nur im Groben skizziert werden. Im Laufe dieser Untersuchung wird jedoch noch an einigen Punkten auf die nähere Ausgestaltung dieser entscheidungsrelevanten Schnittstelle zurückzukommen sein sowie einzelne Aspekte diskutiert und bewertet werden müssen.

---

144 Nassmacher 1989 b, S. 179 - 196 (180)
145 Banner 1982, S. 26 - 47 (37)
146 Voigt 1984, S. 239 - 243 (242)
147 Banner 1982, S. 26 - 47 (42)
148 KGSt 1996 Politikerhandbuch, S. 5; Blume 1993a, S. 143 - 160 (145)

2.2.3.2 Entscheidungsprozesse innerhalb des Rates

Nicht nur die Schnittstelle zwischen Rat und Verwaltung ist für die Darstellung der Entscheidungsprozesse innerhalb der Kommunalverwaltung von Bedeutung, sondern auch die Abläufe, die sich innerhalb der politischen Vertretung abspielen. Bei der Beschreibung der Aktionen und Prozesse, die innerhalb des Rates ablaufen, wird häufig auf das Modell des „Inkrementalismus" Bezug genommen.[149] Der von Lindblom[150] entwickelten inkrementalen Entscheidungsmethode, die auch unter dem Schlagwort des „sich Durchwursteln" (muddling through) bekannt geworden ist, liegt die Überlegung zugrunde, dass politische und auch administrative Entscheidungsträger jeweils nur kleine (operative) Veränderungen anstreben. Strategische Entscheidungen und längerfristig angelegte Planungen sowie übergeordnete verbindliche Zielvorgaben blendet das Modell dagegen aus.

Auf die kommunale Vertretungskörperschaft übertragen bedeutet dies,[151] dass Entscheidungen sich normalerweise am status quo orientieren und nur marginale Veränderungen anstreben. Folglich wird nur eine schrittweise Problemlösung erreicht[152]. Neuartige, innovative Entscheidungsalternativen sowie umfassende längerfristige und ganzheitliche Entwicklungstendenzen haben dabei kaum eine Chance. Nicht das Tätigwerden aufgrund übergeordneter Zielvorstellungen oder sich selbst gegebener Ziele ist die Regel, sondern die Reaktion auf aktuelle Missstände[153]. Dies entspricht zwar dem sichersten Weg Risiken zu vermeiden, der Ablauf selbst ist jedoch planlos und unkoordiniert.

In der Praxis ist dieses Modell auch direkt am Sitzungsablauf einer kommunalen Vertretung zu bemerken. Hitzige Diskussionen entstehen meist bei Tagesordnungspunkten, die eine klar begrenzte, überschaubare und öffentlichkeitswirksame Entscheidung bezüglich eines gerade aktuellen kleinteiligen Problems bedingen. Weitreichende Programme, Konzepte und Zielvorstellungen – wenn solche Beschlüsse überhaupt gefasst werden – passieren dagegen oftmals den Rat ohne Diskussion und nur durch Absegnung der von der Verwaltung vorbereiteten Beschlussvorlage. Die eigentlichen inhaltlichen Beratungen finden meist in den vom Rat gebildeten Ausschüssen statt. Diese beraten die einzelnen Punkte vor bzw. können in den ihnen übertragenen Angelegenheiten selbst entscheiden. Hier werden die Weichen für die spätere

---

149 Kleinfeld 1996, S. 172; Andree 1994, S. 29
150 Lindblom 1975, S. 161
151 Untersuchungsgegenstand bei Lindblom ist die „Administration"; zwischen Regierung und Verwaltung wird nicht weiter differenziert
152 Böhret/Jann/Kronenwett 1988, S. 264
153 Kleinfeld 1996, S. 172

Behandlung in der Vollversammlung gestellt. Sollte sich in der Vollversammlung noch ein weiterer Beratungsbedarf herauskristallisieren, ist eine Rückübertragung in den betreffenden Ausschuss möglich und auch die Regel. Das Abstimmungsverhalten ist gerade in größeren Kommunen stark fraktionengeprägt. Wie bereits angedeutet,[154] werden Beschlüsse in den Fraktionen vorberaten, um eine möglichst einheitliche Linie zu erreichen. Abstimmungen zwischen den einzelnen Fraktionen finden je nach Mehrheitsverhältnissen statt. Jedoch sind auch einstimmig gefasste Entscheidungen keine Seltenheit, gerade wenn es sich um reine Verwaltungsentscheidungen ohne politische Außenwirkung handelt.

Verständlicherweise drehen sich viele Debatten im Rat um Geld, um die gerechte und richtige Verteilung der zur Verfügung stehenden Haushaltsmittel. Die Politikerinnen und Politiker kann man hierbei in zwei Kategorien einteilen: die Fachpolitiker und die Steuerungspolitiker[155]. Die Fachpolitikerin und der Fachpolitiker denkt an das betreffende Aufgabengebiet (Policy-Orientierung), beispielsweise Soziales oder öffentliche Sicherheit und Ordnung, und möchte für den Bereich möglichst viele Haushaltsmittel herausholen, was wiederum sein Ansehen erhöht. Die Steuerungspolitikerin und der Steuerungspolitiker hat dagegen mehr den Gesamtetat und gesamtstädtische Belange im Blickfeld. Diese unterschiedlichen Blickwinkel und Vorstellungen führen oft zu Kontroversen.

2.2.3.3 Entscheidungsabläufe innerhalb der Verwaltung

Zur Beschreibung der Entscheidungsabläufe und Organisationsschemata innerhalb der Administration wird oftmals Max Webers „bürokratische Herrschaft" als reinster Typus legaler Herrschaft herangezogen. Kennzeichen und Erfolgskriterien dieses Bürokratiemodells waren nach Max Weber insbesondere das Fachbeamtentum,[156] der hierarchische Behördenaufbau,[157] sowie eine eindeutige Zuordnung von Kompetenzen[158] und ein formelles Verfahren.[159] Es handelt sich hier „jedoch um Merkmale eines Idealtypus und nicht um die Beschreibung der Realität.[160] Es sollte auch nicht als Handlungsanleitung zur Schaffung einer effizienten Verwaltung verstanden werden.

---

154 s.o. 2.2.2.4
155 Banner 1984, S. 364 - 372 (365)
156 Weber 1966, S. 99
157 Weber 1966, S. 100
158 Weber 1980, S. 128
159 Weber 1980, S. 128
160 Bruder/Dose 1996, S. 74-77 (75)

In Teilprinzipien hat sich der heute vorherrschende Realtypus diesem idealen Bürokratiemodell jedoch angenähert.[161] So finden sich auch in den derzeitigen Verwaltungen steile Organisationspyramiden und verhältnismäßig schmale und spezialisierte Zuständigkeiten. Im Gegensatz zu Max Weber, der die bürokratische Herrschaft als effizienteste Form der Herrschaftsausübung betrachtete[162], wird jetzt zunehmend Kritik an diesem „Bürokratismus", wie er in der heutigen Verwaltung seine Ausprägung findet, laut. Beispielsweise werden – bedingt durch einen übermäßigen hierarchischen Aufbau – langwierige Informations- und lähmende Koordinationsprozesse beklagt.[163] Es entstehen nicht nur Verzögerungen, sondern eine schnelle und flexible Reaktion auf ein aktuelles Problem ist gleichsam unmöglich. Durch die Vielzahl formell und informell einzubindender Stellen besteht die Gefahr der Selbstblockade,[164] und das System erscheint intransparent.

Ein Problem bereitet auch die Verantwortungsspaltung zwischen Fachämtern und Querschnittseinheiten. Die Fachämter sind in erster Linie für die fachliche optimale Erfüllung ihrer Aufgaben verantwortlich. Die Querschnittsämter teilen dazu die Ressourcen zu[165]. In der Praxis wird zur Bewältigung einer neuen Aufgabe durch das Fachamt zunächst von den Querschnittsbereichen Personal und Geld angefordert, ohne eigene Umschichtungen zu prüfen. Kämmerei und Personalamt versuchen zwar diesem Automatismus entgegenzusteuern, was jedoch meist nur unzureichend gelingt, ohne sich dem Vorwurf der Unmöglichkeit der Aufgabenerfüllung auszusetzen. Am Ende ist eigentlich niemand umfassend und vollständig für ein Ergebnis verantwortlich und kann zur Rechenschaft gezogen werden. Die Zuständigkeiten und Verantwortlichkeiten werden verwischt.

Vor diesem Hintergrund spricht man deshalb auch von einem „System organisierter Unverantwortlichkeiten"[166]. Ulrich Beck charakterisierte dieses System folgendermaßen: „Es handelt sich also um ein weitverzweigtes Labyrinth-System, dessen Konstruktionsplan nicht etwa Unzuständigkeit oder Verantwortungslosigkeit ist, sondern die Gleichzeitigkeit von Zuständigkeit und Unberechenbarkeit, genauer: Zuständigkeit als Unzurechenbarkeit"[167]. Diese Unzulänglichkeiten im Entscheidungsablauf, die langen Wege, die fehlenden Entscheidungskompetenzen, werden von den Bürgerinnen und

---

161 Wallerath 1997, S.1 - 22 (8)
162 Knorr 1996, S. 31
163 Wollmann 1996, S. 1 - 49 (9), Budäus 1994, S. 23
164 Budäus 1993, S. 163 - 176 (168)
165 Blume 1993, S. 1 - 9 (4)
166 Banner 1991, S. 6 - 11 (7); KGSt 1996, Politikerhandbuch, S. 41
167 Beck 1988, S. 100

Bürgern, wie von den Mitgliedern der politischen Vertretung, häufig als „bürokratisch" kritisiert.

2.3 Kommunalpolitik – eine Politikqualität eigener Art

2.3.1 Der Policy-Aspekt in der Kommunalpolitik

Für die Analyse der Veränderungen auf die Kommunalpolitik und damit auf die Aufgaben und Handlungsergebnisse der politischen Vertretung durch das Neue Steuerungsmodell, ist als erster Schritt zu klären, ob in den Kommunen überhaupt "Politik" betrieben wird, oder ob es sich nur um reinen Verwaltungsvollzug handelt. Je nachdem, ob man die Tätigkeit als „Politik" oder als „Verwaltung" einstuft, sind die Auswirkungen der Reform anders zu beurteilen. Dazu bedarf es nun als erstes der Klärung, was unter dem Begriff „Politik" zu verstehen ist. Seit systematisch über Politik nachgedacht und diskutiert wird, wird immer wieder versucht, die Bestimmung von Politik neu zu definieren.[168] Als neuer Konsens hat sich das so genannte politologische Dreieck,[169] gekennzeichnet mit dem angelsächsischen Begriffstrio polity, policy, politics, als Analyseinstrument weitgehend durchgesetzt.

Unter „polity" wird die institutionelle Dimension von Politik verstanden.[170] Kurz gesagt, umfasst „polity" im weitesten Sinne alle Organisationsformen und Organisationsnormen eines Staates.[171] Mit Hilfe der vorgegebene Struktur politischer Formen und Institutionen werden die weiteren politischen Dimensionen von Politik tendenziell in bestimmte Bahnen gelenkt. Durch diese formale Festlegung wird der politische Handlungsspielraum weitgehend abgesteckt. Der zweite Begriff „policy" bezieht sich auf die inhaltliche Dimension von Politik. Hier stehen die Problemlösung und Gestaltung gesellschaftlicher Verhältnisse im Vordergrund.[172] Es interessieren die Resultate von politischen Willensbildungs- und Entscheidungsprozessen. Politikinhalte erscheinen zunächst oft neutral von Sachzwängen diktiert, und doch berücksichtigen sie immer bestimmte Werte und Ziele sowie gesellschaftliche Interessen[173]. Diese Dimension der Politik wird auch durch einzelne Politikfelder, wie beispielsweise Arbeitsmarkt-, Umwelt- und Bildungspolitik verdeut-

---

168 Alemann von 1995, S. 140
169 Prittwitz von 1994, S 13
170 Alemann von 1995, S. 142
171 Rohe 1994, S. 65
172 Jann 1983, S. 26 - 38 (26)
173 Böhret 1988, S. 5; Jann 1983, S. 26 - 38 (26)

licht.[174] Wenn im allgemeinen Sprachgebrauch von „guter" oder „schlechter" Politik einer Regierung die Rede ist, dürfte primär die materielle und inhaltliche Dimension gemeint sein.

Der dritte Begriff „politics" steht für eine prozessuale Dimension und beschäftigt sich mit der Frage, auf welche Art und Weise „policy" zu Stande kommt. Der ständige Prozess der politischen Willensbildung basiert auf Konfliktaustragung und Konsensbildung.[175] Es handelt sich hier um einen Kampf um Macht und Einfluss der an der Politik Beteiligten und ist deshalb oft die sichtbarste Dimension von Politik. Geht man realistisch davon aus, dass stets gesellschaftliche Konflikte existieren, dann entspricht „politics" einer Grundgegebenheit allen politischen Handelns und ist dessen eigentlicher charakteristischer Aspekt.

Es gibt verschiedene Politikkonzeptionen, die jeweils eine Dimension von Politik in den Vordergrund stellen. Die politics-orientierte Politikvorstellung orientiert sich an Macht und Konflikten. Dagegen sieht die policy-orientierte Politikvorstellung ihren Schwerpunkt in der Steuerung der Gesellschaft und in der Erfüllung von gemeinsamen politischen Aufgaben.[176] In der konkreten Politik durchdringen sich die drei Dimensionen wechselseitig. Die Besonderheit des Politischen liegt gerade in dem spannungsgeladenen Wechselverhältnis und im Zusammenspiel von Sachproblemen, Akteurskonflikten und den jeweiligen institutionellen Rahmenbedingungen. Sie hängen eng zusammen und können nicht unabhängig voneinander betrachtet werden.

Um die kommunale Selbstveraltung mit politischen Maßstäben messen zu können, muss nun geklärt werden, ob und in welchem Umfang es die materielle Reichweite der Selbstverwaltung überhaupt erlaubt, ihr Tun unter politischen Aspekten zu sehen.

Die Bundesrepublik Deutschland ist ein föderaler Staat. Organisatorisch geht dabei das Grundgesetz von einem zweistufigen Aufbau aus, nämlich in Bund und Länder. Durch Art. 28 GG wird bestätigt, dass nach dem vom Grundgesetz gewollten Staatsaufbau die Gemeinden in die organisatorische Gliederung der Länder, nicht in die des Bundes, eingebunden werden. Gemeinden sind damit trotz des kommunalen Selbstverwaltungsrechtes staatsrechtlich gesehen Teil der Länderverwaltungen.[177] Diese Einordnung der Gemeinden als unterstaatliche Verwaltungsbehörde setzt sich im Kommunalverfassungsrecht fort. Die gewählte Gemeindevertretung ist, wie das Wort „verwaltet" in Art. 29 Abs. 1 Satz 1 GO zum Ausdruck bringt, ein Verwal-

---

174 Prittwitz von 1994, S. 54
175 Alemann von 1995, S. 143; Rohe 1994, S. 62
176 Rohe 1994, S. 79
177 Baltzer 1989, S. 1-5 (1); Böhret/Frey 1982, S. 11 - 25 (12)

tungsorgan.[178] Es heißt: „Die Gemeinde wird durch den Gemeinderat verwaltet, soweit nicht der Erste Bürgermeister selbständig entscheidet". Die Gemeindeordnung geht somit von der Fiktion des Gemeinderats als kollegialem Verwaltungsorgan aus, dessen Meinungsbildung und Entscheidungsfindung von der Orientierung am Gemeinwohl geprägt ist.[179] Diese rechtliche Einordnung als Verwaltungsorgan führt mitunter zu einer Idealisierung der Gemeinde als politikfreie Schule der Demokratie.[180]

Damit die Politik ihre Funktion erfüllen kann, müssen Entscheidungsalternativen und verschiedene Lösungsmöglichkeiten zur unterschiedlichen Befriedigung von Interessen vorhanden sein[181]. Voraussetzung für ein politisches Handeln der Kommunen ist demnach das Vorhandensein einer Auswahl und eines deutlichen Entscheidungsspielraumes bei der Erfüllung ihrer Tätigkeiten. Um dieser Frage nachzugehen, ist eine Differenzierung nach Aufgabentypen einer Kommune sinnvoll. Den Gemeinden wurde eine Vielzahl staatlicher Aufgaben zum Vollzug übertragen. Bei diesen so genannten Aufgaben des übertragenen Wirkungskreises – darunter fällt beispielsweise das Einwohnermeldewesen – steht den Gemeinden kein nennenswerter Handlungsspielraum zu. Das kommunale Handeln in diesem Bereich ist Verwaltungsvollzug und relativ unpolitisch.[182]

Dagegen sind Entscheidungen über die Erstellung öffentlicher Dienstleistungen, wie zum Beispiel im Bereich der Abfallwirtschaft, sehr wohl politisch orientiert. Kommunen können hier innerhalb der ihnen zugewiesenen Aufgaben Art, Menge und Qualität der Erledigung weitgehend selbst bestimmen, wodurch sich politische Entscheidungsspielräume ergeben.[183] In einem weiteren Bereich der Planung und Gestaltung des räumlichen Nahbereiches ist die Politik im Zuge des Interessenausgleichs bei der Gestaltung der bebauten Umwelt und im nachbarschaftlichen Zusammenleben gefragt.[184] Zu diesem Bereich zählt beispielsweise die örtliche Verkehrspolitik, was ein hochpolitisches und ideologisiertes Thema darstellt. Wo Anliegerproteste aufbrechen, werden lokale Probleme in den Bereich öffentlicher Kontroversen gerückt und dadurch automatisch als Sache politisiert.[185]

Kommunale Selbstverwaltung erlaubt es den Gemeinden im örtlichen Bereich, innovativ auf die vielfältigen Herausforderungen der Zukunft zu reagie-

---

178 Widtmann/Grasser 1998, Art. 29 GO RdNr. 2; Hölzl/Hien 1998, Art. 29 GO Anm. 1
179 Bauer/Böhle; Masson/Samper 1998, Art. 30 GO RdNr. 2
180 Wimmer 1989, S. 23
181 Ellwein 19971, S. 11 - 25 (21); Grauhan 1970, S. 68
182 Lenk 1997, S. 145 - 156 (151)
183 Lenk 1997, S. 145 - 156 (152)
184 Bogumil 1997 b, S. 33 - 43 (41)
185 Holtmann 1992, S. 13 - 22 (19)

ren. Dieser Bereich bietet ein weites Betätigungsfeld für die Kommunalpolitik, da es sich hier überwiegend um freiwillige Aufgaben der Gemeinden handelt. Man denke hier nur an die kommunale Beschäftigungspolitik. Bereits das Aufgreifen und die Thematisierung von einzelnen Problemen bzw. im Gegenzug die Vernachlässigung von neuen freiwilligen Aufgaben kann schon zu politischen Kontroversen führen. Politikbegründend sind demnach die unterschiedlichsten Prioritätensetzungen um Ziele, Werte und knappe Ressourcen, was sich in verschiedenen Handlungsalternativen und Ordnungsvorstellungen niederschlägt.

Trotz der vielfältigen eigenständigen kommunalen Aufgaben darf jedoch nicht übersehen werden, dass politische und ökonomische Determinanten den kommunalen Handlungsspielraum begrenzen. Zunehmende gesetzliche Reglementierungen, zentrale Planungen übergeordneter Instanzen und nicht zuletzt die finanzielle Abhängigkeit der Kommunen von staatlichen Zuweisungen zeigen sich als zentrale Restriktionen für eine eigenständige kommunale Aufgabenerfüllung.[186] Auf der anderen Seite bedingt diese Einbettung der örtlichen Angelegenheiten in überörtliche Verbundlösungen auch steigende politische Bezüge in den Kommunen. Durch diese Politikverflechtung verwischt sich die Trennung zwischen „großer" Politik auf staatlicher Ebene und „kleiner" Politik im Sinne einer parteifreien nach Sachgesetzlichkeiten ausgerichteten Kommunalpolitik.[187]

Obwohl viele Entscheidungen in einer Kommune einvernehmlich getroffen werden und es sich bei einer großen Zahl kommunalpolitischer Probleme nicht um parteipolitische Grundsatzentscheidungen handelt, heißt das jedoch nicht, dass es sich hier nicht um politische Entscheidungen handelt. Eine Differenzierung in sachliche oder politische Entscheidungen ist vielfach nicht zielführend, vielmehr sind die Bereiche Verwaltung und Politik ineinander verwoben.[188] Hinter der Behauptung „Kommunalpolitik ist Sachpolitik" verbirgt sich dagegen oft nur die Neigung, öffentliche Konflikte zu vermeiden und sich in reinen Verwaltungsvollzug zu flüchten[189]. Zusammenfassend kann deshalb gesagt werden, dass aufgrund des den Gemeinden zustehenden Handlungsspielraumes bei der Aufgabenerfüllung alle wichtigen Entscheidungen fachlich und politisch bedingt sind. Kommunalpolitik ist nicht nur der Vollzug von Sachzwängen oder das Vollziehen von Entscheidungen, die auf staatlicher und wirtschaftlicher Ebene bereits andere getroffen haben[190]. Es

---

186 Böhret/Frey 1982, S. 11 - 25 (19)
187 Wimmer 1989, S. 23; Böhret/Frey 1982, S. 11 - 25 (14)
188 Ziebill 1964, S. 64
189 Holler/Naßmacher 1976, S. 141 - 181 (159); Ellwein 1971, S. 11 - 25 (21)
190 Gisevius 1997 S. 14

besteht genügend Raum für politische und ideologische Zielsetzungen verschiedenster Art.

2.3.2 Der Politics-Aspekt in der Kommunalpolitik

Die Frage nach dem Prozess der politischen Willensbildung hängt eng mit der Diskussion des Charakters und der Aufgabenstellung des Rates zusammen. Es wird noch überwiegend als terminologisch verfehlt angesehen, den Gemeinderat als Gemeindeparlament zu bezeichnen, da gegenüber einem Parlament im staatsrechtlichen Sinne einige Differenzen bestehen[191]. Von einem Parlamentsangehörigen unterscheidet sich der Status des Gemeinderatsmitglieds durch amtsrechtliche Züge, trotz des zugestandenen freien Mandates. So haben Gemeinderäte beispielsweise die Pflicht, an Sitzungen teilzunehmen (Art. 48 Abs. 1 Satz 1 GO), und es fehlen jegliche Immunitätsprivilegien. Außerdem werden die vom Gemeinderat gefassten Beschlüsse von einer Aufsichtsbehörde überwacht (Art. 108 ff GO). Dies sind nur einige Punkte, die gegen einen Parlamentscharakter der Gemeindevertretung im staatsrechtlichen Sinne sprechen. Dementsprechend geht das Bundesverfassungsgericht davon aus, dass es sich „bei dem Gemeinderat nicht um ein echtes Parlament handelt"[192].

Obwohl der Gemeinderat staatsrechtlich nicht als Parlament angesehen wird, ist jedoch nicht ausgeschlossen, dass sich seine Funktionsweise an die Arbeitsmethode eines Parlaments annähert und die Mandatsträgerinnen und Mandatsträger ihre Entscheidungen parteipolitisch ausrichten. Die Kommunalpolitik wird von Parteien verstärkt entdeckt und für wichtig erachtet[193]. Dies zeigt sich zum einen in der Verabschiedung von kommunalpolitischen Grundsatzprogrammen, zum anderen versuchen Parteien sich bei anstehenden Kommunalwahlen vermehrt gezielt mit kommunalpolitischen Themen im Wahlkampf zu behaupten. Im Rahmen des Politics-Aspektes spielen die politischen Parteien eine wichtige Rolle. In Ihnen spiegelt sich in erster Linie der Kampf um Macht und Einfluss.

Der Einfluss der Parteien auf den Prozess kommunalpolitischer Willensbildung hängt jedoch stark von der Größe der Gemeinde ab. Je größer die Gemeinde, desto weniger finden Persönlichkeitswahlen statt und desto ausgeprägter ist die Bedeutung der Parteien.[194] Folglich besteht auch eine höhere Wahrscheinlichkeit einer politisch-ideologischen Auseinandersetzung um

---

191 Hölzl/Hien 1998, Art. 30 GO Anm. 2; Bauer/Böhle/Masson/Samper 1998, Art. 30 GO RdNr. 1
192 Beschluss des BVerfG v. 23.02.1972, in: BVerfGE 32, S. 346 - 365 (361)
193 Walter 1997, S. 229 - 247 (239
194 Busch 1997, S. 181 - 201 (187

Sachthemen in der Öffentlichkeit. In Großstädten werden die Ratsmitglieder fast ausnahmslos über Parteilisten gewählt. Auf der anderen Seite ergibt sich dabei jedoch oftmals ein buntes Spektrum von verschiedensten kleinsten im Rat vertretenen Parteien, so dass dadurch eine Vielfalt von Anschauungen und Interessenvertretungen gewährleistet ist.[195] Auch auf Bürgermeisterebene steigt mit zunehmender Ortgröße die Wahrscheinlichkeit der Mitgliedschaft in einer Partei.[196] Im Zuge vermehrt parteipolitisch gebundener Mandatsträgerinnen und Mandatsträger, wird die inhaltliche Kommunalpolitik auch de facto maßgeblich von politischen Parteien gestaltet und bestimmt. Infolgedessen nehmen parteimotivierte Konflikte in der Ratsarbeit zu und der Zugriff der politischen Parteien auf die Verwaltungsspitze verstärkt sich.[197] Insgesamt kann festgestellt werden, dass der Parteienstaat auf kommunalem Boden seine Position ausgebaut hat.[198]

Die festzustellende verstärkte Parteienorientierung in der Kommunalpolitik schlägt sich auch in der Arbeitsmethode des Rates nieder. Es gibt einige allgemein anerkannte Größen, an denen sich eine derartige „strukturelle" Parlamentarisierung messen lässt. Ein typischer Indikator zur Erfassung der Entwicklung einer stärker parteipolitischen Ausrichtung ist die Fraktionenbildung.[199] Im Gemeinderat gibt es quasi eine Art Regierungs- und Oppositionsfraktion. Dementsprechend erfolgen auch oftmals die Abstimmungen fraktionenorientiert. Gerade bei wichtigen Beschlüssen, wie zum Beispiel die Entscheidung über den Haushalt, ist es vorhersehbar, dass die Opposition dagegen stimmt, um Unterschiede und Alternativen zum Ausdruck zu bringen. Ein entsprechend kontroverser Debattenstil ist dabei ebenso selbstverständlich, wie die Entscheidungsfindung nach dem Mehrheitsprinzip.[200]

Als weiteres Kriterium für eine Parlamentarisierung kann der Grad der Beteiligung der Minderheitenfraktionen an der politischen Repräsentation und der Verwaltungsführung angesehen werden.[201] Wird die Opposition in die Verwaltungsspitze zum Beispiel durch einen vom Gemeinderat gewählten weiteren Bürgermeister oder Referentin/Referent mit eingebunden? Die völlige Ausschaltung der Opposition zeugt von einer hochgradig parteipolitischen Ausrichtung der Kommunalpolitik.[202] Es ist jedoch verfehlt, die Nichtbeteili-

---

195 z.B. Stadtrat der Landeshauptstadt München 1999: 10 Parteien; Stadtrat der Stadt Passau 1999: 7 Parteien und Gruppierungen
196 Voigt 1992, S. 3 - 12 (8)
197 Gabriel 1989, S. 9 - 14 (12)
198 Holtmann 1992, S. 13 - 22 (15)
199 Mielke 1994, S. 77; Hölzl/Hien 1998, Art. 30 GO Anm. 2
200 Holtmann 1992, S. 13 - 22 (14)
201 Gabriel 1984, S. 101 - 147 (117)
202 vgl. Landeshauptstadt München: seit 1990 stellt die größte Oppositionpartei keinen weiteren Bürgermeister mehr und seit 1998 keinen Referenten

gung der Opposition allein mit strategischen Überlegungen der Mehrheitsfraktion und der geringen Bereitschaft dieser an einer Zusammenarbeit mit der Minderheit zu begründen. Sie kann ebenfalls auf einer auf Konflikt angelegten Strategie der Minderheitsfraktion basieren.

Die Handhabung der parlamentarischen Prozesse wird vielfach erleichtert durch die Professionalisierung der Ratsarbeit. Dazu gehört insbesondere die personelle und sachliche Ausstattung der Fraktionen sowie die Vorberatungen in Ausschüssen. Der Vollversammlung bleibt es dann vorbehalten, parteipolitisch bedingte Konfrontationen und Polarisierungen öffentlichkeitswirksam darzustellen. Infolge der Bewertung der angeführten Kriterien lässt sich feststellen, dass sich gerade im Bereich der Großstädte die Ratstätigkeit in struktureller Hinsicht stark der Arbeitsweise eines Parlaments angenähert hat.[203]

Von der „strukturellen" Parlamentarisierung ist die „kulturelle" Parlamentarisierung zu unterscheiden. Es geht bei letzterer um das Selbstverständnis der Mandatsträgerinnen und Mandatsträger bezüglich ihrer Ratstätigkeit. Wie wird die Parlamentarisierung von den an der Gemeindepolitik beteiligten Personen wahrgenommen und bewertet? Die Parlamentarisierung ist dann ein Merkmal der lokalpolitischen Kultur[204]. Das Ausmaß, in dem die Gemeinderäte ihre Arbeit als professionale parlamentarische Arbeit wahrnehmen, ist ein Gradmesser für den Prozess der kulturellen Parlamentarisierung. Die Perzeption der Mandatsträgerinnen und Mandatsträger ist eng verknüpft mit den Möglichkeiten, die die Ratstätigkeit bietet und auch mit den Vorstellungen der Bürger von Kommunalpolitik.

Im Ergebnis umfasst die Kommunalpolitik alle Elemente des Politischen.[205] Die frühere und teils bis in die heutige Zeit hineinreichende Auffassung von einer unpolitischen Gemeinde[206] ist durch die politische Praxis überholt worden. Eine parteilose, neutrale Kommunalpolitik ist realitätsfern. Es stellt sich deshalb seit längerem die Frage nach einer neuverstandenen, den neuen Entwicklungen angepassten, kommunalen Selbstverwaltung. Dies ist unter dem Blickwinkel einer Schwerpunktverlagerung, weg von der reinen Organisationsform, hin zur Aktivierung der Bürger zu sehen. Eine Neudefinition der Selbstverwaltung empfiehlt sich gerade jetzt im Zuge der nun in Gang gesetzten Verwaltungsreformen, welche auch die Schnittstelle zwischen Rat und Verwaltung sowie die Arbeitsweise und das Selbstverständnis der beteiligten Akteure berührt.

---

203 Köser/Caspers-Merk 1989, S. 97 - 120 (111)
204 Mielke 1994, S. 77; Gabriel 1984, S. 101 - 147 (116)
205 Voigt 1984, S. 239 - 242 (239); Wimmer 1989, S. 20
206 Holtmann 1992, S. 13 - 22 (13); Püttner 1982, S. 3 - 10 (7)

3 Das Konzept des Neuen Steuerungsmodells

3.1 Zum Begriff der Steuerung

Die nahezu inflationäre Verwendung, die der Steuerungsbegriff in jüngster Zeit gerade in Verbindung mit der Verwaltungsmodernisierung erfahren hat, steht in bemerkenswertem Gegensatz zu seiner in diesem Kontext fehlenden Definition. Der Begriff der Steuerung wurde vermutlich seit den 70er Jahren zur Übersetzung des englischen Begriffes „control" in die deutsche Soziologie eingeführt und im Wesentlichen in makrosoziologischen Zusammenhängen benutzt.[207] Von den Definitionsversuchen der letzten Jahre sollen hier nur einige herausgegriffen und kurz dargestellt werden. Luhmann schlägt beispielsweise für die begriffliche Fassung von Steuerung folgende Definition vor: „Steuerung ist ein Prozess der Differenzminderung, der durch Ziele markiert wird, also die Differenz zwischen Ziel und Realität zu verringern sucht"[208]. Auch bei Renate Mayntz handelt es sich um eine kausale und deterministische Steuerungskonzeption. Sie definiert Steuerung nicht nur als gezielte Beeinflussung, sondern als Weg, „ein System von einem Ort oder Zustand in einen bestimmten anderen zu bringen"[209]. Bei genauerer Betrachtung dieses Steuerungsverständnisses fällt auf, dass die Mayntz´sche Definition zwar von einer Zustandsveränderung von Systemen spricht, andererseits aber auch den handlungstheoretischen Ansatz[210] hervorhebt.

Voraussetzung für eine Steuerung ist das Vorhandensein eines Steuerungssubjektes[211], also eines Steuerungsakteurs, dem Steuern als Aktivität zurechenbar sein muss. Ebenso wird ein Steuerungsobjekt[212] benötigt, dessen Handeln sich vorzugsweise als Reaktion auf die Steuerung versteht. Dazwischen steht das Steuerungsziel[213] des Subjekts, das heißt, die Vorstellungen über die Zustandsveränderungen des Steuerungsobjekts sowie die Entscheidung des Steuerungssubjekts über die zu treffenden Maßnahmen und den

---

207 Mayntz 1987, S. 89 - 109 (91); Kühn 1997, S. 515 - 562 (522)
208 Luhmann 1992, S. 208
209 Mayntz 1987, S. 89 - 109 (93)
210 Voigt 1993, S. 289 - 322 (296); Görlitz 1995, S. 38
211 Mayntz 1987, S. 89 - 109 (93)
212 Mayntz 1987, S. 89 - 109 (93); Görlitz 1995, S. 38
213 Mayntz 1987, S. 89 - 109 (94)

Einsatz bestimmter Steuerungsinstrumente[214], um das Steuerungsziel zu erreichen. Als Untersuchungsgegenstand fungieren weiter alle damit verbundenen Steuerungsprozesse. Dieser soziologische Steuerungsbegriff lässt sich übertragen auf das politisch-administrative System und nach Voigt wie folgt definieren: Politische Steuerung ist der Versuch des politischen Systems „auf ein anderes System, z.B. das ökonomische System, in der Absicht einzuwirken, dort Zustandsveränderungen zu bewirken"[215]. Gesellschaftliche Veränderungen können somit u. a. kausal-deterministisch auf Steuerung durch das politische System zurückgeführt werden. Zu berücksichtigen gilt bei der verstehenden Definition, dass Steuerungsfähigkeit und Steuerbarkeit nicht empirisch festgestellt, sondern a priori über die Definition vorausgesetzt werden.[216] Konstitutiv für den Tatbestand „politische Steuerung" ist nicht der Steuerungserfolg, sondern die Steuerungsabsicht.[217] Der Aspekt der Handlungsintention[218] spielt dabei ebenso eine besondere Rolle, wie die jeweils eingesetzten bzw. dominierenden Instrumente. Der gewählte Instrumentenansatz gibt erste Anhaltspunkte für den Vollzug und den Steuerungsprozess. Der politische Steuerungsprozess selbst lässt sich als Zweck – Mittel – Modell charakterisieren. Erstens geht es um die Bestimmung der anzustrebenden Globalziele durch das Steuerungssubjekt, zweitens um die notwendige Ressourcenbeschaffung zur Realisierung dieser Ziele und drittens um die Organisation des administrativen Systems.[219]

Die Zielrichtung der politikwissenschaftlichen Diskussion ist eine intentionale und kommunikative Handlungsbeeinflussung von Adressaten, die außerhalb der öffentlichen Verwaltung stehen. Von einer Steuerung im administrativen Binnenverhältnis, zwischen politischer Vertretung und Administration oder zwischen verschiedenen Ämtern, ist hier nicht primär die Rede.[220] Gerade die Ausgestaltung dieser Innenverhältnisse, die Organisation des administrativen Systems, steht jedoch im Blickpunkt der aktuellen Modernisierungsbemühungen und bildet auch den Schwerpunkt des Neuen Steuerungsmodells. Es thematisiert somit nur einen Teil der politischen Steuerung. Dieses Modell der internen Steuerung lässt sich deshalb eher modernen Managementmethoden zuordnen, als klassischen Steuerungstheorien. Auch die Kommunale Gemeinschaftsstelle (KGSt), die in erster Linie das Neue Steuerungsmodell propagiert, spricht in jüngster Zeit von der Einbet-

---

214 Görlitz 1995, S. 38
215 Voigt 1993, S. 289 - 322 (291)
216 Görlitz 1995, S. 39
217 Voigt 1993, S. 289 - 322 (291); Mayntz 1987, S. 89 - 109 (94)
218 Dose/Voigt 1997, S. 31 - 47 (32)
219 Voigt 1995, S. 33 - 92 (70)
220 Dose/Voigt 1997, S. 31 - 47 (31)

tung des Neuen Steuerungsmodells in ein kommunalspezifisches Managementkonzept.[221]

Der Begriff Management meint in der deutschen Wirtschaft „Steuerungsaufgaben, die zur Leistungserstellung und -sicherung in arbeitsteiligen Systemen notwendig sind".[222] Management ist ebenso eine zielorientierte, wie handlungsorientierte Steuerung, jedoch mit Ausrichtung auf die innere Organisation. Zentrales Steuerungsobjekt sind hier die internen Strukturen und nicht externe Individuen oder Systeme. Auch im Management finden die klassischen Elemente des politischen Steuerungsbegriffes, wie Subjekt, Objekt, Ziele und Instrumente, Anwendung.[223] Auf die internen Verhältnisse einer Kommunalverwaltung übertragen bedeutet dies: Steuerungssubjekt ist die legitimierte politische Vertretung bzw. die Führungskräfte der Verwaltung. Objekt wäre die Administration generell mit ihren internen Strukturen und Ressourcen. Als Intention könnten die Ziele Legitimität, Effizienz und Effektivität dienen. Die aktuelle Diskussion der Verwaltungsmodernisierung entzündet sich in erster Linie an der Auswahl und dem Einsatz der Instrumente, mit denen die angestrebten Ziele erreicht werden sollen.

Management konzentriert sich zwar auf die interne Steuerung, was jedoch nicht bedeutet, dass keine Außenbeziehungen bestehen.[224] Sie stehen nur nicht im Mittelpunkt des Interesses. In einer Kommunalverwaltung sollte jegliches Handeln – auch im Binnenverhältnis – am Bürger und damit am Gemeinwohl, dem „äußeren" Bezugspunkt, orientiert werden. Der Bürger bildet den Ausgangspunkt mit seinen Wünschen, Forderungen und Rechten und über die Politik zur Verwaltung kehrt das Ergebnis der Verwaltungstätigkeit wieder zum Bürger zurück. Eine Steuerung im Innenverhältnis ist somit untrennbar mit den Außenbeziehungen verbunden.

3.2 Die Einführung des Neuen Steuerungsmodells in der Bundesrepublik Deutschland

Die internationale Reformdiskussion wurde in der Bundesrepublik Deutschland erst relativ spät aufgegriffen. Öffentlichkeitswirksam angestoßen wurde die Diskussion über den Einsatz von privatwirtschaftlichen Elementen in der

---

221 Heinz 2000, S. 5 (Diese neue Konzeption wurde erstmals beim KGSt-Forum in Leipzig v. 03.11.99 - 05.11.99 der Öffentlichkeit vorgestellt.)
222 Jann 1998, S. 41 - 57 (54)
223 Jann 1998, S. 41 - 57 (55)
224 Jann 1998, S. 41 - 57 (54)

öffentlichen Verwaltung erst 1991 durch einen viel beachteten Aufsatz von Gerhard Banner, dem damaligen Leiter der Kommunalen Gemeinschaftsstelle. Er beschreibt die alten Strukturen in den Kommunalverwaltungen als ein „System organisierter Unverantwortlichkeiten" und stellt dem gegenüber das Grobkonzept eines privatwirtschaftlich orientierten Neuen Steuerungsmodells.[225] Als einen weiteren Meilenstein der Thematisierung dieses Neuen Steuerungsmodells kann der Bericht Nr. 19 der Kommunalen Gemeinschaftsstelle aus dem Jahr 1992 bezeichnet werden, in dem Wege zum Dienstleistungsunternehmen Kommunalverwaltung aufgezeigt und insbesondere die Fallstudie der niederländischen Stadt Tilburg vorgestellt wurden. Gerade diese frühzeitige Präsentation eines existierenden Verwaltungsmodells, welches sich bereits in der Umsetzung befand, förderte die Identifikation mit dem darauf aufbauenden Neuen Steuerungsmodell[226] und leitete so die Akzeptanz und Verbreitung dieses Modells ein.

In den folgenden Jahren wird die Argumentation und Ausgestaltung des Neuen Steuerungsmodells durch die Unterfütterung mit verschiedensten Berichten der Kommunalen Gemeinschaftsstelle[227] immer detaillierter und auch praxisbezogener[228]. Neben den Berichten der Kommunalen Gemeinschaftsstelle sorgten eine Vielzahl von Veranstaltungen der Kommunalen Gemeinschaftsstelle selbst und weiterer Institutionen, wie der Speyerer Hochschule für Verwaltungswissenschaften, für entsprechende Impulse. Den Durchbruch erreichte das Neue Steuerungsmodell durch die Ausschreibung eines internationalen Preises der Bertelsmann-Stiftung zu Demokratie und Effizienz in der Kommunalverwaltung im Jahre 1993. Als Preisträger wurden die neuseeländische Stadt Christchurch und die US-amerikanische Stadt Phoenix ermittelt. Erst mit großem Abstand folgten weitere Kommunen, darunter die deutsche Stadt Duisburg.[229] Die publizierte Auswahlentscheidung erschütterte die deutsche Verwaltungslandschaft und rüttelte die Kommunen aus ihrer bis dahin vorherrschenden Selbstzufriedenheit auf.[230] Mittlerweile existiert eine Fülle wissenschaftlich-theoretischer Publikationen und Praxisberichten zum Neuen Steuerungsmodell.

Im Zuge dieses Reformansatzes ist in letzter Zeit in den Kommunen eine beachtliche Diskursverschiebung von einem eher juristisch-vollzugsverwaltungs-orientierten Fokus hin zu einer mehr betriebswirtschaftlich-

---

225 Banner 1991, S. 6 - 11
226 Wollmann 1996, S. 1 - 49 (25)
227 z.B. KGSt 1993, Bericht Nr.5; 1994, Bericht Nr. 14; 1996, Bericht Nr. 10
228 Kißler u.a. 1997, S. 29
229 Carl-Bertelsmann-Stiftung 1993, S. 21
230 Wollmann 1996, S. 1 - 49 (25)

managerial-orientierten Sichtweise zu beobachten.[231] Schwerpunktziel ist die Verbesserung der Managementleistung und der Einsatz betriebswirtschaftlicher Instrumente. Die fachliche Reformkompetenz verlagert sich folglich zunehmend von Juristen, Politologen oder Verwaltungswissenschaftlern auf die Ökonomen.[232] Die Beteiligung der Beschäftigten, die Bürgerorientierung sowie die neue Aufgabenverteilung zwischen Politik und Verwaltung wurde anfangs nur nachrangig thematisiert.[233] Erst nachdem sich im Implementierungsprozess gerade in dem letztgenannten Bereich häufig gravierende Probleme und Missverständnisse ergaben, rückt diese Problematik mehr und mehr in den Blickpunkt der Diskussion. So hielt beispielsweise das Deutsche Institut für Urbanistik (DIfU), teilweise in Zusammenarbeit mit der Kommunalen Gemeinschaftsstelle mehrere Fachkonferenzen zu diesem Thema ab. Auch die in letzter Zeit erschienenen Berichte der Kommunalen Gemeinschaftsstelle befassen sich verstärkt mit dem politischen Bereich.[234] Darüber hinaus wurde im Jahr 1998 ein „Netzwerk Kommunen der Zukunft" ins Leben gerufen, das gemeinsam von der Carl-Bertelsmann-Stiftung, der Hans-Böckler-Stiftung und der Kommunalen Gemeinschaftsstelle getragen wird und sich ebenfalls der Thematik angenommen hat. Es kann sich an dieser Stelle nur um einen kurzen Überblick und um Fragmente einer Vielzahl von Institutionen handeln, die die Veränderungen zwischen Politik und Verwaltung nun verstärkt diskutieren.

Das Konzept des Neuen Steuerungsmodells basiert in der Gesamtphilosophie und in wichtigen Elementen auf Reformmodellen, die international unter der Gesamtperspektive des „New Public Management" entwickelt und erprobt wurden. Beim New Public Management handelt es sich, in Abgrenzung von tradierten bürokratischen Organisations- und Managementpraktiken, um die Gesamtheit möglicher Strategien zur Schließung der Modernisierungslücke im öffentlichen Sektor[235] mit Betonung auf die steuernden und effizienzfördernden Kräfte von Markt und Wettbewerb.[236] Das gegenwärtig in Deutschland diskutierte Neue Steuerungsmodell ist somit kein „Eigengewächs"[237], sondern eine spezifische Ausprägung des „New Public Managements"[238]. Beeinflusst wurde es in starkem Maße durch das Reformkonzept

---

231 Wollmann 1996, S. 1 - 49 (23)
232 Budäus 1994, S. 33; Wollmann 1996, S. 1 - 49 (25)
233 vgl. Umfrage des Deutschen Städtetages zum Thema Verwaltungsmodernisierung zusammengefasst von Grömig/Gruner 1998 in: der Städtetag S. 581 - 587
234 z.B. KGSt 1996, Bericht Nr. 10; KGSt 1999, Das Neue Politikerhandbuch zur Verwaltungsreform
235 Budäus 1994, S. 46; Lüder 1993, S. 265 - 272 (265)
236 vgl. stellvertretend für viele Autoren: Reichard 1996, S. 241 - 274 (243); Budäus 1994, S. 46; Struwe 1995, S. 20 - 32 (21)(wobei die Elemente etwas zwischen den Autoren variieren)
237 Reichard 1996, S. 241 - 274 (242)
238 Klages 1995 a, S. 203 - 227 (207)

der niederländischen Stadt Tilburg. Das „Tilburger Modell" fungierte dabei zwar als Ideenlieferant[239] und Vorzeigeobjekt, das Neue Steuerungsmodell setzt jedoch eigene auf deutsche Verhältnisse zugeschnittene Akzente, Schwerpunkte und Handlungsmuster.[240] Das Neue Steuerungsmodell ist – wie der Name schon sagt – ein Modell, worunter die Kommunale Gemeinschaftsstelle selbst eine „Skizze der unverzichtbaren Mindestbedingungen (Essentials) für das Entstehen des Dienstleistungsunternehmens Kommunalverwaltung und des Zusammenwirkens dieser Bedingungen"[241] versteht. Laut Kommunaler Gemeinschaftsstelle fördert das Neue Steuerungsmodell den Aufbau einer unternehmensähnlichen, dezentralen Führungs- und Organisationsstruktur.[242] Zur Berücksichtigung von örtlichen Bedürfnissen verbleibt dabei genügend Spielraum. Es gibt keine Patentrezepte oder Modernisierungsschablonen[243], sondern jede Stadt gestaltet vielmehr ihr eigenes individuelles Reformmodell. Mit Blick auf Methoden und Schwerpunkte herrscht eine außerordentlich bunte Vielfalt, deren Rahmen jedoch das Neue Steuerungsmodell bildet.

Nachstehend werden nun die Elemente und Instrumente, die entscheidenden Einfluss auf die politische Tätigkeit ausüben, einer näheren Betrachtung unterzogen.

3.3 Die Führungsrolle der Volksvertretung im Neuen Steuerungsmodell

3.3.1 Abgrenzung der Verantwortungssphären

Das neue Leitbild, das die Vertreter des Neuen Steuerungsmodells für die politische Vertretung und den politischen Prozess zeichnen, ist geprägt vom Führungsanspruch der Volksvertretung.[244] In diesem Kontext löste seit Beginn der Reformen die Definition der Schnittstelle zwischen den Aufgaben der politischen Gremien und der Verwaltung große Diskussionen aus. Das Neue Steuerungsmodell empfiehlt eine „Steuerung auf Abstand", das heißt, der Rat soll sich in erster Linie mit langfristigen, strategischen Problemen

---

239 Reichard 1996, S. 241 - 274 (243)
240 König 1997 a, S. 265 - 268 (266)
241 KGSt 1993, Bericht Nr. 5, S. 15
242 KGSt 1993, Bericht Nr. 5, S. 3; Heinelt 1997, S. 12 - 28 (17)
243 Schöneich 1996, S. 1 - 18 (12)
244 KGSt 1999, Das Neue Politikhandbuch, S. 64

befassen und die Verwaltung durch Grundsatzvorgaben steuern.[245] Einzelentscheidungen im Alltagsgeschäft sollen auf Ausnahmen beschränkt sein. Für viel Verwirrung sorgte bei der Einführung des Neuen Steuerungsmodells hierbei die kommunale Gemeinschaftsstelle mit ihrer Formulierung: „Die Politik soll für das Was, die Verwaltung für das Wie der kommunalen Leistungserstellung verantwortlich sein"[246]. Gegen diese Aussage liefen vor allem die Kommunalpolitikerinnen und Kommunalpolitiker Sturm, die sich in ihrer Aufgabe, der Vertretung der Bürgerinteressen, beschnitten fühlten und befürchteten, überhaupt keinen Einfluss auf die Verwaltung mehr ausüben zu können.[247] Die Kommunale Gemeinschaftsstelle selbst relativierte später diese Abgrenzungsformel und spricht nun von einer Verminderung der Schnittstellen zwischen Politik und Verwaltung.[248] Ziel ist es, die Verantwortungssphären zu entzerren.

Der neueste Ansatz, der diese Zielrichtung weiterentwickelt, geht von einer Unterscheidung in drei Managementdimensionen im kommunalen Bereich aus, dem normativen, strategischen und operativen Management.[249] Ausdrücklich wird darauf hingewiesen, dass diese Differenzierung ausschließlich auf eine konzeptionelle Klarheit zielt und sich nicht zur Begründung institutioneller Grenzziehung eignet.[250] Politik und Verwaltungsführung betreiben grundsätzlich gemeinsam kommunales Management in allen drei Dimensionen, jedoch mit jeweils unterschiedlichen Schwerpunkten.[251] Grob formuliert, ist die Verantwortung der Politik im normativen und strategischen Management sehr groß, im operativen Management eher gering. Für die Fachbereiche gilt dies umgekehrt.[252] Dabei ist jedoch zu berücksichtigen, dass die Verwaltung auch Funktionen bei der Erarbeitung der normativen Grundsätze und vor allem im strategischen Bereich inne hat. Unsinnig wäre auch eine Regel, welche die Politik daran hindern wollte, das operative Management mitzugestalten.[253]

---

245 Schumacher 1996, S. 221 - 228 (224); Mersmann 1994, S. 217 - 219 (217)
246 KGSt 1993, Bericht Nr. 5, S. 17
247 Henneke 1996, S. 447 - 453 (449);
248 KGSt 1996, Bericht Nr. 10, S. 17; Henneke 1996, S. 447 - 453 (448)
249 Heinz 2000, S. 13 ff. Das normative Management umfasst den programmatischen, konstitutionellen und kulturellen Entwicklungspfad einer Kommune und beinhaltet die generellen und längerfristigen Ziele (z. B. Leitbild, Verhaltensrahmen, Organisationskultur). Auch das strategische Management befasst sich mit Langfristplanungen, wobei das vorrangige Augenmerk auf dem Beitrag zu gesellschaftlichen Wirkungen liegt (Zielfelder: Ergebnisse/Wirkungen, Programme/ Produkte, Prozesse/Strukturen, Ressourceneinsatz). Das operative Management ist die Umsetzung der normativen und strategischen Ziele in operationalisierte Produktziele und Aktivitäten.
250 Heinz 2000, S. 187
251 Heinz 2000, S. 189
252 Heinz 2000, S. 25
253 Heinz 2000, S. 188

Natürlich ist der Rat auch weiterhin auf der operativen Ebene gefordert und kann jederzeit Verbesserungsvorschläge vorbringen, die sich aus der ständigen Rückkopplung bei den Bürgerinnen und Bürgern ergeben.[254] Bei den fließenden Übergängen kommt es auf ein konstruktives Miteinander an, wobei dies nicht wieder zum alten „Verantwortungsmix"[255] führen darf. Ebenso gilt es den Grundgedanken des Neuen Steuerungsmodells, die Akzentuierung verantwortlichen Handelns, im Auge zu behalten.[256] Die Förderung von Effektivität und Effizienz durch die Aktivierung von Kreativitäts- und Innovationspotentialen ist ebenfalls zu berücksichtigen. Dieses Ziel des Neuen Steuerungsmodells würde durch eine Detailbefassung im politischen Alltag im Keim erstickt werden. Aus diesem Grund behalten die 1996 von der Kommunalen Gemeinschaftsstelle entwickelten Vorstellungen zur Aufteilung der Verantwortungsbereiche, nun im Sinne von Schwerpunktsetzungen, weiterhin ihre Gültigkeit.

Nach den Vorstellungen der Reformer sollen die Verantwortungsbereiche in Zukunft wie folgt aufgeteilt werden:[257]

a) Politik:

- entwickelt kommunale Ziele
- trifft Grundsatzentscheidungen
- setzt Rahmenbedingungen
- gibt der Verwaltung entsprechende Leistungsaufträge
- überträgt der Verwaltung Produktbudgets
- respektiert, dass die Verwaltung den Einzelfall und die Art der Auftragserledigung eigenverantwortlich regelt
- kontrolliert die Erfüllung der Leistungsaufträge durch die Verwaltung

b) Verwaltung:

- erfüllt eigenverantwortlich die Leistungsaufträge im Rahmen ihres von der Politik vorgegebenen Budgets und entsprechend der politischen Grundsatzentscheidungen
- informiert die Politik über den Vollzug und gegebenenfalls über Abweichungen
- stellt Transparenz her

254　Banner 1997, S. 125 - 137 (130); KGSt 1999, Das Neue Politikerhandbuch, S. 73
255　KGSt 1996, Bericht Nr. 10, S. 16
256　KGSt 1999, Das Neue Politikerhandbuch, S. 78
257　KGSt 1996, Bericht Nr. 10, S. 17; Gohlke/Meyer 1997, S. 189 - 193 (189)

Im Grundsatz erfolgt eine Differenzierung zwischen der „Politikformulierung" im Sinne der Festlegung der politischen Zielvorgaben, und der „Politikimplementation", der wirksamen Umsetzung der politischen Grundsatzentscheidungen.[258] Die Ausgestaltung der einzelnen Verantwortungsbereiche im Detail und die zur Einhaltung notwendigen Spielregeln muss jede Gemeinde für sich selbst festlegen. Der Rat muss eine Entscheidung über den gewünschten Detaillierungsgrad treffen.[259] Als Instrument zur Handhabung der Schnittstellen ist das im Neuen Steuerungsmodell angestrebte Konzept des Kontraktmanagements[260] zu sehen.[261]

3.3.2 „Politikformulierung" durch den Rat

3.3.2.1 Ziele als Ausdruck des politischen Willens

Der Rat als politisches Führungsorgan bestimmt die Zielrichtung einer Kommune und deren Verwaltung. Das Entwickeln und die entscheidende Formulierung kommunaler Zielvorstellungen sowie deren verbindliche Festlegung ist Aufgabe des Rates und wird in diesem Sinne auch von den Reformern des Neuen Steuerungsmodells propagiert. Als Ziele bezeichnet man Aussagen über gewollte künftige Zustände, deren Eintritt von bestimmten Handlungsmöglichkeiten abhängt[262] und für die man bereit ist, Ressourcen einzusetzen. Die Zielsetzung orientiert sich auf der einen Seite an der Höhe des zur Verfügung stehenden Finanzrahmens und notwendigerweise an übergeordnete Vorgaben (Gesetze etc.). Auf der anderen Seite sind es die Zielvorstellungen der Politikerinnen und Politiker,[263] die ihrerseits die Wünsche der Bürgerinnen und Bürger sowie die Konzepte ihrer Partei und deren Wahlprogramme berücksichtigen müssen.

Die politischen Zielvorgaben binden die Verwaltung einerseits im Vollzug, andererseits ermöglichen sie ihr eine effektive Planung.[264] Weiterhin sichert eine präzise Zieldefinition die Erfolgskontrolle. Da Ziele das angestrebte Ergebnis der Leistungserstellung angeben, können sie im Rahmen eines Soll-/Ist-Vergleiches auch Hinweise auf Schwachstellen und lösungsbedürftige Probleme liefern.[265] In der Praxis erfolgt die Zieldefinition in Form

---

258 Rickenbacher 1995, S. 401 - 410 (405)
259 KGSt 1999, Das Neue Politikerhandbuch, S. 64
260 s.u. 3.3.3.3
261 Henneke 1996, S. 447 - 453 (449)
262 Henneke 1999, S. 240 - 244 (244)
263 KGSt 1998, Bericht Nr. 4, S. 22
264 KGSt 1998, Bericht Nr. 4, S. 12
265 Andree 1994, S. 23

einer „Zielpyramide". Das bedeutet, die politische Vertretung beschließt die längerfristigen[266], stadtpolitischen strategischen Zielsetzungen sowie die jährlichen obersten operativen Ziele. Die Verwaltung konkretisiert dann diese verbindlichen Oberziele von Hierarchieebene zu Hierarchieebene.

Damit Ziele jedoch ihrer Aufgabe gerecht werden können, müssen sie möglichst präzise und inhaltlich eindeutig formuliert sein. Dazu gehört in der Regel eine ausreichende quantitative und qualitative inhaltliche Bestimmung, das angestrebte Ausmaß der Zielerreichung, ein dafür vorgesehener zeitlicher Rahmen und das Ausmaß der einzusetzenden Ressourcen.[267] Des Weiteren müssen die Ziele realisierbar sowie messbar und bewertbar sein.[268] Die Art der Formulierung der Ziele hat enge Auswirkungen auf die Ergebnisverantwortung. Nur wenn die erwartete Leistung klar definiert ist, kann den handelnden Personen oder Ämtern die Verfehlung des Ziels im Ergebnis vorgehalten werden.[269] Eine derartige Ausgestaltung der Zielsetzungen setzt eine große Konzentration auf die Sache voraus und kann in der Praxis große Schwierigkeiten bereiten.[270]

Gerade die Volksvertretung kann jedoch nicht darauf verzichten, ihrer Verwaltung flächendeckend Ziele vorzugeben, sonst überlässt sie der Bürokratie die inhaltliche Definition der Politik.[271] Unterbleibt die politische Bestimmung der Ziele, richtet die Verwaltung die von ihr erbrachten Leistungen am selbsterstellten Zielsystem[272] aus. Ebenso ist auf die inhaltliche Präzisierung der Ziele zu achten. Denn je abstrakter Ziele durch die Politik formuliert werden, desto größer sind die Gestaltungsspielräume für die Verwaltung.[273] Präzise Zielformulierungen bieten am ehesten die Gewähr für einen Ressourceneinsatz durch die Verwaltung entsprechend der politischen Absicht. Im Ergebnis steuern die letztverantwortlichen politischen Instanzen die Verwaltung nicht mehr durch Zuteilung von Haushaltsmitteln oder durch Normvorgaben, die den Charakter von verhaltensdeterminierenden Regeln[274] haben, sondern durch ergebnisbezogene Zielsetzungen und die anschließende Kontrolle der Zielerreichung.

Eine politische Zielsetzung beinhaltet auch das Setzen von Qualitätsstandards. Die Wünsche der Bürgerinnen und Bürger werden verstärkt beispielsweise durch Befragungen oder durch die Aufstellung von „Kummerkästen"

---

266 Die Landeshauptstadt München setzt hier einen Zeitraum von 2 - 4 Jahren fest.
267 Mersmann 1994, S. 217 - 219 (218)
268 KGSt 1998, Bericht Nr. 4, S. 25
269 Heinrich 1993, S. 281 - 300 (281)
270 siehe dazu unten 4.4.1
271 Banner 1997, S. 125 - 137 (129)
272 Gohlke/Meyer 1997, S. 189 - 190 (190)
273 Fisahn/Gerstlberger 1997, S. 13 - 17 (16)
274 Klages 1995 a, S. 203 - 227 (211)

registriert. Der Rat hat nun zu entscheiden, welche dieser Wünsche (z. B. Preisgünstigkeit, Erreichbarkeit) er für berechtigt hält, welche verwirklicht werden sollen und welche er nicht berücksichtigt.[275] Es ist die politische Aufgabe des Rates, mit seiner Zielvorgabe und dem dazu gehörigen Ressourceneinsatz, die Art der Leistungen und damit auch ihre Qualität zu bestimmen. Die Politik bestimmt den Qualitätsstandard der Dienstleistungen. Entsprechend diesen Vorgaben wird die Verwaltung tätig und soll die Leistung beim Bürger spürbar werden.

3.3.2.2 Die outputorientierte Budgetierung

Die Budgetierung als Element des Neuen Steuerungsmodells, und damit verbunden ein anderes Aufstellungsverfahren zum Haushalt der Kommunalverwaltung, hängt eng mit der Delegation von Verantwortlichkeiten an die Verwaltung und der Beschränkung des Rates auf die Festsetzung von Rahmenvorgaben zusammen. Um den Unterschied zum bisherigen Haushaltsaufstellungsverfahren erkennen zu können, wird ein kurzer Blick auf den traditionellen Ablauf geworfen. Bisher wurde nach Anmeldung der Mittelbedarfe durch die Fachämter zwischen den einzelnen Fachämtern und der Kämmerei im „Kampf um die Geldtöpfe"[276] gerungen Die Kämmerei erstellte dann einen Haushaltsplanentwurf mit allen Einzelpositionen, der nach Beratung im Finanzausschuss vom Rat beschlossen wurde.

Die Alternative – die Budgetierung – läuft dagegen so ab: Auf der Grundlage der geschätzten verfügbaren Finanzmasse führt die Kämmerei mit den einzelnen Fachämtern Vorgespräche über die Höhe des Gesamtbudgets für das betreffende Amt und der wichtigsten damit zu finanzierenden Eckpunkte. Den betreffenden Fachausschüssen und anschließend dem Rat wird ein entsprechender Eckwertebeschluss vorgelegt. Der Rat legt hierin die Schwerpunkte für die Fachämter fest und gibt ihnen darin ein nach oben begrenztes Budget vor. Erst dann wird entsprechend der Vorgaben des Rates der Haushaltsplan aufgestellt. Diesen beschließt wiederum der Rat. Insgesamt kann man auch von einem top-down[277] Willensakt der politischen Führung sprechen, im Gegensatz zum bottom-up Verfahren (von unten durch die Verwaltung) bei der klassischen Haushaltsaufstellung.

Der Vorteil des Budgetierungsverfahrens liegt in der Entlastung der Ausschüsse von Detailproblemen, da durch die Vorgabe der Eckwerte Einzelposten nicht mehr in dem Maße im Vordergrund stehen. Die Beratungen zum

---

275 KGSt 1996, Politikerhandbuch, S. 23
276 KGSt 1996, Politikerhandbuch, S. 58
277 KGSt 1993, Bericht Nr. 5, S. 31

Eckwertebeschluss werden politischer[278], weil es hier um eine grundsätzliche Weichenstellung geht. Nirgendwo sonst ist eine strategische Debatte über Ergebnisse und Wirkungen des kommunalen Handelns besser angebracht als hier.[279] Zur Führung der Grundsatzdiskussionen und zur Festlegung der Eckwerte der Fachbereiche ist es erforderlich, dass sich die Politik über die angestrebten Ziele Gedanken macht, um entsprechend die Budgets zuteilen zu können. Einer Verknüpfung vom Budget mit der „Sache" dient auch die Befassung der betreffenden Fachausschüsse und nicht mehr nur des Finanzausschusses[280]. Fachpolitikerinnen und Fachpolitiker können so ihre Akzente im Rahmen des vorgegebenen Gesamtvolumens setzen.

Diese so genannte inputorientierte Budgetierung (Ausgangspunkt sind die Ressourcen) wird heute in einer ständig wachsenden Zahl von Kommunen angewandt. Aber auch dieses Verfahren ist auf die Dauer unbefriedigend, da immer noch an keiner Stelle des Haushaltsplanes präzise zu entnehmen ist, welche Leistungen die Verwaltung mit diesem Geld erbringen soll.[281] Erst mit einer outputorientierten Budgetierung gewinnt das Haushaltswesen eine neue Qualität und weiß der Rat bei der Bewilligung des Haushaltsplanes, was er für den betreffenden Ressourceneinsatz erhält.

Im outputorientierten Haushaltsplanverfahren müssen die Leistungsanforderungen (Outputs) und die verfügbaren Finanzmittel (Inputs) miteinander eng verbunden werden.[282] Im Kontext des Neuen Steuerungsmodells wird oftmals bei der Definition der Leistungsseite der Begriff "Produkt"[283] verwendet. Auch hier wird wieder der Zusammenhang mit den Zielvorstellungen deutlich. Zielsetzungen sind verknüpft mit den Produktbeschreibungen. Sie dienen als Vorgabe und als Bewertungsmaßstab für die Erstellung von Produkten. Die zugeteilten Ressourcen richten sich dann nach den zu erbringenden Leistungen, die auch im Haushaltsplan aufgeführt werden. Ausgangspunkt für den Haushaltsplan und die Zuteilung der Ressourcen ist bei diesem Verfahren das anvisierte Produkt mit den vorgegebenen Leistungskriterien. Ziel der Reformbemühungen ist somit die Weiterentwicklung des Systems, hin zur Ausrichtung auf die Leistungen und damit auf die Wirkungen, die bei den Bürgerinnen und Bürgern ankommen.

---

278 Struwe 1995, S. 20 - 32 (31)
279 Mäding 1997, S. 98 - 104 (102)
280 KGSt 1993, Bericht Nr. 6, S. 12
281 Banner 1994, S. 170 - 183 (178)
282 Krähmer 1993, S. 415 - 422 (421)
283 Schöneich 1996, S. 451 - 452 (451)

3.3.3 Rahmenbedingungen für eine politische Steuerung

3.3.3.1 Informationsmanagement

Eine Steuerung auf Abstand mittels Zielsystem hat nur Sinn, wenn die Ergebnisse kontrolliert werden können. Die dafür notwendigen Informationen soll ein neu zu installierendes Berichtswesen liefern. Man kann jedoch nicht sagen, dass bisher der Rat über Verwaltungstätigkeiten nicht informiert wurde und keine Berichte erhalten hatte. Im Gegenteil, die Ratsmitglieder versinken derzeit eher in einer Papierflut[284] und fühlen sich trotzdem nicht informiert. Dieses beklagte Informationsdefizit hat mehrere Gründe. Zum einen berichtet die Verwaltung im Übermaß über Dinge, die die Politik nicht interessieren, zum anderen hält die Verwaltung Dinge nicht für berichtenswert, welche die Politik interessieren.[285] Hinzu kommt oftmals das Fehlen eines geeigneten aussagekräftigen Datenmaterials.

Es müssen deshalb eingefahrene Berichtsmuster[286] aufgegeben und ein Informationsmanagement eingeführt werden, dass sich an den Bedürfnissen der Empfänger orientiert. Bei der Ausgestaltung dieses Berichtswesens ist besonders auf die Auswahl der wesentlichen Informationen und deren Verdichtung auf den verschiedenen Stufen der Verwaltung bis hin zur obersten Ebene, der politischen Vertretung, Wert zu legen.[287] Es geht nicht um weniger oder mehr Informationen für den Rat, sondern um die richtigen entscheidungsrelevanten Informationen. Folgende allgemeine Grundsätze sollten bei der Berichterstattung an den Rat berücksichtigt werden:[288]

- Die Berichte müssen verdichtet alle Informationen enthalten, die für die politischen Entscheidungen relevant sind.
- Sie müssen systematisch, übersichtlich gegliedert und einfach lesbar sein.
- Die Informationen müssen zeitnah an die Politik gelangen.
- Sie sollten Kommentierungen und Interpretationen enthalten und insbesondere Aussagen zu Schwachstellen, Ursachen und Konsequenzen treffen.
- Das Berichtswesen sollte zukunftsgerichtet[289] sein mit Orientierung auf die Entwicklung von politischen Konzeptionen und Zielprogrammen. Es sollte nicht nur Datenmaterial zur nachträglichen Überprüfung liefern.

---

284 KGSt 1996, Politikerhandbuch, S. 48
285 KGSt 1996, Politikerhandbuch, S. 49
286 Hill 1997 a, S. 23 - 31 (28)
287 Hill 1998, S. 20 - 22 (22)
288 KGSt 1994, Bericht Nr. 15, S. 40; Potthast 1996 a, S. 600 - 604 (603)
289 Mutius von 1997, S. 685 - 716 (701)

Bisher besteht bei den politischen Vertretern noch eine weitgehende Ratlosigkeit,[290] welche Informationen und Daten sie für ihre Arbeit benötigen bzw. welche sie als steuerungsrelevant erachten. Die Festlegung der dafür erforderlichen Kennzahlen[291] und Berichtszeiträume sollte deshalb als gemeinsame Aufgabe von Rat und Verwaltung verstanden werden. Als Hilfsmittel zur Erfassung der sich innerhalb einer Verwaltungsorganisation vollziehenden Mengen- und Wertbewegungen sowie zur Feststellung der Wirtschaftlichkeit wird in zahlreichen Kommunen derzeit die Einführung eines kommunalen Rechnungswesens und damit verbunden, die Möglichkeit der Kosten- und Leistungsrechnung vorangetrieben. Mit Hilfe der Kosten- und Leistungsrechnung soll der Input des Verwaltungsprozesses, seine Transformation sowie der Output der Leistung ermittelt werden.[292] Insgesamt erhofft man sich davon eine Erhöhung der Transparenz. Obwohl sich in der Praxis immer mehr die Erkenntnis der Vorzüge eines betriebswirtschaftlichen Rechnungswesens durchsetzt, wird vor allem im Schrifttum weiter eine Art Glaubenskrieg über die Frage geführt, ob die Doppik zur Unterstützung der Elemente des Neuen Steuerungsmodells zwingend eingeführt werden muss oder ob die bestehende Kameralistik für diesen Zweck weiter ausreicht.[293]

Die Informationen dürfen sich jedoch nicht alleine auf den finanziellen Bereich erstrecken. Vielmehr ist auch verstärkt das Augenmerk auf Qualitätsmerkmale und auf die zur Messung der Qualität erforderlichen Kennzahlen zu richten. Durch diese, für die öffentliche Verwaltung neuen Instrumente, wie die Kosten- und Leistungsrechnung oder Qualitätsdefinitionen, werden in Zukunft eine Fülle neuer Daten und Kennzahlen zur Verfügung stehen. Es muss deshalb nochmals auf die Notwendigkeit der Beschränkung auf tatsächlich steuerungsrelevante Informationen hingewiesen werden. Zahlenfriedhöfe, die mit großem Aufwand erstellt werden, müssen vermieden werden.[294]

Ein an den Bedürfnissen der Politik orientiertes Informationsmanagement ist für den Erfolg des Neuen Steuerungsmodells nicht zu unterschätzen. Es verbessert die Qualität der Entscheidungsgrundlagen und schafft Transparenz für die politische Kontrolle der Zielerreichung. Entsprechend aufbereitete Informationen stellen einen Schlüsselfaktor für die Tätigkeit der politischen Vertretung dar. Nur durch eine hohe Qualität der Dokumentation werden

---

[290] Hill 1998, S. 20 -22 (20)
[291] Kennzahl = Messgröße
[292] Budäus 1994, S. 62
[293] Rürop 1995, S. 3 - 10 (7) mit weiteren Nachweisen
[294] Fisahn/Gerstlberger 1997, S. 13 - 17 (17)

Politiker in die Lage versetzt, gegenüber ihren Wählern nachweisen zu können, welche Leistungen sie und auch die Verwaltung erbracht haben.[295]

3.3.3.2 Controlling

Im Zuge der Diskussion um die Übernahme privatwirtschaftlicher Elemente in öffentliche Verwaltungen gewinnt auch die Einführung eines Controlling immer mehr an Gewicht. Obwohl Controlling seit einigen Jahren in der Privatwirtschaft praktiziert wird, ist es definitorisch immer noch schwer zu greifen. Zudem wird Controlling oft durch die Nähe des Wortstammes mit Kontrolle gleichgesetzt. Dies ist jedoch falsch, da Kontrolle nur einen Teil der verschiedenen Controllingaufgaben abdeckt.[296] Der Begriff des Controllings geht über die Überwachungsfunktionen weit hinaus, da er auch Planung und Steuerung mit einbezieht.[297] Controlling bedeutet vom Selbstverständnis her vor allem Führungsunterstützung[298] durch Koordinationsleistungen und nicht Erweiterung oder Substitution der Führungsfunktionen.[299] Von dieser Aufgabenstellung abgeleitet, hat Controlling im Prozess der Verwaltungssteuerung sowohl beim Aufbau als auch bei der Anwendung des Systems drei Grundfunktionen zu erfüllen.

Controlling dient der Informationsversorgung, das heißt der Einholung von Berichten, deren Systematisierung, Aufbereitung und Verarbeitung.[300] Mit der Informationsversorgung hängt eng die Transparenzverantwortung[301] des Controllings zusammen. Controlling soll Klarheit über den Ressourceneinsatz[302] und das damit erzielte Ergebnis bringen. Nur wenn ersichtlich ist, was eine bestimmte Aufgabenerfüllung kostet, kann entschieden werden, ob sie im Sinne der politischen Mehrheit das auch wert ist. Vor allem im Anfangsstadium der Verwaltungsreform wird ein Schwerpunkt der Tätigkeit des Controllings in der Konzipierung des Berichtssystems und in der Erarbeitung von Kennzahlen liegen. Speziell dem Informationsbedürfnis des Rates dient dabei die Entwicklung politischer Indikatoren.

Mit der Bereitstellung von entscheidungsrelevanten Informationen ist es jedoch für ein Controlling alleine noch nicht getan. Controlling analysiert auch die Ergebnisse, deckt Schwachstellen auf und entwickelt Maßnahmen-

---

295 Bladine 1995, S. 101 - 104 (103)
296 Wolf 1999, S. 131 - 134 (131)
297 Rürop 1995, S. 3 - 10 (4)
298 Andree 1994, S. 19; Ossadnik 1993, S. 57 - 68 (58)
299 Budäus 1994, S. 65
300 Klages 1995 a, S. 203 - 227 (211)
301 KGSt 1994, Bericht Nr. 15, S. 26
302 Ossadnik 1993, S. 57 - 68 (68)

pakete und Alternativen zur Lösung der Probleme.[303] Es fungiert als Frühwarnsystem[304] für die Entscheidungsträger. Zu diesem Bereich gehört auch die Mitwirkung bei der Zielentwicklung.[305] Diese zweite Funktion wird oftmals als eigentliche Steuerungs- und Regelungsfunktion des Controllings bezeichnet.[306] Die dritte Grundfunktion des Controllings ist die Koordinationsfunktion.[307] Die koordinierende Tätigkeit von Controlling ist vor allem dort von Bedeutung, wo die Prozesse komplexer Natur sind. So sind beispielsweise Zielvorstellungen untereinander (horizontal und vertikal) zu koordinieren sowie fachliche und finanzwirtschaftliche Ziele abzustimmen. Des Weiteren ist die Vorgabe einheitlicher Methoden und Verfahrensstandards erforderlich.[308]

In der Controllingliteratur, auch zur öffentlichen Verwaltung, wird im Hinblick auf Qualität und Tragweite der Führungsunterstützung oftmals zwischen strategischem und operativem Controlling unterschieden. Das strategische Controlling bezieht sich auf langfristige kommunale Zielsetzungen und Programme[309] und die zu ihrer Erreichung notwendigen Strategien. Da es sich hierbei um Grundsatzfragen[310] der Kommunalverwaltung handelt, unterstützt das strategische Controlling vor allem die politischen Gremien. Es hat außerdem die für Räte so wichtigen Außenbeziehungen[311] zu den Bürgerinnen und Bürgern im Auge und untersucht Wirkungsursachen (outcomes). Durch das strategische Controlling soll das politische administrative System in die Lage versetzt werden, gesellschaftliche Entwicklungen systematisch zu erfassen, um politische Zielsetzungen und Programme möglichst frühzeitig an neue oder veränderte Bedingungen anpassen zu können.[312] Im Gegensatz zum strategischen Controlling liegen die Aufgabenschwerpunkte des operativen Controllings in der Unterstützung bei kurzfristiger Steuerung[313] des internen Verwaltungsablaufes. Operatives Controlling bewegt sich in dem Handlungsrahmen, der durch das strategische Controlling weitgehend festgelegt ist.[314] Es ist überwiegend auf korrigierende Eingriffe im Einzelfall ausgerichtet und arbeitet weitgehend mit internen Informationsquellen.[315]

---

303 KGSt 1996, Bericht Nr. 10, S. 19
304 Struwe 1995, S. 20 - 32 (26); Rembor 1996, S. 1 - 22 (8); Wolf 1999, S. 131 - 134 (133)
305 Hill 1997 b, S. 45
306 Rembor 1996, S. 1 - 22 (4)
307 Rembor 1996, S. 1 - 22 (4)
308 Ossadnik 1993, S. 57 - 68 (58)
309 Rürop 1995, S. 3 - 10 (5)
310 Andree 1994, S. 46
311 Andree 1994, S. 46
312 Rürop 1995, S. 3 - 10 (5)
313 Rürop 1995, S. 3 - 10 (6); Wolf 1999, S. 131 - 134 (132)
314 Vogel 1996, S. 144 - 171 (156)
315 Rürop 1995, S. 3 - 10 (6)

Damit das Controlling jedoch seiner Aufgabenstellung gerecht werden kann, bedarf es der Vorgabe klarer, operationalisierbarer Ziele.[316] Denn nur dadurch ist es möglich, Zielabweichungen zu erkennen und entsprechende Korrekturmaßnahmen einzuleiten. Des Weiteren ist ebenfalls ein systematisches mit Kennzahlen versehenes Berichtswesen unabdingbar, das möglichst auch die Ergebnisse aus der Kosten- und Leistungsrechnung umfasst. Obwohl durch gesetzlich vorgeschriebene Instrumentarien, wie Haushaltsplan, Rechnungsprüfung oder mittelfristige Finanzplanung, ansatzweise Controllingelemente in der Kommunalverwaltung vorhanden sind, fehlt für ein wirksames Konzept zumeist noch die entsprechende Organisation[317] sowie eine zukunftsgerichtete und adressatengerechte Strukturierung. Hohe Erwartungen werden in das Verwaltungscontrolling im Hinblick auf Effizienz und Effektivität gesetzt.[318] Controlling soll die Transparenz des Verwaltungshandeln gewährleisten und zum „Anwalt"[319] der Wirtschaftlichkeit werden. Trotz aller Wirtschaftlichkeitsüberlegungen hat gerade das strategische Controlling den vorherrschenden komplexen Zielgefügen und den Besonderheiten politisch-administrativer Entscheidungsprozesse in entsprechender Weise Rechnung zu tragen.[320] Es bildet die sachliche Grundlage für die politischen Entscheidungen. Der prozessbegleitenden wie ergebnisüberprüfenden Beobachtung sowie der in die Zukunft gerichteten Bewertung im Rahmen des Controllings kommt ein zentraler Stellenwert im Modernisierungsprozess zu.

3.3.3.3 Kontraktmanagement

Zur Umsetzung der neuen Steuerung durch den Rat mittels Zielvereinbarungen bedarf es eines formalisierten, geregelten Verfahrens. Die verbindenden Elemente zwischen Zielabsprache über die zu erstellenden Leistungen nach Quantität und Qualität und das hierfür zugeteilte Budget sowie Inhalt und Art der Berichterstattung über das tatsächlich erzielte Ergebnis, bilden die Kontrakte.[321] Sinn und Zweck entsprechender Vereinbarungen zwischen Politik und Verwaltung ist die Ablösung der bisherigen hierarchischen auf Einzelanweisungen basierenden Steuerung der Politik durch ein Verfahren zur ergebnisorientierten Steuerung „auf Abstand".[322]

Das von den Vertretern des Neuen Steuerungsmodells eingeführte Kontraktmanagement ist kein neues Führungskonzept. Ein Managementkonzept

---

316 Struwe 1995, S. 20 - 32 (27); Budäus/Buchholtz 1997, S. 322 - 337 (323); Walter/Brückmann 1996, S. 23 - 44 (23)
317 Wolf 1999, S. 131-134 (134)
318 Müller 1995, S. 11 - 19 (14); Lüder 1993, S. 263 - 272 (268)
319 Rembor 1996, S. 1 - 22 (3)
320 Andree 1994, S. 19
321 KGSt 1996, Bericht Nr. 10, S. 23; Banner 1996, S. 141 - 151 (142)
322 KGSt 1998, Bericht Nr. 4, S. 10

mit Führen durch Zielfestlegung und Rückmeldung der Arbeitsergebnisse wurde unter dem Namen „Management by Objectives"[323] bereits in den fünfziger Jahren in der US-amerikanischen Wirtschaft entwickelt.[324] Das „Management by Objektives" war der Wegbereiter für effektive Erneuerungsstrategien im Bereich der öffentlichen Verwaltungen.[325] Durch die Übernahme des „Tilburger Modells" als neue Steuerungsform erlebt dieses Führungskonzept nun eine Renaissance im Mantel des so genannten Kontraktmanagements. Im instrumentiellen Sinn meint Kontraktmanagement alle Formen von Leistungsvereinbarungen, vor allem zwischen Politik und Verwaltung. Es bezieht sich jedoch auch auf den Binnenbereich des administrativen Systems, beispielsweise auf Absprachen zwischen Oberbürgermeister und Fachbereichen oder zwischen Abteilungen untereinander.[326] Das Wesentliche an dieser konsensorientierten Führungsstruktur ist das Ingangsetzen eines Kreislaufes mit möglichst gemeinsamer Zieldefinition, Umsetzung im Lichte der vereinbarten Ziele und Information über den Vollzug.[327]

In der praktischen Umsetzung bildet die Abstimmung im Rahmen des Haushaltsaufstellungsverfahrens den Kern des Kontraktmanagements. Ein outputorientierter Haushaltsplan spiegelt die Leistungsvereinbarungen zwischen politischer Führung und Fachverwaltung in komprimierter Form wider.[328] Er ist das Ergebnis eines Diskussionsprozesses beider „Partner" über Leistungs- und Finanzziele der kommenden Haushaltsperiode. Der Haushaltsplan wird deshalb auch als Hauptkontrakt[329] bezeichnet. Vervollständigt wird das Kontraktmanagement im Rahmen des Neuen Steuerungsmodells noch durch längerfristige Zielvereinbarungen, eventuell im Rahmen der Beratungen zum Investitionsplan, und durch Festlegungen über das Berichtswesen. Daneben können noch spezielle Fachbereichskontrakte ergänzend die zu Grunde liegenden Strategien und deren Umsetzung skizzieren.[330]

Nimmt man den Begriff „Kontrakt" wörtlich, dann handelt es sich um verbindliche Vereinbarungen zwischen beiden „Partnern".[331] Die Bindungswirkung für die Verwaltung ist rechtlich unproblematisch, da die Vereinbarungen in der Regel Gegenstand eines Ratsbeschlusses darstellen und die Verwaltung dadurch zur Beachtung verpflichtet ist.[332] Schwieriger zu beur-

---

323 Pieper 1991, S. 234; Penski 1999, S. 85 - 96 (90)
324 Wolf-Hegerbekermeier 1999, S. 419 - 424 (419)
325 Wallerath 1997 a, S. 1 - 22 (6)
326 KGSt 1998, Bericht Nr. 4, S. 19; Wallerath 1997 b, S. 57 - 67 (59)
327 Hill 1997 b, S. 50
328 Mutius von 1997, S. 685 - 716 (692)
329 KGSt 1998, Bericht Nr. 4, S. 17
330 Heinz 2000, S. 149
331 Wallerath 1997 b, S. 57 - 67 (66)
332 Otting 1997, S. 361 - 363 (362)

teilen ist die Verbindlichkeit für den Rat. Auf der einen Seite gehört zum Wesen eines Kontraktes das Vertrauen in die einmal getroffenen Absprachen.[333] Das heißt, die Verwaltung muss mit einer gesicherten Planungsgrundlage und mit den eingeräumten Spielräumen rechnen und arbeiten können. Auf der anderen Seite hat der Rat die umfassende parlamentarische Verantwortlichkeit. Die Organkompetenz des Rates umfasst im Rahmen der in den Kommunalverfassungen festgelegten Zuständigkeiten ein jederzeitiges Weisungsrecht gegenüber der Verwaltung.[334] Eine rechtliche Bindungswirkung des Kontraktes für die politische Vertretung ist demnach nicht gegeben.[335] Eine entsprechende Selbstdisziplinierung der Politik[336] steht dem jedoch nicht entgegen. Eine Bindungswirkung für den Rat ist deshalb allein im politischen Raum anzusiedeln.[337] Trotz dieser formal nur einseitig rechtlichen Verbindlichkeit bietet das Kontraktmanagement Vorteile für alle Seiten. Es werden Strukturen für die Steuerung auf Abstand geschaffen, die mehr Transparenz für Politiker, Bürger und Verwaltung bringen. Des Weiteren ist es Voraussetzung für eine neue Verwaltungs- und Führungsstruktur.

3.3.3.4 Struktur der politischen Gremien

Auch für die politischen Gremien selbst müssen Arbeitsformen entwickelt werden, die zum einen die Bearbeitung von strategischen Fragestellungen erleichtern und zum anderen die einzelnen Ratsmitglieder von Detailarbeiten entlasten. Die Binnenorganisation der Politik ist deshalb auf neue Grundlagen zu stellen. Analog der Umstrukturierungen in der Verwaltung sind dazu klare dezentrale Verantwortungsstrukturen zu schaffen. Konkret führt dies zu einer Neuorganisation der Ausschussarbeit und unter Umständen zu einer Reduzierung der Zahl der Ausschüsse. Nachdem die Verwaltungen, entsprechend der dezentralen Ressourcenverantwortung, Teile der Querschnittsaufgaben (Finanzen, Personal etc.) in die Fachabteilungen delegieren, ist es folglich auf politischer Seite nur sinnvoll, dieses Prinzip auch auf die Ausschüsse anzuwenden, so dass in den Fachausschüssen beispielsweise über die fachbereichsspezifischen Ressourcen entschieden werden könnte.[338]

Die Anzahl der Ausschüsse und deren Aufgabenzuschnitt sollte die Organisation der Verwaltung berücksichtigen und abbilden. Ziel muss sein, dass für jedes „Produkt" der Kommunalverwaltung nur ein Ausschuss zuständig

---

333 Otting 1997, S. 361 - 363 (362)
334 Wolf-Hegerbekermeier 1999, S. 419 - 424 (423)
335 Otting 1997, S. 361 - 363 (363)
336 Wallerath 1997 b, S. 57 - 67 (66)
337 Otting 1997, S. 361 - 363 (363); Wolf-Hegerbekermeier 1999, S. 419 - 424 (423)
338 KGSt 1996, Bericht Nr. 10, S. 29

ist.[339] Dies führt zu weniger Reibungsverlusten zwischen den Ausschüssen und zur Eindämmung der Terminflut. Außerdem ergibt sich dadurch die Möglichkeit einer eher integrierten und damit auch in höherem Maße strategisch orientierten Betrachtungsweise[340], da die Fragen nicht in mehreren Ausschüssen parallel und redundant behandelt werden und deshalb keine Zerlegung in Teilaspekte erfolgt. Neben der sinnvollen Reduzierung von Ausschüssen[341] ist auch eine Verantwortungsdelegation auf politischer Seite vom Rat hin zu den Ausschüssen wünschenswert. Nur wenn den Ausschüssen in gewissen Maße Entscheidungsbefugnisse übertragen werden[342] und sie nicht nur vorberatend für den Rat tätig werden, ist es möglich, dass sich der Rat selbst auf strategisch wichtige Grundsatzentscheidungen konzentrieren kann

3.4 Derzeitige Gesetzeslage – ein Hindernis für die Einführung des Neuen Steuerungsmodells?

Im Rahmen der Konzeption und Umsetzung von Komponenten des Neuen Steuerungsmodells stellt sich als erstes die Frage, ob diese Reformen mit bestehenden Rechtgrundlagen überhaupt im Einklang stehen. Das Grundgesetz gewährleistet den Kommunen in Art. 28 Abs. 2 Satz 1 GG das Recht auf gemeindliche Selbstverwaltung, zu dessen wesentlichem Bestandteil das Selbstorganisationsrecht zählt.[343] Den Gemeinden wird im Rahmen der Gesetze ein organisatorischer Freiraum zugestanden. Sie können für die Wahrnehmung ihrer Aufgaben Abläufe und auch Entscheidungszuständigkeiten festlegen und bestimmen damit über Gewichtung, Qualität und Inhalt ihrer Entscheidungen.[344] Dieses Recht ist jedoch durch gesetzliche Regelungen, vor allem in den jeweiligen Kommunalverfassungen, eingeschränkt.

Gerade das für das Neue Steuerungsmodell so wichtige Zusammenspiel zwischen Politik und Verwaltung ist in den jeweiligen Kommunalverfassungen auf unterschiedliche Weise geregelt, wobei diese allgemein durch ein System von checks und balances zwischen Bürgermeister und Vertretung gekennzeichnet sind.[345] Die Bayerische Gemeindeordnung weist dem Ersten Bürgermeister als Chef der Verwaltung die Erledigung der laufenden Angele-

---

339 KGSt 1996, Politikerhandbuch, S. 17
340 Hans-Böckler-Stiftung 1996, S. 54
341 Potthast 1996 a, S. 600 - 604 (601)
342 Kodolitsch von/Olbermann 1996, S. 7 - 14 (10); Jannig 1996, S. 152 - 168 (167)
343 s. o. 2.2.1
344 Beschluss des BVerfG vom 26.10.1994, in: DVBL 1995, S. 290 - 296 (291)
345 Henneke 1999, S. 132 - 136 (135)

genheiten und den Vollzug der Beschlüsse des Rates zu. Grundsatzentscheidungen bleiben demnach dem Rat vorbehalten. Diese in der Bayerischen Gemeindeordnung vorgenommene grundsätzliche Aufgabenteilung entspricht damit den Vorgaben des Neuen Steuerungsmodells. Trennscharfe Abgrenzungskriterien für die Verantwortungsbereiche von Politik und Verwaltung sind damit jedoch nicht vorgegeben.[346]

Problematisch für die Umsetzung des Neuen Steuerungsmodells könnten das umfassende Überwachungsrecht des Rates (Art. 30 Abs. 3 GO) und das Recht des Gemeinderates, für die laufenden Angelegenheiten Richtlinien aufzustellen (Art. 37 Abs. 1 Satz 2 GO), werden. Vom Grundsatz her korrespondieren auch diese Bestimmungen mit den Elementen des Neuen Steuerungsmodells. Auch im Neuen Steuerungsmodell wird dem Rat eine Kontrollfunktion über die Leistungserstellung durch die Verwaltung zugesprochen. Ein verbessertes Berichtswesen soll dies gewährleisten. Die in der Gemeindeordnung angesprochenen Richtlinien dienen nur der Nahtstellenpräzision,[347] was im Sinne des Neuen Steuerungsmodells nur zu begrüßen ist. Insgesamt kommt es jedoch darauf an, wie diese Kontrolle in der Praxis ausgeübt wird, das heißt, in welcher Detailgenauigkeit und Form. Dies bleibt jedoch den politischen Gremien in den einzelnen Kommunen selbst überlassen. Die Kontrolltätigkeit im Sinne des Neuen Steuerungsmodells ist abhängig von den vom Gemeinderat formulierten Zielen. Deren Erreichung gilt es zu überprüfen. Der Gemeinderat wird zwar nicht an einer Überprüfung der Verwaltungsausführung im Detail gehindert, es sollte sich jedoch auf den Sonderfall beschränken. Die gesetzlichen Bestimmungen stehen somit an sich einer Einführung des Neuen Steuerungsmodells nicht entgegen.

Dem Bayerischen Gemeinderat steht auch die Möglichkeit offen, dem ersten Bürgermeister weitere Angelegenheiten zur selbstständigen Erledigung zu übertragen (Art. 37 Abs. 2 Satz 1 GO).[348] Auch diese Regelung kann im Sinne des Neuen Steuerungsmodells ausgelegt werden, da sich hier der Rat von eigenen weniger „wichtigen" Aufgaben entlasten und sich so Freiräume für Grundsatzangelegenheiten schaffen kann. Wichtig dabei ist jedoch, dass – wie die Bayerische Gemeindeordnung in Art. 37 Abs. 2 Satz 2 GO auch vorgibt – das Rückholrecht für den Einzelfall ausgeschlossen ist. Ansonsten würde keine Planungssicherheit für die Verwaltung bestehen und einer Detailbefassung im Rat würde Vorschub geleistet. Ebenfalls zur Entlastung des Rates dient die Möglichkeit, die Erledigung einzelner Angelegenheiten auf beschließende Ausschüsse zu übertragen (Art. 32 Abs. 2 Satz 1 GO). Ein

---

346 Jannig 1996, S. 152 - 168 (161)
347 Beschluss BayObLG vom 28.02.1974 in: BayVbl 1974, S. 313 - 314 (314)
348 einige Ausnahmen bestehen: z.B. Erlass von Satzungen

Rückholrecht einer an einen beschließenden Ausschuss übertragenen Aufgabe für den Einzelfall gibt es grundsätzlich nicht. Lediglich in besonders gelagerten Einzelfällen, zum Beispiel bei besonderer Bedeutung oder bei größeren Sachzusammenhängen, ist ein „Ansichziehen" statthaft[349]. Das gleiche gilt für die Nachprüfung der Ausschussentscheidungen durch den Rat, die nur unter bestimmten Voraussetzungen möglich ist (Art. 32 Abs. 4 Satz 1GO).

Als Ausfluss des Selbstorganisationsrechtes ist die Gemeinde bezüglich der Anzahl der gebildeten Ausschüsse frei, mit Ausnahme der durch Gesetz zwingend vorgesehenen Ausschüsse[350]. Einer Reduzierung und Anpassung der Ausschüsse an die Verwaltungsstruktur steht damit rechtlich nichts im Wege. Des Weiteren bestehen bezüglich der inhaltlichen Aussage und Ausgestaltung eines Ratsbeschlusses, von wenigen Ausnahmen abgesehen[351], keine gesetzlichen Vorgaben. Dem Rat ist es daher beispielsweise unbenommen, seine Aufträge an die Verwaltung in konkrete Zielvorstellungen zu fassen und Leistungsaufträge nach den Vorstellungen des Neuen Steuerungsmodells zu erteilen. Rechtliche Hindernisse bestehen auch nicht bei der Neugestaltung der verwaltungsinternen Aufbau- und Ablauforganisation sowie der Entscheidungsdelegationen innerhalb der Verwaltung[352]. Sie sind ebenfalls durch die gemeindliche Organisationshoheit abgedeckt. Das Gleiche gilt für die Entwicklung eines Berichtswesens[353] und die Verankerung des Controllings.

Die Einführung adäquater Führungsinstrumente und Führungsstrukturen wird derzeit noch vor allem durch die gesetzlich vorgeschriebene traditionelle inputorientierte Steuerung durch den Haushaltsplan gebremst. Auf Veränderungen des Umgangs der Kommunen mit ihren Haushaltsmitteln und auf die damit verbundenen Entscheidungsabläufe zielen jedoch die in vielen Kommunalverfassungen[354] in letzter Zeit aufgenommenen so genannten „Experimentierklauseln".[355] In der Regel können auf Antrag einer Gemeinde zeitlich befristet und beschränkt auf Einzelregelungen Ausnahmen von organisations- und haushaltsrechtlichen Regelungen genehmigt werden.[356] Neue Modelle zur Steuerung der Verwaltung sollen so erprobt werden können. Infolge dieser Klauseln ist es einer Gemeinde beispielsweise möglich, einen outputorientierten Produkthaushalt aufzustellen oder das kaufmännische Rechnungswesen einzuführen. Einem Antrag auf Erteilung einer entsprechenden Ausnah-

---

349 Knemeyer 1996, RdNr. 185
350 Jugendhilfeausschuss (§§ 70, 71 SGB VIII), Sozialhilfeausschuss (Art. 2 AGBSHG), Rechnungsprüfungsausschuss (Art. 103 II BayGO), Werkausschuss (Art. 95 BayGO)
351 z.B. Entscheidungen im Bereich des Beamtenrechtes
352 Beschluss des BVerfG vom 26.10.1994 in DVBL 1995, S. 290 - 296 (291)
353 Brüning 1997, S. 278 - 289 (283)
354 z.B. Art. 117 a BayGO, § 133 HGO, § 126 GONW
355 Lange 1995, S. 770 - 773 (770)
356 Bauer/Böhle/Masson/Samper 1998, Art. 117 a RdNr. 7

megenehmigung muss ein entsprechender Ratsbeschluss vorausgehen. Nur so ist ein Alleingang der Verwaltungsspitze und eine Ausschaltung des Rates ausgeschlossen.[357] Abweichungen von bestehenden Regelungen zum Zwecke der Erprobung von Reformen können auf diese Weise nicht gegen den Willen des jeweils anderen Organs um- und durchgesetzt werden, sondern nur im gegenseitigen Einvernehmen.[358]

Die oben diskutierten Regelungen treffen in erster Linie auf die Gemeindeordnung des Freistaates Bayern zu. Die Länder haben das Verhältnis von Rat und Verwaltung und deren Binnenstrukturen sowie deren Arbeitsweisen unterschiedlich gesetzlich geregelt. Die Kommunale Gemeinschaftsstelle sieht jedoch in keiner Kommunalverfassung ein unüberwindbares Hindernis für ein zielgerichtetes Zusammenspiel der beiden Organe auf der Grundlage des Neuen Steuerungsmodells.[359] Der rechtliche Rahmen ist grundsätzlich weit genug gefasst. Allerdings sollten die Experimentierklauseln, die viel zur Flexibilität beitragen, ausgeweitet werden.[360] Eine Neudefinition der Rolle der Politik ist somit nicht von einer Kommunalrechtsänderung abhängig.

Bei der im Rahmen des Neuen Steuerungsmodells konzipierten Aufgaben- und Zuständigkeitsabgrenzung zwischen Rat und Verwaltung handelt es sich folglich nicht vorrangig um ein kommunalrechtliches Problem, sondern in erster Linie um die Herausbildung einer neuen Entscheidungs- und Führungskultur[361]. Daraus resultierende neue Regelungen in der jeweiligen Geschäftsordnung/Hauptsatzung reichen für eine Neuorientierung aus. Neue Formen der Kooperation zwischen Politik und Verwaltung müssen dabei in die Überlegungen mit einbezogen werden. Dass gerade auf diesem Gebiet kein schneller und radikaler Wandel möglich ist, zeigt folgender Abschnitt, der sich mit den Umsetzungsproblemen, vor allem auf Seiten der Kommunalpolitiker, befasst.

---

357 Lange 1995, S. 770-773 (771); Brüning 1997, S. 278-289 (285)
358 Brüning 1997, S. 278-289 (283)
359 KGSt 1996, Bericht Nr. 10, S. 10
360 Henneke 1996, S. 447-453 (450)
361 Petzold 1997, S. 20-22 (22)

4 Ausgewählte Probleme bei der Umsetzung des Neuen Steuerungsmodells

4.1 Dominanz der Verwaltung

4.1.1 Modernisierungsschwerpunkt: Einführung betriebswirtschaftlicher Elemente

Das Neue Steuerungsmodell umfasst mehrere Aspekte der Modernisierung. Aus den Schwerpunkten der Reform, die sich eine Kommune setzt, lassen sich vor allem zwei Rückschlüsse ziehen. Zum einen sagt diese Prioritätensetzung etwas über das vorrangige Ziel dieser Reform in der betreffenden Kommune aus. Zum anderen gibt die Gewichtung der Modernisierungsaktivitäten und ihr Implementationsstand auch Hinweise auf die damit verbundenen Probleme. Aus den vorstehenden Gründen war es somit angezeigt, im Rahmen der dieser Arbeit zugrundeliegenden Fragebogenaktion auch den Stand der Modernisierung in der Kommune bezüglich einzelner Elemente des Neuen Steuerungsmodells abzufragen (Frage Nr. 1.1). Das Ergebnis der Befragung lässt sich für ausgewählte Reformelemente wie folgt darstellen:

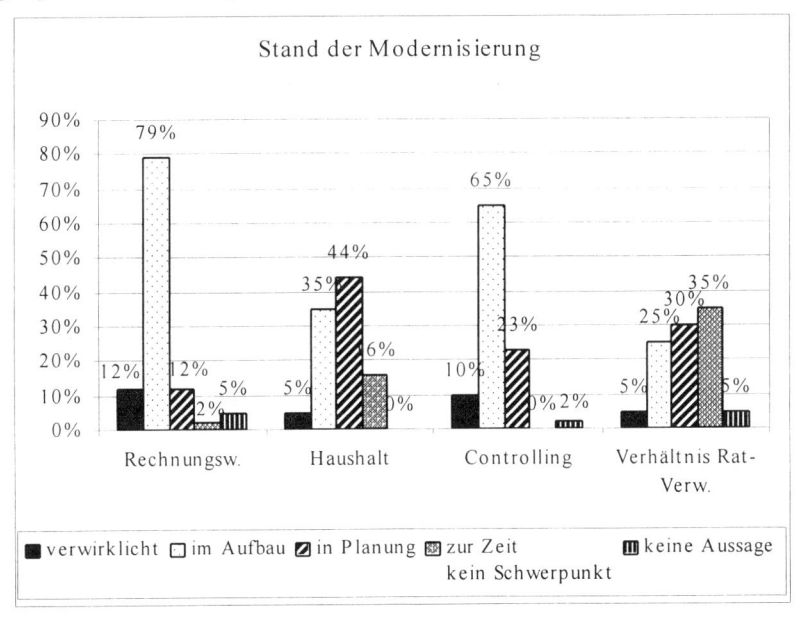

Stand der Modernisierung

	Rechnungsw.	Haushalt	Controlling	Verhältnis Rat-Verw.
verwirklicht	12%	5%	10%	5%
im Aufbau	79%	35%	65%	25%
in Planung	12%	44%	23%	30%
zur Zeit kein Schwerpunkt	5%	6%	–	35%
keine Aussage	2%	–	2%	5%

77

An der Spitze der gegenwärtigen Modernisierungsschwerpunkte in den befragten Kommunen stehen Elemente aus dem betriebswirtschaftlichen Bereich. Das Schlusslicht bilden die Veränderungen im Verhältnis zwischen Rat und Verwaltung.

Auch die Prioritätensetzung bei der näher untersuchten Landeshauptstadt München passt in dieses Bild. Der Schwerpunkt wird auch hier auf eine größere Wirtschaftlichkeit des Verwaltungshandelns gelegt.[362] Infolgedessen lagen bis zum Jahr 1999 die Aktivitäten fast ausschließlich in diesem Sektor. Neben der bereits praktizierten input-orientierten Budgetierung konnte die Einführung eines Kommunalen Rechnungswesens und die Aufstellung eines produktorientierten Haushaltes in einigen Bereichen bereits das Planungsstadium verlassen und zur Erprobung übergehen.

Der bundesweite Trend der Dominanz der betriebswirtschaftlichen Elemente und der Reform der Verwaltungsstrukturen hängt mit der vorrangigen Zielsetzung der Reform zusammen. An erster Stelle steht eindeutig die höhere Effizienz der Verwaltung.[363] Die Finanzkrise der Kommunen, die vielfach Auslöser für Reformen war, bildet weiterhin den Hauptantrieb zur Modernisierung. Des Weiteren ist eine „Steuerung auf Abstand" für eine Vielzahl von Kommunalpolitikerinnen und Kommunalpolitiker schwer vorstellbar. Es bestehen auf politischer Seite viele Vorbehalte und Befürchtungen gegenüber dem Neuen Steuerungsmodell. Dies wird auch im Ergebnis der Auswertung des Fragebogens deutlich. Bei Frage 1.3 „Wer hat die größten Vorbehalte gegen den Reformprozess" wurden Fraktionen und Ratsmitglieder gerade auch von den Kommunalpolitikerinnen und Kommunalpolitikern am häufigsten genannt.[364] Im Gegensatz zur Verwaltung differenzierten die befragten Ratsmitglieder jedoch in der Regel nach bestimmten Fraktionen oder bestimmten Räten, wobei sie sich selbst fast ausschließlich zu den Befürwortern der Reform zählten. Die Mitglieder der Verwaltung beurteilten den Rat dagegen in seiner Gesamtheit.[365]

Vorbehalte auf Seiten des Rates gegen eine neue Rollenverteilung waren auch die Hauptursache für die Zielneuformulierung im Umsetzungsbeschluss zur Verwaltungsreform der Landeshauptstadt München vom 28.03.1998 gegenüber dem Grundsatzbeschluss von 1994. Im Jahre 1994 wurde als Reformziel formuliert: „Die Verwaltungsführung und der Stadtrat sollen (wieder) in die Lage versetzt werden, eine klare strategische Richtungsplanung und -steuerung durchführen zu können, ohne sich mit überlastenden Detail-

---

362 Beschluss des Stadtrates der Landeshauptstadt München zur stadtweiten Umsetzung des Neuen Steuerungsmodells vom 13.08.1998, S. 7
363 Grömig/Gruner 1998, S. 581 - 587 (582)
364 ebenso Grömig/Gruner 1998, S. 581 - 587 (586) Dritte Städtetagsumfrage
365 Ergebnis der Frage Nr. 1.3 des Fragebogens

fragen auseinandersetzen zu müssen. (...) Die strategischen Zielsetzungen und die Verwaltungsleistungen müssen hinsichtlich ihrer Wirtschaftlichkeit und ihres Erfolgs überprüfbar gestaltet werden."[366] Bei der Fortschreibung der Ziele im Umsetzungsbeschluss 1998 fehlt nach heftiger Diskussion bewusst ein Passus über eine beabsichtigte Steuerung auf Abstand des Rates. Neben der besseren Einbeziehung der Bürgerinteressen und der Mitarbeiterinnen und Mitarbeiter wird als Ziel die „größere Wirtschaftlichkeit des Verwaltungshandelns" und eine „stärkere Beachtung der Wirksamkeit der Ergebnisse des Verwaltungshandelns"[367] genannt. Über die Notwendigkeit der Einführung betriebswirtschaftlicher Elemente ist leichter eine Akzeptanz zu finden und ein Konsens zu erzielen, als über die Umsetzung eines strategischen Managements und einer „Steuerung auf Abstand".

Insgesamt spricht in der Praxis der Verwaltungsreformen alles für einen klaren Vorrang der Reform der Binnensteuerung[368]. Der Bereich Kommunalpolitik und die Veränderungen im Zusammenspiel zwischen Rat und Verwaltung werden noch nicht in ausreichendem Maße berücksichtigt. Der Managerialismus[369] ist die vorherrschende Theorie am Beginn der Umsetzung des Neuen Steuerungsmodells.

4.1.2 Beteiligung der Politik am Reformprozess

In Kommunen wird die Verwaltungsmodernisierung und die Einführung neuer Steuerungsinstrumente oftmals noch als reine verwaltungsinterne Angelegenheit angesehen. Politische Vertretungsorgane verhalten sich eher abwartend und nehmen eine Beobachterrolle ein.[370] Neue Formen der Kooperation zwischen Politik und Verwaltung, wie zum Beispiel gemeinsame Projektgruppen, können dazu beitragen, dass die Verwaltungsreform als Gemeinschaftsaufgabe aufgefasst wird.[371]

In diesem Zusammenhang sind die Ergebnisse der Frage 2.3 des Fragebogens bezüglich der Einbeziehung der Politik interessant. Hier ergab sich ein recht differenziertes Bild zwischen den Ratsmitgliedern und den Verwaltungsmitgliedern. Die politische Seite zeigt sich überwiegend zufrieden mit

---

366 Beschluss des Stadtrates der Landeshauptstadt München zur Aufgaben- und Verwaltungsreform vom 02.03.1994, S. 11
367 Beschluss des Stadtrates der Landeshauptstadt München zur Umsetzung des Neuen Steuerungsmodells vom 18.03.1998, S. 7
368 Brecht 1999, S. 271
369 s. o. 3.2
370 Petzold 1997, S. 20 - 22 (20)
371 Klages 1995, S. 201 - 227 (223)

der erfolgten Einbeziehung, während die Verwaltungsseite sich eine größere Mitarbeit wünscht.

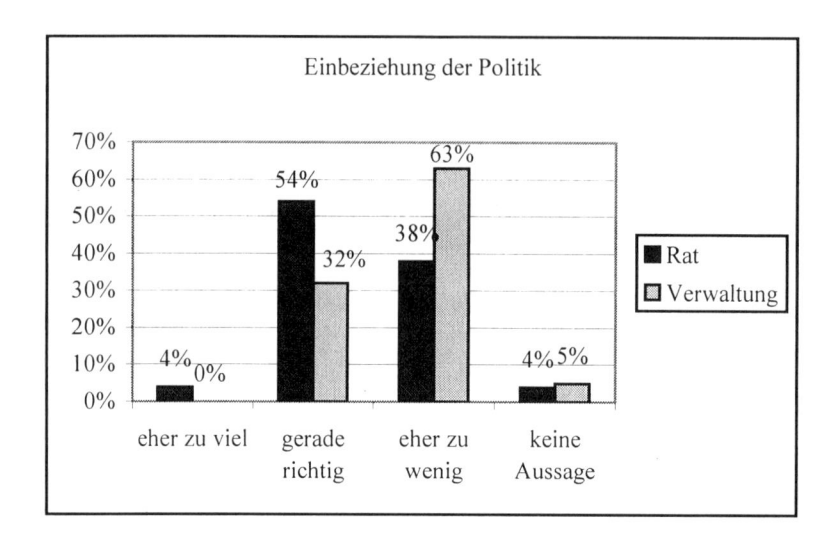

Einbeziehung der Politik

	eher zu viel	gerade richtig	eher zu wenig	keine Aussage
Rat	4%	54%	38%	4%
Verwaltung	0%	32%	63%	5%

In die gleiche Richtung zielt auch das Ergebnis der Frage 2.4 bezüglich der Befassung der Ratsmitglieder mit dem Reformthema. Hier ist die Verwaltungsseite fast unisono der Meinung, dass sich die Politik zu wenig selbst mit der Reform befasst hat. Dagegen sind die befragten Politikerinnen und Politiker nicht so selbstkritisch. Sie relativieren die Aussage etwas. Ein nicht unerheblicher Teil der befragten Ratsmitglieder sieht die Befassung durchaus als ausreichend an. Bei diesen Aussagen ist noch zu berücksichtigen, dass die Befragten aus Kommunen kommen, die bereits Reformerfahrungen gesammelt haben. Bei Ratsmitgliedern aus Kommunen, die erst am Anfang der Reformen stehen, würde wahrscheinlich die Einbeziehung und Befassung noch geringer ausfallen.

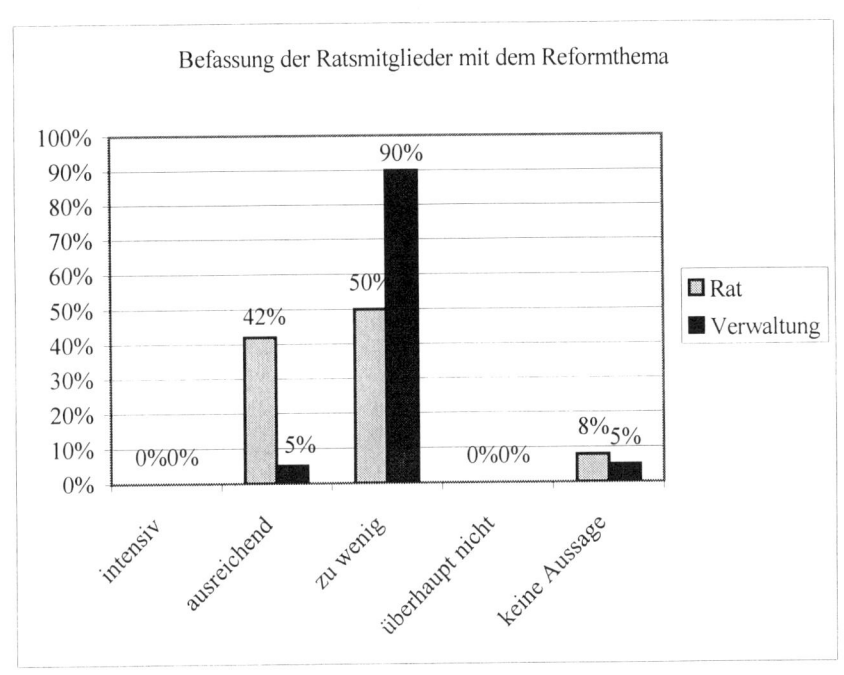

Befassung der Ratsmitglieder mit dem Reformthema

[Balkendiagramm: intensiv: Rat 0%, Verwaltung 0%; ausreichend: Rat 42%, Verwaltung 5%; zu wenig: Rat 50%, Verwaltung 90%; überhaupt nicht: Rat 0%, Verwaltung 0%; keine Aussage: Rat 8%, Verwaltung 5%]

Für das geringe Interesse an der Reform wurde eine breite Palette von Gründen angegeben, wobei sich hier die Verwaltung von der Politik kaum unterschied. Allgemein wurde das Thema als zu komplex gesehen. Gerade für die Ratsmitglieder ist die geringe Publikumswirksamkeit und das Fehlen von sichtbaren Ergebnissen ein nicht zu unterschätzender Grund. Von Mitgliedern der Verwaltung wurde dagegen ein konservatives Rollenverständnis des Rates und die mögliche Ansicht der Ratsmitglieder, dass die Reform nur ein verwaltungsinterner Vorgang sei, angegeben. Der Zeitfaktor spielte auf beiden Seiten keine große Rolle.

An den Informations- und Mitarbeitsmöglichkeiten der Ratsmitglieder am Reformprozess kann das relativ geringe Interesse der Ratsmitglieder nicht liegen. Dies zeigen die Antworten auf Frage Nr. 2.1 des Fragebogens, in der nach den Möglichkeiten der Information über den Stand der Verwaltungsreform gefragt wurde. Die aufgezählten Maßnahmen, wie Arbeitsgruppen, Diskussionstermine, Fortbildungen, wurden alle überwiegend mit „ja" beantwortet.[372] Formal ist eine regelmäßige Kommunikation zwischen Rat und Ver-

---

372 siehe differenzierte Auswertung der Frage Nr. 2.1 des Fragebogens(Anhang 2)

waltung über den Verlauf des Modernisierungsprozesses, zum Beispiel mittels Beschlussvorlagen oder durch Mitarbeit in Steuerungsgruppen, allgemein gegeben.[373] Ein Problempunkt scheint vielmehr zu sein, dass sich zwar vereinzelte Ratsmitglieder des Reformthemas gezielt annehmen, die Mehrheit jedoch kein Interesse zeigt.[374] Auch wenn aufgrund des knappen Zeitbudgets eine Spezialisierung der Kommunalpolitikerinnen und Kommunalpolitiker erforderlich ist,[375] wirkt die Verwaltungsreform in jeden Fachbereich hinein und sollte deshalb für alle von Relevanz sein.

Auch bei der Landeshauptstadt München wurden vielfältige Maßnahmen ergriffen, um den Ratsmitgliedern das Neue Steuerungsmodell näher zu bringen und sie aktiv in den Reformprozess einzubinden. Neben Workshops, Informationsgesprächen in den Fraktionen und unzähligen persönlichen Kontakten wurde auch eine entsprechende Organisation zur Einbindung des Stadtrates geschaffen. Mit Grundsatzbeschluss vom 02.03.1994 wurde ein Reformbeirat institutionalisiert, der ab Umsetzungsbeschluss in Steuerungsgruppe umbenannt und personell erweitert wurde. Dieses Gremium ist aus Vertretern aus Rat und Verwaltung besetzt und soll die Umsetzung der Reform aktiv begleiten sowie die Beteiligung des Stadtrates gewährleisten.[376] Es hat jedoch keine Entscheidungsbefugnisse.[377] Im Zeitraum 1994 bis 1998 tagte der Reformbeirat nur sechsmal. Das Interesse und die Teilnahme an diesem Gremium waren nicht sehr groß. Kleine Gruppierungen waren davon ganz ausgeschlossen. Die neu besetzte Steuerungsgruppe tagte von März 1998 bis Juni 2000 dagegen bereit zehnmal. Im Sachstandsbericht zur Verwaltungsreform vom 29.09.1999 wird jedoch dazu immer noch festgestellt: „Das Zusammenwirken von Stadtrat und Verwaltung muss in der Steuerungsgruppe effektiver gestaltet werden, um die Entwicklung hin zu einem echten Informations- und Diskussionsforum zu ermöglichen."[378] Die Verwaltung nimmt infolgedessen ein Desinteresse der Politik an der Reform an, wodurch es zu einer Art Wechselwirkung kommt und die Politik im weiteren Verlauf des Reformprozesses von der Verwaltung nicht mehr eingebunden wird. Bei der Landeshauptstadt München wird die Verwaltungsreform von den Fraktionen und Gruppierungen unterschiedlich wahrgenommen. Diejenige Fraktion, aus der auch der Verwaltungschef stammt, zeigt das größte Interesse an dem

---

373 ebenso Grömig/Gruner 1998, S. 581 - 587 (586) Dritte Städtetagsumfrage
374 Begründungen zu Fragen Nr. 2.3 und 2.4 des Fragebogens; ebenso Gohlke/Meyer 1997, S. 189 - 193 (189)
375 Gisevius 1997, S. 87
376 Beschluss des Stadtrates der Landeshauptstadt München vom 18.03.1998, S. 97
377 Beschluss des Stadtrates der Landeshauptstadt München vom 18.03.1998, S. 85
378 Sachstandsbericht zur Verwaltungsreform vom 29.09.1999, S. IV

Reformkonzept, was offensichtlich von der Nähe zu einer Vielzahl von Verwaltungsmitarbeitern herrührt.[379]

Einen erfolgreichen Weg bei der Einbindung der Politik in den Veränderungsprozess hat die Stadt Passau beschritten. Als Ausfluss der Leitbilddiskussion wurde 1994 ein überaus effektiver Gesprächskreis „Stadtrat/Verwaltung" installiert.[380] Durch diese neue Gesprächskultur ließen sich einige Reformvorhaben leichter umsetzen. Allgemein – nicht nur für die Landeshauptstadt München – kann die Aussage getroffen werden, dass der Anstoß zur Verwaltungsreform, die Information und Beteiligung der politischen Vertretung zum überwiegenden Teil von der Verwaltung ausgeht.[381] Ebenso finden sich die treibenden Kräfte im Reformprozess größtenteils auf Seiten der Verwaltungsführung, nur vereinzelt werden Fraktionen oder Ratsmitglieder genannt.[382]

Von der Verwaltung werden die Akzente gesetzt. Es ist deshalb nicht verwunderlich, dass auch die Schwerpunkte der Reformelemente im verwaltungsinternen Bereich liegen und die Modernisierung von einem überwiegend verwaltungstechnischen Verständnis geprägt ist.[383] Interessant ist, dass diese Vorgehensweise von den Politikerinnen und Politikern akzeptiert wird, wie einige Aussagen von Münchner Stadträtinnen und Stadträten bestätigen. „Der Anstoß für die Reform und die Ausgestaltung muss von der Verwaltung kommen, dafür ist sie ja da." Es ist immer leichter passives Interesse zu zeigen, als aktiv mitzuwirken. Die dadurch entstehende Leerstelle beim strategischen Management ist wiederum konstitutiv für das bisherige Desinteresse der Politik an der Verwaltungsreform.[384]

Das Übergewicht der Verwaltungssichtweise wird auch aus den Antworten zu Frage Nr. 1.6 des Fragebogens bezüglich der Geschwindigkeit des Reformprozesses ersichtlich.

---

379 z.B. wurde ein recht aktiver fraktionsinterner Arbeitskreis zum Thema Neues Steuerungsmodell eingerichtet.
380 Rosenberger 1995, S. 185 - 207 (200)
381 Ergebnis der Frage 2.2 des Fragebogens
382 Ergebnis der Frage 1.2 des Fragebogens
383 Naschold 1995, S. 220; KGSt 1999, Das neue Politikerhandbuch, S. 62
384 Heinz 2000, S. 182

Beurteilung der Geschwindigkeit

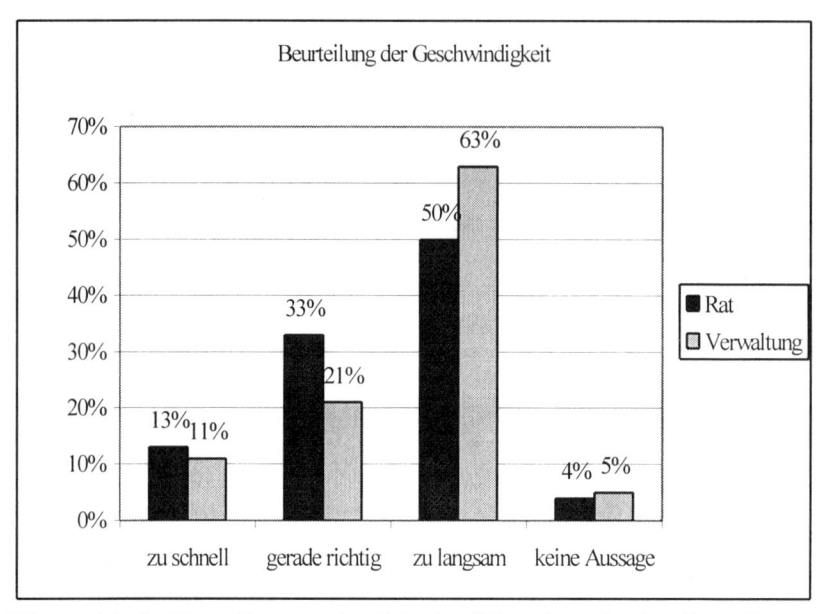

	zu schnell	gerade richtig	zu langsam	keine Aussage
Rat	13%	33%	50%	4%
Verwaltung	11%	21%	63%	5%

Die graphische Darstellung verdeutlicht den Wunsch nach schnellerer Umsetzung. Die Ursachen für einen zu langsamen Modernisierungsverlauf wurden ausnahmslos auf Seiten der Verwaltung gesehen. In keinem Fragebogen wurde eine mangelnde Entscheidungsfreude oder Einbindung der Politik erwähnt. Dagegen wurden mehrfach organisatorische Mängel oder eine unzureichende Kooperation innerhalb der Verwaltung angegeben. Als häufigste Ursache für Verzögerungen wurde ein überzogenes Perfektionsstreben der Verwaltung genannt, was wiederum Ausdruck einer technizistischen Ausrichtung der Reformen ist. Die Einschätzung einer zu schnellen Umsetzung wurde vor allem in Anbetracht einer großen Ablehnung der Reform auf Seiten der Beschäftigten getroffen

Wenn Schnittstellen zur Politik in einer Kommune bisher überhaupt diskutiert werden, so ist aus der Sicht der Verwaltung vor allem die Aussicht auf Reduzierung des politischen Einflusses in das Tagesgeschäft attraktiv. Die stärkere Ausrichtung der Verwaltung auf die Ausführung der durch die politischen Gremien vorgegebenen Ziele gerät dabei leicht aus dem Blickfeld.[385] Verstärkt wird diese Verwaltungsdominanz durch die vorherrschende Arbeitsweise des Rates.[386] Der Rat beschließt in der Regel über von der Ver-

---

385 Stöbe/Wohlfahrt 1996, S. 13 - 30 (22)
386 Nassmacher H./Nassmacher K.-H 1979, S. 113; Kodolitsch von 1996, S. 169 - 181 (169)

waltung vorformulierte Anträge.[387] Die Verwaltung antizipiert dabei oftmals die Entscheidung der Politik[388] und orientiert sich auch taktisch an Wahlterminen, indem sie beispielsweise in Wahlzeiten den Termin einer Vorlage, je nach Konstellation im Rat, vor oder nach der Wahl, bestimmt.

Die vorlagenorientierte Arbeitsweise des Rates geht einher mit einer geringen Anzahl von eigenen Initiativen der Politikerinnen und Politiker,[389] was auch mit dem in der Verwaltung vorhandenen überlegenen Fachwissen zu tun hat.[390] In der modernen, sehr dynamischen und komplexen Gesellschaft, ist ein ehrenamtlicher Rat kaum mehr in der Lage, selbst die schwierigen Wirkungszusammenhänge und die Vielzahl von zu berücksichtigenden Regelungen zu übersehen.[391] Auch diese Situation gestaltet das Agieren im Rahmen des Reformprozesses für Ratsmitglieder so schwierig. Sie sind hier auf die Unterstützung der Verwaltung angewiesen, was sie aber nicht von einem Interesse und von einer aktiven Mitarbeit im Reformprozess abhalten darf. Die Mitwirkung im laufenden Reformprozess sollte insbesondere folgende Bereiche umfassen: Zustimmung zu den wesentlichen Reformbausteinen, Bereitstellung eines angemessenen Reformbudgets, Formulierung von Zielen, Nutzung der Instrumente des Neuen Steuerungsmodells.[392]

4.2 Mandatsträger als Vertreter der Gemeindebürger

Die Umsetzungsstrategie des Neuen Steuerungsmodells muss insbesondere bei den beabsichtigten Veränderungen im Verhältnis Rat und Verwaltung die Situation der Politik berücksichtigen. Kommunalpolitikerinnen und Kommunalpolitiker haben verschiedene Rollen zu erfüllen, nämlich die Vertretung der Bürgerinnen und Bürger, die Politikerrolle und die Führungsrolle gegenüber der Verwaltung.[393] Auf die daraus resultierenden Probleme gilt es sehr sensibel zu reagieren. Relevant sind dabei nicht nur die objektiven Parameter der Situation, sondern auch das subjektive Empfinden der Mandatsträger, da dieses oftmals entscheidenden Einfluss auf die Tätigkeit der Ratsmitglieder und ihre Bewertung der Verwaltungsreform ausübt.

---

387 Thieme 1997, S. 948 - 954 (949); Ellwein/Zoll 1982, S. 233
388 Banner 1984, S. 364 - 372 (365)
389 Nassmacher 1989 b, S. 179 - 196 (192)
390 Mayntz 1978, S. 63
391 Blume 1993, S. 1 - 8 (2)
392 Reichard 1997, S. 139 - 144 (139)
393 Banner 1996, S. 141 - 151 (144)

Es werden im Folgenden die geäußerten Befürchtungen der Kommunalpolitikerinnen und Kommunalpolitiker sowie die aufgetretenen Problempunkte in Zusammenhang mit dem entsprechenden Rollenverständnis beschrieben. Im Grunde lassen sich alle Schwierigkeiten auf einem gemeinsamen Nenner, nämlich der strategischen Steuerung und damit verbunden der „Steuerung auf Abstand", zurückführen.

4.2.1 Selbstverständnis der Ratsmitglieder

Das Selbstverständnis der Ratsmitglieder wird durch ihre Erwartungen und Funktionsvorstellungen definiert. Die Perspektive ist subjektiver Art und sagt nichts darüber aus, inwieweit diese Aufgaben auch erfüllt werden.[394] Zur Grundcharakterisierung der Vorstellungen über die Tätigkeit eines Ratsmitgliedes wurde im Rahmen der Fragebogenaktion auch abgefragt, welche Bedeutung den aufgezählten Aufgaben eines Ratsmitgliedes zugemessen wird (Frage 4.4). Als wichtigste Aufgabe – wobei sich hier kein Unterschied zwischen Mitgliedern der Verwaltung und des Rates zeigte – wurde die Vertretung der Bürgerinteressen genannt und damit zusammenhängend der direkte Bürgerkontakt. Die Werte sind in folgender Tabelle zusammengefasst:

	sehr wichtig	wichtig	weniger wichtig	unwichtig	keine Aussage
Vertretung von Bürgerinteressen	74 %	19 %	0 %	0 %	7 %
Direkter Bürgerkontakt	65 %	30 %	0 %	0 %	5 %
Verwaltungskontrolle	39 %	49 %	7 %	0 %	5 %
Steuerung der Verwaltung	37 %	44 %	12 %	2 %	5 %
Vertretung parteipolitischer Interessen	2 %	46 %	33 %	12 %	7 %
Stadtteilvertretung	5 %	35 %	42 %	9 %	9 %

---

[394] Simon 1988, S. 33

Die hier sichtbaren Präferenzen decken sich auch mit Ergebnissen anderer Umfragen.[395] Ratsmitglieder haben als wichtigste Aufgabe in einer Demokratie die Interessen der Bürgerinnen und Bürger zu vertreten. Um entsprechend bürgernah handeln und entscheiden zu können, ist der Kontakt zur Bürgerschaft notwendig. Sie müssen sich mit ihren Bedürfnissen, Anliegen und Prioritäten identifizieren können.[396] Dies ist nur möglich, indem sie an die Quelle der Probleme gehen, den Bürgerinnen und Bürgern zuhören und versuchen sie zu verstehen. Diese grundsätzliche Auffassung der Stellvertreterrolle stellt noch kein Problem für eine Verwaltungsmodernisierung dar. Gerade die Bürgernähe soll durch das Neue Steuerungsmodell noch gefördert und intensiviert werden, wenn sich auch das Neue Steuerungsmodell insgesamt mehr an die Adresse der Verwaltung richtet.[397] Problematisch erscheint jedoch die Ansicht vieler Mandatsträgerinnen und Mandatsträger, sie seien in der Pflicht, auch Anliegen einzelner Bürger im Rat oder gegenüber der Verwaltung zur Sprache zu bringen. Es bedeutet für Politikerinnen und Politiker eine gewisse Befriedigung, hin und wieder einem Mitbürger ehrenamtlich und öffentlich helfen zu können.[398] Ein interviewter Stadtrat äußerte sich dazu folgendermaßen: „Meine Aufgabe ist es, dem Bürger das Gefühl zu geben, der Stadtrat hat für mich persönlich etwas getan, mein Anliegen war ihm wichtig."

Des Weiteren suchen viele Kommunalpolitikerinnen und Kommunalpolitiker ihre Verankerung in „ihrem" Stadtbezirk.[399] Sie sehen es als ihre Pflicht an, sich vorrangig um Belange ihrer örtlichen Umgebung zu kümmern. Diese „Stadtviertelpolitiker" sind zwar das Sprachrohr der in diesem Bezirk wohnenden Mitbürger – vielfach in Bereichen des Verwaltungsvollzuges –, die Gesamtsteuerung einer Kommune wird dabei jedoch leicht aus den Augen verloren. Der Blick für das Wesentliche fehlt. Durchgängig war den geführten Interviews zu entnehmen, dass ein Verzicht auf die Interessenwahrnehmung Einzelner unter dem Hinweis auf eine strategische Steuerung des Rates wirklichkeitsfremd sei. Es wird überwiegend ein Ansehensverlust bei den Bürgerinnen und Bürgern befürchtet, wenn man sich nicht mehr persönlich um die Anliegen jedes Einzelnen in der jetzigen Form kümmern kann, auch wenn nur der Verwaltungsvollzug betroffen ist. Derartige Auffassungen von einer Stadtratsarbeit führen zwangsläufig zu Konflikten mit den Vorstellungen des Neuen Steuerungsmodells. Wenn im Zuge der Modernisierung auf Detaileingriffe des Rates auf den Aufgabenbereich der Verwaltung weitgehend ganz

---

395   z.B. Simon 1988, S. 34 ff
396   Pröhl 1998, S. 19
397   s.o. 4.1.1
398   KGSt 1996, Politikerhandbuch, S. 4
399   Jannig 1996, S. 152 - 168 (158)

verzichtet werden soll und über Ziele gesteuert werden soll, fühlen sich diese Politikerinnen und Politiker einer ihrer bisher wichtigsten Aufgabe beraubt. Das Kernstück ihrer Auffassung von einer Tätigkeit als Ratsmitglied droht damit wegzubrechen.

Als Reaktion auf diese lautstark geäußerten Befürchtungen – die Verhaltenspsychologie wurde bei der Einführung des Neuen Steuerungsmodells zunächst unterschätzt[400] – wird nun im neuesten Ansatz der Kommunalen Gemeinschaftsstelle zum kommunalen Management dieser Teilbereich des Tätigkeitsfeldes eines Ratsmitgliedes als reformkonform angesehen. Er sollte nur nicht das Schwergewicht der politischen Aufgabe bilden und möglichst auf Einzelfälle mit politischer Dimension beschränkt werden.[401] Das Aufgreifen von Bürgerbeschwerden ist auch eine Form der Kontrolle der Verwaltung. Die Politik setzt sich bei extensiver Anwendung dieses Kontrollinstrumentes jedoch der Gefahr einer Demotivierung der Verwaltung aus, die in ihren Bereich eigenverantwortlich handeln soll.

Das Neue Steuerungsmodell bringt Veränderungen im Verhältnis zwischen den Ratsmitgliedern und den Bürgerinnen und Bürgern mit sich. Diesen Aspekt beleuchtet Frage Nr. 3.8 im Fragebogen: „Erwarten Sie im Zuge der Reform Veränderungen im Verhältnis Rat – Bürger". Es wurde bewusst eine allgemeine Formulierung gewählt, um alle Strömungen erfassen zu können. Folgendes Ergebnis wurde erzielt, wobei keine signifikanten Unterschiede zwischen den Fragebogen aus dem Verwaltungsbereich und aus der Politik festgestellt werden konnten.

---

[400] Damkowski/ Precht 1998, S. 487 - 501 (491)
[401] Heinz 2000, S. 189; weitere Ausführungen s. o. 3.2.3

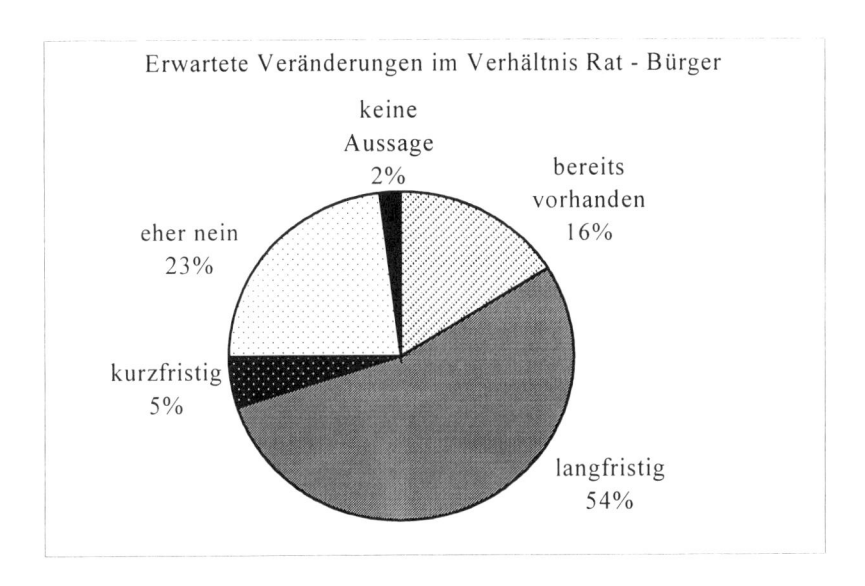

Erwartete Veränderungen im Verhältnis Rat - Bürger

- keine Aussage 2%
- bereits vorhanden 16%
- eher nein 23%
- kurzfristig 5%
- langfristig 54%

Die überwiegende Mehrheit der Befragten geht in ihrer Einschätzung von Veränderungen aus, jedoch erst im längerfristigen Bereich. Dieses Ergebnis hängt zum einen mit der vorherrschenden Prioritätensetzung auf verwaltungsinterne Reformen zusammen.[402] Zum anderen sind Veränderungen auf Beziehungsebenen immer langwierige Prozesse, die einfach ihre Zeit benötigen. Wichtig ist, dass mit einer Veränderung überhaupt gerechnet wird und somit die damit zusammenhängende Politikreform nicht ausgeschlossen wird. Veränderungen im Verhältnis Rat und Bürgerschaft benötigen nur einen längeren Atem. Der Veränderungsprozess wird damit in großem Maße auch von den Erwartungen der Bürgerinnen und Bürger an die Tätigkeit ihrer Repräsentanten im Rat beeinflusst.

4.2.2 Erwartungshaltung der Bürgerinnen und Bürger

Die Erwartungen der Bürgerinnen und Bürger an ihre Vertreter im Rat sind vielfältig und umfangreich. Auf der einen Seite sollen die Ratsmitglieder sich persönlich um die Anliegen und Beschwerden der einzelnen „Bittsteller" kümmern. Auf der anderen Seite sollen sich die Kommunalpolitikerinnen und Kommunalpolitiker aller Fragen annehmen, die eine Gesellschaft insgesamt

---

[402] s.o. 4.1.1

angehen.[403] Für die Bürgerinnen und Bürger besitzt das Ratsmitglied eine gewisse Allzuständigkeit. Vielfach werden die Kommunalpolitikerinnen und Kommunalpolitiker auch für Missstände verantwortlich gemacht, obwohl sich die Verantwortlichkeiten aufgrund der engen Verknüpfung meistens über mehrere Ebenen des Staates erstrecken.[404] Es wird dabei keine Unterscheidung getroffen, ob es sich um politische Grundsatzentscheidungen handelt oder nur um reinen Verwaltungsvollzug bestehender Gesetze.

Für die Bürgerinnen und Bürger sind die gewählten Ratsmitglieder aufgrund ihrer Nähe zur Basis die Ansprechpartner. Sie sind ihnen eben bekannt. Verwaltungsmitarbeiter sind dagegen in der Regel zu unpersönlich. Außerdem erwarten sie von der Politik, dass sie Einfluss auf die Verwaltung nimmt. Kommunalpolitikerinnen und Kommunalpolitiker sind aus diesem Grund Anlaufstelle für die Anliegen der Bevölkerung aller Art.[405] Es sind dies jedoch überwiegend Einzelfälle, denn vor allem diese beschäftigen den einzelnen Bürger und nicht die Grundsatzprobleme der Kommune.[406]

Es besteht die Erwartungshaltung seitens der Bürgerinnen und Bürger, dass das Ratsmitglied die Beschwerden über Entscheidungen der Verwaltung ernst nimmt[407] und ihnen im Rahmen seiner politischen Kontrolltätigkeit nachgeht.[408] Im Bewusstsein der Bevölkerung besteht die eigentliche Legitimation lokaler Mandatsträgerinnen und Mandatsträger nach wie vor in der Lösung von Detailproblemen.[409] Diese Ansicht korrespondiert mit einem wachsenden egoistischen Anspruchsdenken an das Gemeinwesen[410] und als Teil davon an die Ratsmitglieder. Die Politikerinnen und Politiker sind somit bisher Kraft des Drucks aus der Bevölkerung – ihrer Wählerschaft – häufig gezwungen, sich intensiv mit dem Verwaltungsvollzug auseinander setzen zu müssen.[411] Das Tagesgeschäft der Verwaltung ist demnach auch das Geschäft der Politik.[412] Die daraus resultierenden Probleme bei der Einführung des Neuen Steuerungsmodells sind somit vorprogrammiert. Die Interessen der Bürgerschaft an individueller Betreuung durch „ihre" Ratsmitglieder müssen im Umsetzungsprozess berücksichtigt werden. Sie müssen mit dem Postulat einer Steuerung der Kommune durch den Rat und mit dem Interesse an einem reibungslosen Verwaltungsablauf in Einklang gebracht werden.

---

403 Willke 1992, S. 14
404 Grömig 1996, S. 15 - 24 (20)
405 Holler/Nassmacher 1976, S. 141 - 181 (142)
406 Lang/Gronbach 1998, S. 160 - 168 (164); KGSt 1999 Das Neue Politikerhandbuch, S. 80
407 KGSt 1999, Das Neue Politikerhandbuch, S. 81
408 Potthast 1996 b, S. 453 - 457 (455); Henneke 1996, S. 447 - 453 (449)
409 Strünck 1997, S. 153 - 170 (161)
410 Budäus 1993, S. 163 - 176 (166)
411 Frind 1996, S. 37 - 40 (39)
412 Stöbe/Wohlfahrt 1996, S. 13 - 30 (21)

4.3 Mandatsträger als Politiker

4.3.1 Wiederwahlinteresse

In einem demokratischen System mit regelmäßigen Wahlen ist ein Wiederwahlinteresse der Mandatsträgerinnen und Mandatsträger[413] und damit verbundene Machtstrategien ein legitimer Vorgang. Für Politikerinnen und Politiker, die in diesem System erfolgreich agieren wollen, müssen deshalb die Stimmenmaximierung und der Machtausbau mit an der Spitze der Präferenzskala der politischen Tätigkeit stehen.[414] Der Wettbewerb mit anderen Parteien um die Gunst des Wahlvolkes stellt dabei oftmals viele Sachargumente in den Schatten. Dies geht teilweise soweit, dass jede öffentliche Debatte, jeder Auftrag aus den Reihen des Rates, jede interne Diskussion bewusst oder auch unbewusst von dem Streben nach Ansehen und letztlich der Gewinnung von Stimmen bei den potentiellen Wählerinnen und Wählern beeinflusst wird.[415] Ausschlaggebend ist die Wirkung einer Entscheidung auf die Öffentlichkeit. Im Grunde ist dieser Vorgang für das Funktionieren des parlamentarischen Systems unerlässlich.[416] Aus der Sicht des Neuen Steuerungsmodells können sich jedoch daraus Hindernisse für ein effektives Managementhandeln des Rates ergeben.[417]

Politikerinnen und Politiker müssen sich, wenn sie – wie anzunehmen ist – wiedergewählt werden wollen, in ihrer Tätigkeit an Wahlterminen orientieren. Das politische Denken geschieht in Wahlperioden.[418] Die Folge davon ist eine auf kurzfristige Ergebnisse ausgerichtete Politik, da die Wählerinnen und Wähler bei der Wahlentscheidung den vorzeigbaren tagespolitischen Erfolg mehr honorieren als eine weitblickende Perspektive,[419] die vielleicht sogar mit Anfangsdefiziten verbunden ist. Strategieentscheidungen mit längerfristigen Wirkungen und auf lange Sicht angelegte Problemlösungskonzepte bleiben dabei leicht auf der Strecke.[420] Gerade diese praktizierte „Kurzfristpolitik" basiert auf kleinräumigen Detailentscheidungen und hat wenig mit einer strategischen Steuerung der Kommunalverwaltung zu tun, wie sie das Neue Steuerungsmodell schwerpunktmäßig für die politischen Gremien vorsieht.

---

413 Bogumil 1997 a, S. 33 - 43 (39)
414 Wallerath 1986, S. 533 - 545 (541); Fach 1997, S. 222 - 231 (229)
415 Lehmann-Grube 1982, S. 119 - 128 (127)
416 Potthast 1996 b, S. 453 - 457 (455)
417 Bogumil 1997 a, S. 33 - 43 (39)
418 Banner 1984, S. 364 - 372 (365); Andree 1994, S. 23
419 Wallerath 1986, S. 533 - 545 (541)
420 Budäus 1993, S. 163 - 176 (166)

Eine politisch wirkungsvolle Profilierung bedarf der Öffentlichkeit, überwiegend mittels Erwähnung in der Presse. Anlass für eine Pressenotiz bietet in der Regel ein publikumswirksamer Auftrag für die Verwaltung oder eine Anfrage an den Verwaltungschef. Hintergrund für Anfragen ist folglich oftmals nicht nur ein Informationsdefizit oder ein sachliches Interesse, sondern die Voraussetzung für eine Pressenotiz zu schaffen.[421] Die Presse bestimmt somit indirekt die Tätigkeit der Politikerinnen und Politiker mit. Dies ist auch dem Ergebnis der Frage Nr. 1.4 des Fragebogens „Wer beeinflusst sonst noch den Reformprozess und auf welche Weise" zu entnehmen. Der Einfluss der Medien wurde hier am häufigsten genannt (23 % aller Fragebogen).[422] Aufgrund der hohen Publikumswirksamkeit von bestimmten akzentiellen Einzelproblemen ist die Versuchung für die Politik groß, sich gerade mit diesen zu beschäftigen.[423]

Einzelfragen haben zudem oft symbolischen Charakter,[424] auch wenn sie den operationalen Bereich der Verwaltung betreffen (z.B. Öffnungszeiten der kommunalen Einrichtungen). Ratsmitglieder geben deshalb Entscheidungen über diese sensiblen Punkte nicht aus der Hand. Mit derartigen Details, die oftmals nicht einmal im Entscheidungsbereich des Rates liegen, aber viele Bürgerinnen und Bürger direkt betreffen und interessieren, lässt sich politisches Gewicht gewinnen. Sie werden zum Gegenstand politischer Auseinandersetzungen hochstilisiert.[425] Bloße Vorgaben des Rates würden hier dem politischen Ansinnen nicht Genüge leisten. Den Ratsmitgliedern soll eine derartige Befassung in Zukunft auch durch das Neue Steuerungsmodell nicht vorenthalten werden. Es darf darüber nur nicht das eigentliche normative und strategische Management vergessen werden. Problematisch ist jedoch das Aufgreifen von Einzelfragen, wenn in der Öffentlichkeit der Eindruck entsteht, man könne nur durch Einschalten eines Ratsmitgliedes etwas erreichen. Die große Masse ohne Beziehungen könnte sich dadurch zurückgesetzt fühlen.[426] Nicht zu vernachlässigen ist weiter, dass sich die vom Neuen Steuerungsmodell beabsichtigte Abgrenzung von Strategie und Tagesgeschäft nicht eindeutig festlegen lässt. Richtungsweisende Vorgaben lassen sich von der Art und Weise ihrer Umsetzung oft nicht trennen.[427] Im Entscheidungsprozess

---

421 Dieckmann 1996, S. 19 - 32 (21)
422 siehe differenziertes Ergebnis dargestellt im Anhang 2
423 Hill 1997 b, S. 33
424 Schumacher 1996, S. 221 - 228 (221); Petzold 1997, S. 20 - 22 (21)
425 Wallerath 1986, S. 533 - 545 (537); entsprechende Aussagen liegen auch von einigen interviewten Stadträten der Landeshauptstadt München vor.
426 KGSt 1999, Das Neue Politikerhandbuch, S. 116
427 Lang/Gronbach 1998, S. 160 - 168 (163)

können sich auch Detailaspekte unvorhergesehen zu strategischen Fragen entwickeln.[428]

Mit ausschlaggebend für die Interessenswahrnehmung von Kommunalpolitikerinnen und Kommunalpolitiker ist das Eingebundensein in mehrere Referenzsysteme. Neben der Mitgliedschaft in einer Partei sind sie vielfach noch aktives oder zumindest passives Mitglied mehrerer Vereine und Verbände. Dies erhöht den Bekanntheitsgrad, stärkt die Öffentlichkeitswirksamkeit durch potentielle Auftritte in den Organisationen und erweitert den Unterstützerkreis bei Wahlen. Diese Verflechtung kann jedoch leicht zu einem Klientelismus führen, da infolge der Mitgliedschaft von den Mandatsträgerinnen und Mandatsträgern erwartet wird, dass sie auch die entsprechenden Interessen der Organisationen vertreten und Entscheidungen in diesem Sinne beeinflussen. Dies bringt möglicherweise eine vermehrte Anfrage- und Antragstätigkeit mit sich, da auf diesem Weg eine Unterstützung der Interessenvertretungen dokumentiert werden kann. Zumindest kann ein Ratsmitglied auf diese Weise die Aufmerksamkeit auf spezielle Probleme seiner Klientel lenken. Ähnliches gilt für das Eingebundensein, ja sogar Abhängigkeit von der Partei. Die Regel ist – besonders in Großstädten –, dass Kandidatinnen und Kandidaten für den Rat nur über die entsprechenden Parteilisten gewählt werden. Eine bessere Ausgangsposition auf der Liste und damit gesteigerte Wiederwahlchancen werden den Bewerbern eingeräumt, die die Interessen der Partei auch im Rat geltend machen. Die Mandatsträgerinnen und Mandatsträger als Parteimitglieder tragen das Gesellschaftsmodell der Partei in die öffentliche Diskussion und versuchen es in örtliche Problemlösungen umzusetzen.[429]

Im Grunde besteht bei den vorstehenden Ausführungen kein Unterschied, ob es sich um eine Großstadt oder um eine kleine Kommune handelt. Ratsmitglieder mit Wiederwahlinteresse bedürfen überall der Öffentlichkeit, um sich den Wählerinnen und Wählern zu präsentieren und um sich zu profilieren. In kleinen Gemeinden hat vielleicht die Presse nicht das Gewicht wie in Großstädten, dafür spielt die Verbindung zu Vereinen eine größere Rolle. In beiden Fällen ist jedoch die Einzelfallbefassung äußerst wichtig. In der Regel verfolgen die Kommunalpolitikerinnen und Kommunalpolitiker, unabhängig von der Gemeindegröße, ihre Eigeninteressen. Das Mandat bildet den Bezugsrahmen der individuellen Entfaltung und der persönlichen Identität.[430] Viele verspüren eine gewisse Befriedigung, wenn sie für den einzelnen Bürger etwas erreichen können und wenn sie die Möglichkeit besitzen, die Ge-

---

428 Lenk 1997, S. 145 - 156 (152)
429 Banner 1996, S. 141 - 151 (144)
430 Scharpf 1987, S. 111 - 151 (123)

schicke einer Kommune mit zu lenken und mit zu gestalten. Die durch die Mandatsausübung entstehenden Kontakte gehören zum Lebensraum der Politikerin und des Politikers und verschaffen eine gewisse Hochachtung. Des Weiteren eröffnen sich dadurch nicht selten anderweitige Karrierechancen. Nicht zu vergessen ist die Ratstätigkeit – trotz Ehrenamtlichkeit – als Einkommensquelle.

Persönlichkeitsstrukturen und lokale Besonderheiten sind jedoch für die Ausgestaltung dieses Teils des politischen Prozesses mit maßgeblich. Lokalpolitik ist stets eine Angelegenheit von Menschen und deren Eigenschaften.[431] Das alltägliche Handeln der Akteure ist deshalb von einem Kampf um Positionen und Besitzstände, Ressourcen und Karrieren geprägt und mit Macht und Einfluss verbunden. Grundsätzlich gilt, dass das einzelne Ratsmitglied seine politische Zukunft nicht so sehr durch unsichtbare Beiträge zu kollektiven Entscheidungen mit schwer greifbaren gesamtstädtischen Wohlfahrtsgewinnen sichern kann, als vielmehr durch nachweisbares Eintreten für Personen und Gruppen in konkreten Interessenkonflikten.[432] Aus diesem Grund ist es auch schwierig, Ratsmitglieder für das Thema Verwaltungsreform zu gewinnen. Der Veränderungsprozess ist für die Bürgerinnen und Bürger uninteressant, solange er nur reine Verwaltungsabläufe betrifft. Erst wenn der einzelne Bürger selbst die Auswirkungen spürt, ist die Reform ein politisch ertragreiches Thema, für das es als Ratsmitglied sich lohnt zu engagieren.[433]

4.3.2 Selbstbeschränkung des Rates

Will man das Verhältnis von Politik und Verwaltung auf neue Grundlagen entsprechend den Vorstellungen des Neuen Steuerungsmodells stellen, ist zur Konzentration der Politik auf ihre strategischen Aufgaben die Kompetenzverlagerung des operationalen Geschäfts von der Politik auf die Verwaltung notwendig. Über den Stand der erfolgten Delegationen während des Modernisierungsprozesses gibt das Ergebnis der Frage Nr. 3.1 des Fragebogens Auskunft. 33 % der Befragten bejahten Kompetenzverlagerungen auf die Verwaltung, 60 % verneinten sie und 7 % trafen keine Aussage.[434]

Auch die Landeshauptstadt München befasste sich im Umsetzungsbeschluss vom 18.03.1998 mit diesem Thema. Folgender Antrag einer Fraktion wurde angenommen: „Die Steuerungsgruppe wird beauftragt, Vorschläge zu unterbreiten, welche derzeit vom Stadtrat wahrzunehmenden Aufgaben durch

---

431 Voigt 1992, S. 3 - 12 (9)
432 Mäding 1997, S. 98 - 104 (102)
433 Wallerath 1998, S. 53 - 59 (53)
434 siehe differenzierte Auswertung im Anhang 2

Änderung der GeschO zu seiner Entlastung künftig als so genannte Angelegenheiten der Verwaltung wahrgenommen werden können."[435] Die Bearbeitung dieses Auftrages wurde jedoch weder von der Verwaltung noch vom Rat vorangetrieben, so dass er bis ins Jahr 2000 noch nicht behandelt oder sogar darüber entschieden werden konnte. Auch in Stuttgart ist der Diskussionsprozess um eine Konzentration der Arbeit des Plenums des Gemeinderates in vollem Gange. Bisher sind zumindest Delegierungen auf die Ausschüsse beabsichtigt, aber noch nicht beschlossen.[436] Eine weitergehende Kompetenzverschiebung hin zur Verwaltung wurde bis auf Weiteres zurückgestellt.[437]

Das Thema Delegation mittels Änderung der Geschäftsordnung bzw. Hauptsatzung ist nicht populär. Eine Aufgabenverlagerung auf die Verwaltung ist unter Umständen politisch brisant, wie auch in den meisten Fragebogen als Begründung gegen Delegierungen angegeben wurde. Zum einen ist es die Angst der Ratsmitglieder vor Einflussverlust, zum anderen ist es der Anspruch auf Allzuständigkeit des Rates, der einer Delegation entgegen steht. Es besteht die Befürchtung eines Machtzuwachses bei der Verwaltungschefin/beim Verwaltungschef. Dieses Argument wird insbesondere dann angeführt, wenn der Verwaltungschef/die Verwaltungschefin einer anderen Partei als die Mehrheit des Rates angehört. Dadurch wird deutlich, dass weiterhin Macht und Einfluss über die Anzahl von Befassungen und Entscheidungen definiert wird. Strategische Zielvorgaben werden noch nicht allgemein als politisches Machtmittel anerkannt.

Von den Vertretern des Neuen Steuerungsmodells wird weiter vorgeschlagen, die „Verwesentlichung" der Ratsarbeit durch eine freiwillige Selbstbeschränkung des Rates, Detaileingriffe zu unterlassen, zu erreichen.[438] Es handelt sich hierbei um rechtlich unverbindliche „Spielregeln" zwischen Politik und Verwaltung. Wie die im Rahmen dieser Untersuchung durchgeführte Fragebogenaktion auch ergab, wird in den einzelnen Kommunalverwaltungen über eine derartige Selbstbeschränkung zwar viel diskutiert, an der praktischen Umsetzung scheitert es bislang jedoch überwiegend. Das Ergebnis der Frage Nr. 3.7 „Erfolgt eine Selbstbeschränkung des Rates Detaileingriffe zu unterlassen?", wird in folgender Grafik dargestellt:

---

435 Beschluss der Landeshauptstadt München vom 18.03.1998, Nr. 15 des Beschlussantrages
436 Lang/Gronbach 1998, S. 160 - 168 (163)
437 Landeshauptstadt Stuttgart 1999, S. 6
438 KGSt 1996, Bericht 10, S. 26;

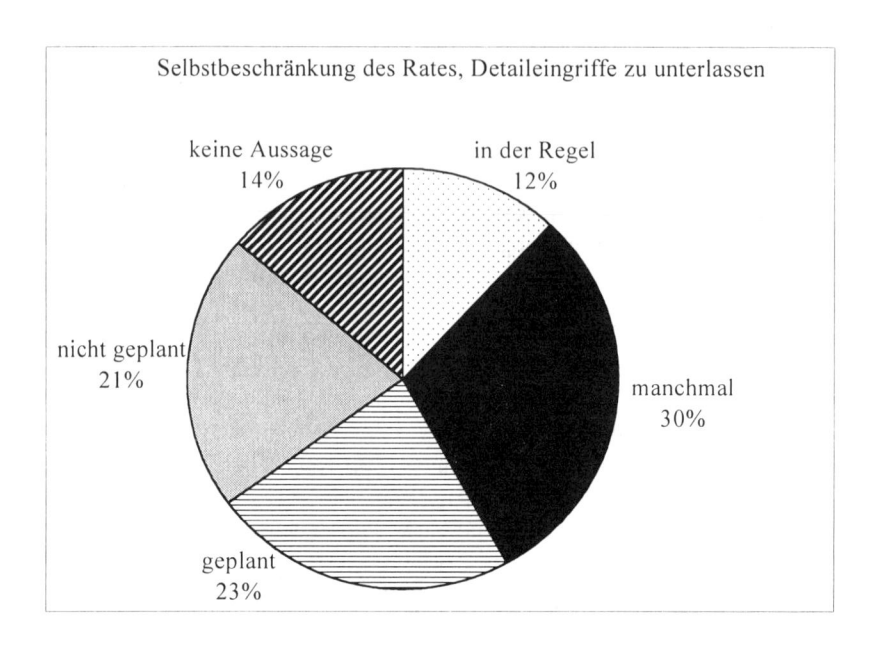

Selbstbeschränkung des Rates, Detaileingriffe zu unterlassen

- keine Aussage 14%
- in der Regel 12%
- manchmal 30%
- geplant 23%
- nicht geplant 21%

Bei Angaben „in der Regel" oder „manchmal" wurde zudem vielfach der Hinweis angebracht, dass es sich hier eher um Wunschvorstellungen und um Versuche handelt, die aber nicht von allen Ratsmitgliedern akzeptiert und praktiziert werden. Es bestehen keine großen Unterschiede in der Aussagen der Verwaltungsmitglieder und der Ratsmitglieder bei dieser Frage.[439]

Generell sind die Gründe für eine nicht durchführbare Selbstbeschränkung wieder im machtpolitischen Bereich zu suchen. Auch hier spielt die Furcht vor Machtverlust in der Situation der Parteienkonkurrenz eine große Rolle. Was ist, wenn eine Fraktion auf die Detailbefassung verzichtet, die andere Fraktion jedoch nicht mitzieht und weiter ihre Anfragen zu Detailproblemen stellt? Die Öffentlichkeit bekommt so womöglich ein schiefes Bild von den einzelnen Aktivitäten und Erfolgen der Ratsmitglieder. Hier nun ein kurzer Auszug der im Fragebogen angegebenen Begründungen:

„Manche Stadträte können es nicht lassen."
„In der Praxis trotz guten Willens nicht durchführbar."

---

[439] siehe differenzierte Auswertung Anhang 2

„Selbstbeschränkung nur auf Papier konzipiert. Allenfalls am Anfang gewisse Veränderungen zu erwarten; nach aller Erfahrung verfällt man dann nach kurzer Zeit wieder in den alten Trott."

Eine neue Bescheidenheit des Rates scheint daher nur erreichbar, wenn sich ein fraktionsübergreifender Konsens bildet und sich ein gleichartiges Selbstverständnis aller Ratsmitglieder herauskristallisiert. Das Aufbrechen alter Strukturen und die Verankerung einer neuen Einstellung zur Machtausübung wird eines längeren Entwicklungsprozesses bedürfen. Kulturveränderung braucht Zeit.

4.3.3 Machtausübung mittels Personalpolitik

Wie bereits Max Weber festgestellt hat, erstrebt jede Partei „als solche: Macht, das heißt Anteil an der Verwaltung und also: am Einfluss auf die Ämterbesetzung."[440] Die deutsche Kommunalverwaltung ist – auch im internationalen Vergleich[441] – außerordentlich parteipolitisiert. Dies liegt daran, dass die Karriereentscheidungen der führenden Verwaltungsmitarbeiterinnen und -mitarbeiter überwiegend vom Rat getroffen werden. Eine Delegation der Personalentscheidungen auf die Verwaltungsspitze erfolgt äußerst selten.[442] Auch der Stadtrat der Landeshauptstadt München tat sich bei der Übertragung von Personalkompetenzen auf den Oberbürgermeister und damit auf die Verwaltung außerordentlich schwer. Bis zur Neuwahl des Stadtrates 1996 erfolgte eine weitestgehende Delegation entsprechend der Gemeindeordnung. Der neugewählte Stadtrat erneuerte aus parteipolitischen Gründen diese umfassende Delegation zunächst nicht.[443] Erst ab Ende 1997 wurde wieder der volle vom Gesetz vorgesehene Delegationsrahmen ausgeschöpft.[444]

Die Gründe für dieses zögerliche Verhalten hat bereits Max Weber treffend skizziert. Sie liegen in der politischen Machtausübung. Die Parteipolitik wird in die Verwaltung durch entsprechend ausgewählte Personen in Rahmen der Stellenbesetzungsverfahren getragen. Bewerberinnen und Bewerber für Spitzenpositionen in der Verwaltung erhalten ohne entsprechende parteipolitische Unterstützung erfahrungsgemäß nicht immer die notwendigen Mehrheiten.[445] Die Politisierung ist jedoch nicht auf die Verwaltungsspitze be-

---

440 Max Weber 1966, S. 73
441 Bertelsmann-Stiftung 1995, S. 95
442 Auswertung der Frage Nr. 3.1 des Fragebogens
443 Beschluss des Stadtrates der Landeshauptstadt München vom 23.07.1996 (eine Delegation scheiterte an der erforderlichen 2/3 Mehrheit)
444 Beschluss des Stadtrates der Landeshauptstadt München vom 20.11.1997 (nach Änderung der Gemeindeordnung war jetzt für die Übertragung nur eine einfache Mehrheit erforderlich.)
445 Andree 1994, S. 26

schränkt, sondern dehnt sich immer weiter auch auf Schlüsselpositionen der unteren Ebenen aus. Dies hat für eine so erfolgreiche Partei mehrere Vorteile. Da die Politik nach außen sachlich fundiert erscheinen muss, ist es notwendig, genügend Informationen von der Verwaltung zu erhalten. Fraktionen sind jedoch oftmals von dem Eindruck beherrscht, dass die Verwaltung sie unzureichend mit den entsprechenden Informationen versorgt. Sie suchen sich deshalb „Stützpunkte" in der Verwaltung und finden sie bei den ihnen nahestehenden Mitarbeiterinnen und Mitarbeitern.[446]

Das generelle Misstrauen gegenüber der Verwaltung versuchen sie mit „eigenem" Personal zu kompensieren. Über diesen „Draht" zur Verwaltung laufen jedoch nicht nur Informationen, sondern die Politik kann auf diese Weise auch in den Verwaltungsvollzug hineinregieren. In der Praxis erfolgt ständig ein reger Austausch zwischen den Vertretern der Politik und der Verwaltung. Dies betrifft nicht nur den Vollzug, sondern auch die Vorbereitung wichtiger Entscheidungen.[447] Dabei besteht jedoch die Gefahr, dass sich daraus eine Art Programmersatz[448] für die Fraktion entwickelt. Die Politik setzt sich nicht mehr selbst die Ziele und entwirft die Programme, sondern orientiert sich von vornherein an den Wünschen der Verwaltung. Umgekehrt kann sich auch die Konstellation ergeben, dass die Verwaltung mit Hilfe der Vertrauensleute der Fraktionen bei den Beschlussvorlagen bereits die Wünsche der Politik berücksichtigt. Diese Ausführungen gelten im Grundsatz sowohl für Großstädte, als auch für kleine Kommunen. Während in Großstädten die Parteiangehörigkeit bei Stellenbesetzungen eine größere Rolle spielt, ist es in Kleingemeinden eher die persönliche Bekanntschaft. Die Auswirkungen entsprechen sich jedoch.

Parteipolitische Auseinandersetzungen im Entscheidungsgremium einer Kommune sind in der Praxis nicht wegzudenken und befinden sich auch als prägendes Element einer Kommunalverwaltung grundsätzlich im Einklang mit dem Neuen Steuerungsmodell. Problematisch bei der Umsetzung des Neuen Steuerungsmodells ist es jedoch, wenn die Parteipolitik über „Mittelsmänner" Einfluss auf den Verwaltungsvollzug ausübt und so auch das installierte Berichtssystem womöglich aushebelt. Es besteht die Gefahr einer „Zwei-Klassen-Ratspolitik". Auf der einen Seite steht die Fraktion mit Einfluss und Macht in der Verwaltung mittels ihnen nahestehenden Mitarbeiterinnen und Mitarbeitern. Auf der anderen Seite befinden sich die Benachteiligten, die über keine oder nur wenig direkte Kontakte zur Verwaltung verfügen. Nach der Philosophie des Neuen Steuerungsmodells soll die Macht des

---

[446] Ellwein 1994, S. 18
[447] Holtmann 1992, S. 13 - 22 (20); Nassmacher 1989 a, S. 62 - 83 (63)
[448] Wallerath 1986, S. 533 - 545 (538)

politischen Entscheidungsorganes über Ziele und Setzen von Rahmenbedingungen sowie über eine entsprechende Kontrolle der Zielerreichung ausgeübt werden. Eine parteibuchorientierte Stellenbesetzung steht diesem Modell entgegen. Sie begünstigt die systematische Verwischung von Politik und Verwaltung. Dem so entstandenen Netzwerk der Beziehungen und dem Geflecht von Machtzentren und Einflusssphären haftet der Ruf heimlicher Mauscheleien an.[449] Die Herstellung von Transparenz und die Verminderung der Schnittmengen zwischen Politik und Verwaltung gestaltet sich dadurch schwierig.

4.4 Mandatsträger und die Verwaltung

4.4.1 Grundsatzentscheidungen durch die Politik

Ein Kernelement des Neuen Steuerungsmodells ist – wie bereits ausgeführt[450] – die strategische Steuerung der Kommunalverwaltung durch die politischen Gremien vor allem mittels Zielvorgaben. Ein erstes Bild, inwieweit dieser Grundgedanke bereits umgesetzt ist, vermittelt das Ergebnis der Frage Nr. 3.6 des Fragebogens

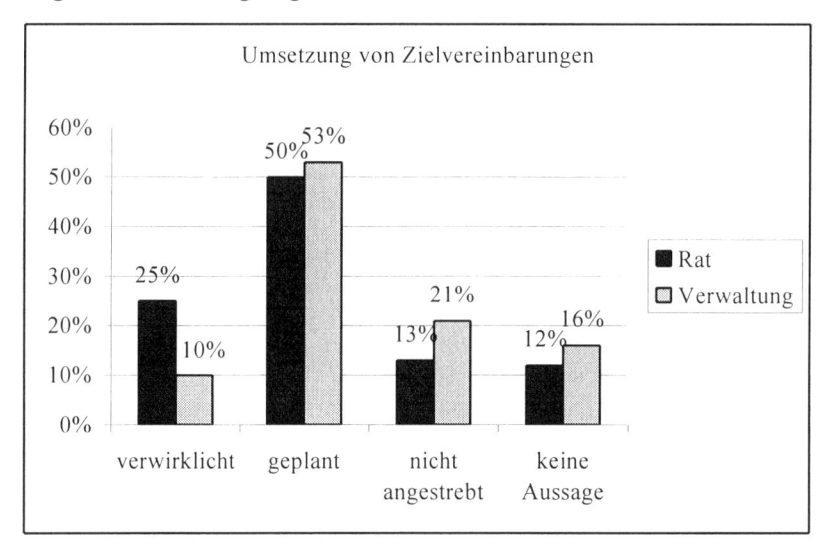

Umsetzung von Zielvereinbarungen

	verwirklicht	geplant	nicht angestrebt	keine Aussage
Rat	25%	50%	13%	12%
Verwaltung	10%	53%	21%	16%

---

449 Bogumil 1997 a, S. 33 - 43 (39)
450 s. o. 3.3.2.1

Dieses Ergebnis verdeutlicht einen regen Diskussionsprozess, aber nur eine geringe erfolgte Umsetzung. Berücksichtigt man die zusätzlich angeführten Erläuterungen im Fragebogen, ist auch der Anteil der bereits verwirklichten Steuerung durch Zielvereinbarungen kritisch zu hinterfragen. Die Umsetzung bezieht sich hier oftmals nur auf einzelne Pilotbereiche oder wird allein theoretisch entsprechend den Reformvorgaben behandelt. Obwohl Ziele formuliert wurden und dafür ein Verfahren festgelegt wurde, hat sich die Praxis noch nicht angepasst. Es fehlt noch ein entsprechender Umgang mit dem Zielsystem. Die Steuerung erfolgt nach wie vor über Ressourcenzuteilung und Einzelanweisungen.[451] Diese Praxiserfahrungen könnten auch der Grund für die Diskrepanz in den Angaben der Fragebogen aus dem Bereich der Verwaltung und aus dem politischen Bereich sein (z.B. verwirklicht: Rat 25 %, Verwaltung 10 %).

Die Steuerung mittels Zielvereinbarungen hängt eng mit der beabsichtigten Veränderung im Verhältnis Rat und Verwaltung und mit der Delegation von Kompetenzen an die Verwaltung sowie mit einer Selbstbeschränkung des Rates zusammen. Folgende interessante Verknüpfungen ergaben sich aus der Auswertung des Fragebogens:

- Sind die Zielvereinbarungen verwirklicht, sind auch bereits Veränderungen im Verhältnis zwischen Rat und Verwaltung spürbar. Umgekehrt sind Veränderungen zwischen Rat und Verwaltung kein Schwerpunkt, wenn gleichzeitig auch Zielvereinbarungen nicht angestrebt werden.[452]
- Sind bereits Kompetenzverlagerungen auf die Verwaltung erfolgt, geht dies mit zumindest geplanten Zielvereinbarungen einher. Ist in absehbarer Zeit keine Delegation vorgesehen, sind auch Zielvereinbarungen überwiegend kein Thema.[453]
- In Kommunen, in denen Zielvereinbarungen verwirklicht oder geplant sind, ist auch eine Selbstbeschränkung des Rates zu 80 % zumindest geplant.[454]

Diese Angaben zeigen, dass eine Zielsetzung durch die politischen Gremien und Zielvereinbarungen mit der Verwaltung zu den Grundvoraussetzungen der Einführung des Neuen Steuerungsmodells gehören. Soll die Tätigkeit der Politik mit in den Veränderungsprozess einbezogen werden, muss dies über die Installierung eines entsprechenden Zielsystems erfolgen.

---

451 Äußerungen in Beiblättern zum Fragebogen bzw. bei der Angabe von Gründen.
452 Verknüpfung der Angaben zu Fragen Nr. 1.1. und 3.6.
453 Verknüpfung der Angaben zu Fragen Nr. 3.1 und 3.6.
454 Verknüpfung der Angaben zu Fragen Nr. 3.6 und 3.7.

Wie schwer es jedoch in diesem Bereich ist, die Theorie in die Praxis umzusetzen, wird nun kurz am Beispiel der Landeshauptstadt München erläutert. Im Grundsatzbeschluss zur Aufgaben- und Verwaltungsreform vom 02.03.1994 wird zwar die strategische Steuerung durch den Stadtrat erwähnt.[455] Nähere Ausführungen, wie die Vorgabe von Zielen, erfolgten jedoch nicht. Der Umsetzungsbeschluss zum Neuen Steuerungsmodell vom 18.03.1998 enthält dagegen bereits einen entsprechenden Auftrag: „Als Hauptorgane sind hier im Rahmen ihrer jeweiligen Zuständigkeit der Oberbürgermeister und der Stadtrat gefordert, die Ziele zu formulieren, an denen sich die Produktbeschreibungen und damit das Handeln der Verwaltung ausrichten müssen."[456] In demselben Beschluss werden jedoch folgende Aussagen getroffen. „Nicht gefolgt wird den Vorstellungen des Neuen Steuerungsmodells insoweit, als manche Ausführungen der KGSt und der entsprechenden Literatur darauf hinauslaufen, das Rollenverständnis des Stadtrats dahingehend zu ändern, dass dieser nur noch die großen Zielvorgaben bestimmt."[457] „An seinen Kompetenzen ändert sich für den Stadtrat wie gesagt nichts. Dies bedeutet, dass der Stadtrat das Verwaltungsgeschehen nach wie vor über Anträge, Anfragen und Beschlüsse sowohl zu grundsätzlichen Themen als auch zu Detailthemen beeinflussen kann."[458] In den letztgenannten Formulierungen kommen die Befürchtungen der Ratsmitglieder bezüglich Einflussverlust zum Ausdruck. Die Behandlung von Detailthemen und Grundsatzvorgaben stehen gleichrangig nebeneinander. Eine Schwerpunktsetzung auf Letzteres ist nicht eindeutig erkennbar.

Diese Detailliebe hängt nicht nur mit den Wählerinteressen zusammen – wie bereits oben näher ausgeführt[459]– sondern auch mit einem Misstrauen gegenüber der Verwaltung bezüglich des Verwaltungsvollzuges.[460] Ein Stadtratsmitglied äußerte sich dazu in der Debatte zum Umsetzungsbeschluss folgendermaßen: „Wenn mir eine Verwaltung sagt, ich solle mich auf die obersten Ziele konzentrieren, heißt das im Klartext, dass sie mir irgendwelche Pauschalbeschlüsse vorlegen und mir hinterher ständig sagen wird, das haben sie damals abgesegnet und wenn sie die Komplexität nicht erkannt haben, sind sie selber schuld." Hier wird das Misstrauen gegen die Eigenmächtigkeit der Verwaltung vermischt mit einer Vorstellung von sehr vagen Zielformulie-

---

455 Beschluss des Stadtrates der Landeshauptstadt München zur Aufgaben- und Verwaltungsreform vom 02.03.1994, S. 7
456 Beschluss des Stadtrates der Landeshauptstadt München zur Umsetzung des Neuen Steuerungsmodells vom 18.03.1998, S. 24
457 Beschluss des Stadtrates der Landeshauptstadt München zur Umsetzung des Neuen Steuerungsmodells vom 18.03.1998, S. 99
458 Beschluss des Stadtrates der Landeshauptstadt München zur Umsetzung des Neuen Steuerungsmodells vom 18.03.1998, S. 102
459 siehe oben 4.2.2
460 Bürsch/Pfister 1995, S. 26

rungen, die zwar nicht der Theorie aber noch der üblichen Praxis entsprechen. Ebenso wird bei dieser Aussage nicht berücksichtigt, dass der Rat die Zielsetzungen für die Verwaltung nachträglich ändern kann, wenn er dies aufgrund neuer Erkenntnisse für erforderlich hält.[461]

Aufgrund der bestehenden Skepsis bei den Ratsmitgliedern wird in der Landeshauptstadt München der Zielprozess und als Vorläufer die Leitbilddiskussion von der Verwaltung von unten her in Gang gesetzt. So haben bis Ende 1999 bereits alle Referate für ihren Fachbereich Leitbilder definiert. Diese bilden die oberste Handlungsmaxime und stellen eine Vision oder ein konkretes Zukunftsbild dar. Sie sind gleichzusetzen mit einer Unternehmensphilosophie.[462] Ein gesamtstädtisches Leitbild lässt noch auf sich warten. Es befindet sich noch im Abstimmungsprozess innerhalb der Verwaltung, bevor es dem Rat und den Bürgerinnen und Bürgern zur Diskussion gestellt wird. Eine Verabschiedung im Rat ist für Ende 2000 geplant. Diese späte Einbindung des Rates ist insofern problematisch, als für die Wirkung eines Leitbildes und dessen Akzeptanz nicht nur der Text bestimmend ist, sondern vor allem der Prozess, der zur Entwicklung des Textes führt.[463] Auch beim Aufbau eines Zielsystems versuchen bereits einzelne Referate mittels Zielsetzungen ihre Fachbereiche zu steuern. Stadtweite Zielformulierungen und damit von den politischen Gremien festgesetzte strategische Ziele liegen jedoch in ihrer Gesamtheit noch nicht vor und sind in nächster Zeit auch nicht zu erwarten. Sie lassen sich nur vereinzelt in Beschlüssen zu spezifischen Themen erkennen. Auf diese pragmatische Weise wird bei der Landeshauptstadt München versucht, den Veränderungsprozess in Bewegung zu setzen und den Schwierigkeiten, die die Politik bei der Vorgabe von Zielen hat, etwas aus dem Weg zu gehen.

Als Vorreiter einer breit angelegten Leitbilddiskussion gilt die Stadt Passau. Schwerpunkte des 1994 für verbindlich erklärten Leitbildes[464] bildeten die Bürgerbeteiligung, die Ausrichtung der Verwaltung auf die Bürgerinnen und Bürger und eine neue Aufgabenverteilung zwischen Stadtrat und Verwaltung.[465] Doch auch in einer mit Reformpreisen ausgezeichneten Kommune[466] gibt es im letztgenannten Bereich Umsetzungsschwierigkeiten, und es bleibt bei Absichtserklärungen. Bis Ende 1999 mangelte es beispielsweise noch an konkreten Zielvereinbarungen.

---

461 KGSt 1999, Das Neue Politikerhandbuch, S. 64
462 Struwe 1995, S. 20 - 32 (22)
463 Deckert/Wind 1996, S. 43
464 Schmöller 1997, S. 14 - 18 (14)
465 Stadt Passau 1995, S. 14
466 Speyer - Preis 1994 (2. Speyerer Qualitätswettbewerb)

Welche Probleme sich im Einzelnen bei der Zieldefinition durch den Rat ergeben können, wird nun im Folgenden näher ausgeführt. Als Orientierungshilfe für die inhaltliche Aussage von politischen Oberzielen dienen – auch in einer Kommunalverwaltung – die Wahlprogramme der Parteien. Gerade für die Mehrheitspartei ist es wichtig, sich in den strategischen Richtungsentscheidungen parteipolitisch wiederzufinden. Sieht man sich jedoch die einzelnen kommunalen Wahlprogramme an, so fällt auf, dass sie wenig hinreichend präzisierte Vorstellungen über die anzusteuernden Ziele der einzelnen Politikfelder enthalten. Dies überträgt sich auf die Zielvorstellungen im Rat.

Politikerinnen und Politiker operieren mit Vorliebe mit „vage" formulierten Zielen, um sich auf der einen Seite einen genügend großen situativen Handlungsspielraum zu lassen und auf der anderen Seite im Hinblick auf die Zielerreichung interpretationsfähig zu sein.[467] Präzise Zielvorgaben führen in den Augen der Mandatsträger zu Machtverzicht.[468] Man will bei der Politikausübung nicht an bereits gesetzte Ziele gebunden sein. Dasselbe gilt auch für die Anwendung eines wirksamen Controllings. Obwohl Controlling „lediglich" Führungsunterstützung bedeutet, befürchten die Bürgervertreter eine Einengung ihres politischen Handlungsspielraumes und eine Beschränkung ihrer Profilierungsmöglichkeiten,[469] da Controlling auch die Frage der Planung und damit den politischen Zielbildungsprozess kritisch hinterfragt.[470]

Je klarer und eindeutiger Ziele definiert werden, umso leichter ist eine Erfolgskontrolle möglich. Sie führt unter Umständen zu der Aussage, dass ein Ziel nicht erreicht wurde und zur Zielerreichung andere, neue Maßnahmen ergriffen werden müssen.[471] Diese Transparenz der Entscheidungen ist nicht immer politisch erwünscht,[472] um bei der Opposition keine „schlafenden Hunde" zu wecken.[473] Machtorientiertes Handeln ist nicht an der Festlegung konkreter Ziele interessiert, denn eine mögliche Erfolgskontrolle würde der politischen Konkurrenz unter Umständen Ansätze für Kritik bieten, was die Machterhaltung gefährden könnte. Das Eingestehen eines Misserfolges ist nach Ansicht der Politikerinnen und Politiker auch den Wählerinnen und Wählern schwierig zu vermitteln. Vage Zielformulierungen sind jedoch noch aus einem anderen Grund von der Politik gewollt. Zielvorgaben sind meist politische Kompromisse, die mehreren divergierenden Interessen genügen

---

467 Andree 1994, S. 23
468 Knoepfel 1995, S. 453 - 470 (457)
469 Andree 1994, S. 40
470 Grömig 1997, S. 28 - 31 (28)
471 Deckert/Wind 1996, S. 41; Arnim von 1993, S. 67 - 80 (74)
472 Andree 1994, S. 23
473 Potthast 1996 a, S. 600 - 604 (602); Kißler u.a. 1997, S. 38

müssen.[474] Dies gilt umso mehr bei unklaren Mehrheitsverhältnissen im Rat. Sie können in gewisser Weise als Lösungsansätze von Machtkämpfen bezeichnet werden.[475] Nur durch eine entsprechend offene Formulierung besteht die Chance, dass sie von den Beteiligten akzeptiert werden.

In diesem Zusammenhang stellt sich die Frage, ob politische Oberziele überhaupt in einer operationalisierbaren Form ausgedrückt werden können. Damit Zielsetzungen ihrer Bestimmung gerecht werden, müssen sie messbar sein. Politische Zielsetzungen mit Blickrichtung der Wirkungen auf die Bürgerinnen und Bürger, entziehen sich jedoch oftmals einer direkten Messung.[476] Als Beispiel sei hier nur die Förderung der Wirtschaftskraft genannt. Eine Lösung des Operationalisierungsproblems ist nur durch Annäherung mittels mehrerer Indikatoren (z.B. Anzahl der neu geschaffenen Arbeitsplätze, Ansiedlung neuer Firmen) möglich. Infolge dieser Schwierigkeiten ist die Gefahr groß, dass man komplexe und schwer messbare qualitative Zielsetzungen im Zielfindungsprozess vernachlässigt[477] und sich auf quantifizierbare Ziele stützt, die oftmals nur Unwesentliches aussagen.[478] Der besondere Charakter der öffentlichen Dienstleistungen[479] sowie der gemeinwohlorientierten Ziele, wie Vertretungsgerechtigkeit, demokratische Teilhabe oder soziale Sicherheit, sollten jedoch im gleichen Maße wie rein wirtschaftliche Zielsetzungen berücksichtigt werden.[480] Letzteres mahnen viele Ratsmitglieder an, die Befürchtungen gegen eine zu technizistische Auffassung der Reform hegen. Hier ist jedoch der politische Einfluss gefragt, um der Verwaltungsorientierung und dem Verlust der spezifisch öffentlichen Werte bei der Zielfindung entgegenzuwirken.[481] Der Zielprozess soll sich nicht so abspielen – wie in der Praxis häufig geschehen –, dass die Verwaltung die Zielsetzungen formuliert und die politischen Gremien sie absegnen, sondern die Politik ist aufgefordert, sich in den Prozess einzubringen und eigene politische Akzente zu setzen. Im Sinne des Neuen Steuerungsmodells sollen die Politiker dabei jedoch nicht nur auf wählerwirksame kurzfristige Ziele setzen, sondern müssen idealerweise auch Wert auf länger angelegte Strategien legen. Es ist bei weitem schwieriger, über relativ abstrakte Ziele zu sprechen, als „handfeste" Einzelfragen zu diskutieren.

---

474 Klages 1993, S. 37 - 56 (46); Arnim von 1993, S. 67 - 80 (72)
475 Mersmann 1994, S. 217 - 219 (217)
476 Budäus/Buchholtz S. 322 - 337 (324)
477 KGSt 1992, Bericht Nr. 19, S. 146
478 Knoepfel 1995, S. 453 - 470 (458)
479 Kleinfeld 1996, S. 245
480 Reichard 1996, S. 241 - 274 (264); Mersmann 1994, S. 217 - 219 (218)
481 Potthast 1996 b, S. 453 - 457 (454); Banner 1993, S. 185 - 196 (186)

Politische Ziele sind, in der Gesamtheit betrachtet, oft widersprüchlich. So kollidiert beispielweise der Einsparungswunsch mit dem Bau einer Stadthalle. Infolgedessen ist es wichtig, dass Ziele nicht losgelöst von den dabei entstehenden Kosten behandelt werden. Nur so wird den politischen Entscheidungsträgern klar, dass aufgrund der nur begrenzt vorhandenen Ressourcen nicht alles gleichzeitig verwirklicht werden kann, was insbesondere bei Wahlversprechen nicht ganz einfach ist.[482] Es gilt somit Prioritäten zu setzen. Einerseits ist es schwierig, politische Oberziele konkret zu formulieren, andererseits besteht die Gefahr, dass diese Ziele alles bis ins kleinste Detail vorgeben und der Verwaltung keinen Ausführungsspielraum mehr belassen. Auch dies kann nicht im Sinne des Neuen Steuerungsmodells sein. Die Politik würde so mittels Zielformulierungen Detailsteuerung betreiben. Des Weiteren werden womöglich detaillierte Wirkungsziele durch Veränderungen im Umfeld schnell „überholt".[483]

Das Einmischen in eigentlich laufende Geschäfte der Verwaltung ist derzeit oftmals auch eine Folge des prinzipiell bescheidenen Gestaltungsspielraumes der Kommunalpolitik, hervorgerufen durch staatliche Vorgaben und durch die bestehende Finanznot.[484] Geringe Handlungsspielräume führen fast automatisch zu einer Vernachlässigung eigentlicher Zieldiskussionen und zur Flucht in die Details.[485] Durch die Konzentration auf Details wird auf Seiten der Mandatsträgerinnen und Mandatsträger die Effektivität des eigenen Wirkens suggeriert. Es ist der Versuch, das von ihnen so gesehene Missverhältnis zwischen ihrem Arbeitsinput und der durch ihre ehrenamtlichen Tätigkeit resultierenden Steuerungsleistung zu kompensieren.[486]

Bezüglich der Detailschärfe und der Ausdifferenzierungen wird es erhebliche Unterschiede zwischen Großstädten und kleinen Landgemeinden geben. So kann beispielsweise für eine kleine Gemeinde die Erweiterung der Öffnungszeiten der einzigen Kindertagesstätte bereits ein strategisches Ziel sein, während in einer Millionenstadt dies eindeutig in den Bereich der laufenden Verwaltung fällt. Hier wäre als politische Zielsetzung folgendes denkbar: „In Kindertagesstätten sind flächendeckend verlängerte Öffnungszeiten anzubieten." Der Verwaltung bliebe dann der Spielraum, in welcher Kindertagesstätte und in welcher Art und Weise dies organisiert werden soll. Das richtige Maß bei der Zielsetzung muss somit jede Kommune für sich finden.

---

482 Bertelsmann-Stiftung 1995, S. 72
483 Heinz 2000, S. 108
484 Dieckmann 1996, S. 19 - 32 (22)
485 Bogumil 1997 a, S. 33 - 43 (36)
486 Hill 1997 a, S. 23 - 31 (23)

4.4.2 Kontrolle der Verwaltung

Eine wirksame Kontrolle der Verwaltung durch die politischen Gremien ist an für diese Zwecke optimal aufbereitete Berichte gebunden. Im Zuge der Verwaltungsreform sollen die Berichte aussagekräftiger und mehr auf die Bedürfnisse des Rates abgestimmt werden. Über den allgemeinen Stand der Veränderungen im Berichtswesen geben die Antworten der Frage Nr. 3.3 des Fragebogens Auskunft. In 58 % der abgegebenen Fragebogen wurde die Frage nach erfolgten Veränderungen im Berichtswesen im Zusammenhang mit der Verwaltungsreform bejaht, in 28 % dagegen verneint, keine Aussage trafen 14 % der Befragten.[487] Bei den Verneinungen wurde oftmals der Zusatz „in Planung" angebracht.

Allgemein scheint dieser Bereich überwiegend in Umbruch begriffen, wobei sich jedoch, wie sich aus den zusätzlichen Erläuterungen zum Fragebogen entnehmen lässt, die Umgestaltung teilweise nur auf Pilotbereiche bezieht und durchwegs noch nicht zufriedenstellend gelöst ist. Die Probleme beziehen sich vor allem auf den Umfang der Berichte, berühren jedoch teilweise auch die inhaltliche Gestaltung. Berichte dürfen weder zu knapp gehalten werden und nicht genügend steuerungsrelevante Daten abbilden, noch dürfen sie die Räte mit zu vielen Detailinformationen überhäufen. In diesem Punkt ist es schwierig eine einheitliche Aussage zu treffen, da die Arbeitsweise und das Informationsbedürfnis eines jeden Ratsmitgliedes anders geartet sein kann. Frage Nr. 3.4 des Fragebogens „Wie empfinden Sie den Umfang der Berichte an den Rat" zielt deshalb auf die subjektive Einschätzung der Befragten. Die Grafik verdeutlicht das Ergebnis. Dabei bestehen zwischen den Aussagen der Befragten aus den Bereichen der Politik und der Verwaltung keine großen Unterschiede.[488]

---

[487] siehe differenzierte Auswertung Anhang 2
[488] siehe differenzierte Auswertung Anhang 2

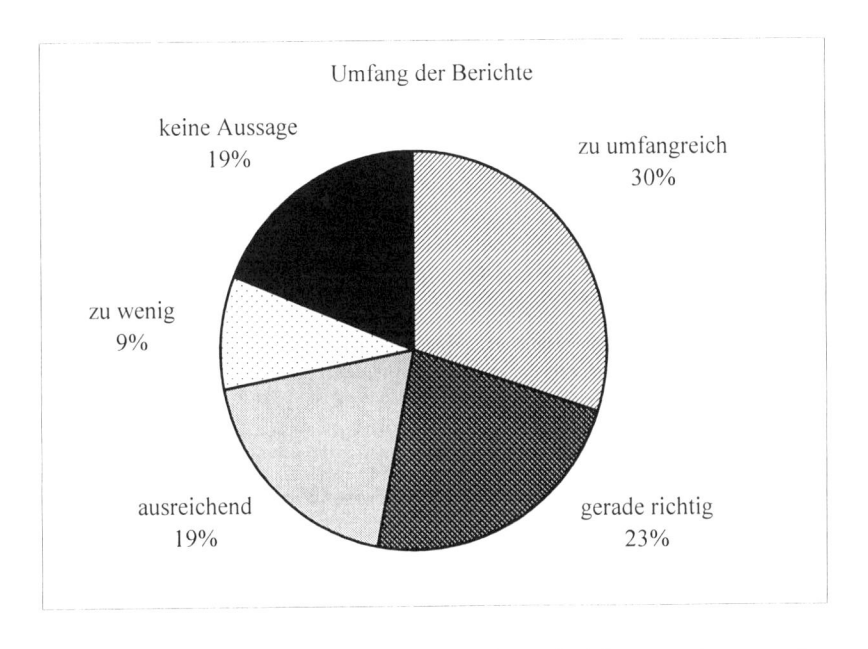

Umfang der Berichte

- keine Aussage 19%
- zu umfangreich 30%
- zu wenig 9%
- ausreichend 19%
- gerade richtig 23%

Die Berichtsstruktur krankt demnach überwiegend nicht an zu knapp gefassten Berichten, sondern sie werden eher als zu umfangreich empfunden. Die Befragten wünschen sich dabei eine Verdichtung der Berichte und eine Konzentration auf entscheidungsrelevante Daten. In einigen Fällen wurden die derzeit umfangreichen Berichte auch mit dem Wunsch von Ratsmitgliedern nach Detailinformationen begründet. Es ist Aufgabe der Verwaltungsreform hier das richtige Maß zu finden. Dass die Veränderungsprozesse im Berichtswesen zu Erfolgen im Sinne einer wesentlich höheren Zufriedenheit bei den Ratsmitgliedern führen, beweist eine Verknüpfung der Antworten zu Frage 3.3 (Veränderung im Berichtswesen) und Frage 3.4 (Empfinden der Berichte). Bei Befragten, die Berichte als gerade richtig empfunden haben, wurde zu 90 % auch eine erfolgte Änderung des Berichtswesens im Rahmen der Reform bejaht. Umgekehrt wurde in 63 % der Fragebogen mit zu umfangreich empfundene Berichten noch keine Änderung am Berichtswesen festgestellt. Dies bestätigt die Aussage, wonach bisher in der Mehrzahl die Konzentration auf entscheidungsrelevante Daten noch fehlt.

Eine Reduzierung des Datenumfangs ist jedoch mit vielen Schwierigkeiten verbunden. Es besteht gerade auf Seiten der Politik die Befürchtung, dass mit einer Aggregation und Auswahl der Informationen durch die Verwaltung, politische Entscheidungen entsprechend beeinflusst werden können.[489] Offenbar überwiegt bei den Ratsmitgliedern der Verdacht, die Informationen der Verwaltung seien nicht tendenzfrei.[490] Die Praxis zeigt auch, dass es Fälle gibt, bei denen sich die Verwaltung auf eine bestimmte Zielsetzung festgelegt hat und Informationen systematisch danach auswählt, ob sie geeignet sind, das erklärte Ziel zu stützen oder in Frage zu stellen.[491] In Gesprächen mit Ratsmitgliedern trat dieses Misstrauen gegenüber der Verwaltung durch beispielhafte Aussagen deutlich hervor: „Ein Stadtrat muss überhaupt froh sein, Informationen zu bekommen. Die Informationen sind dann aufbereitet und frisiert." „Durch von der Verwaltung aufbereitete, gefilterte und verdichtete Informationen kann die Verwaltung steuern und verschleiern." Infolgedessen wünschen viele Ratsmitglieder eine möglichst weitreichende Information, was jedoch den Zeitaufwand für die Politiker immens steigern würde. Es kommt einer Quadratur des Kreises gleich, den Wunsch nach Konzentration auf entscheidungsrelevante Daten und zugleich ein umfassendes, bis ins Detail reichendes Informationsbedürfnis zu befriedigen.

Diese Problematik wird nun an einem Beispiel an der Landeshauptstadt München erläutert. Im 1994 gefassten Grundsatzbeschluss zur Aufgaben- und Verwaltungsreform liest man folgende Passage: „Um Informationslücken einerseits und eine Informationsüberflutung andererseits zu vermeiden, muss sehr viel Wert auf die Auswahl der wesentlichen Informationen und deren Verdichtung auf den verschiedenen Stufen der Berichtspyramide gelegt werden."[492] Vier Jahre später im so genannten Umsetzungsbeschluss ist von einer Verdichtung keine Rede mehr, vielmehr werden Berichte auf Produktebene gefordert.[493] Die Konkretisierung des Berichtswesens erfolgte durch Stadtratsbeschluss im Oktober 1999, wobei auf ausdrücklichen Wunsch aller Fraktionen bei der Berichterstattung an den Stadtrat keine Verdichtung auf Produktbereiche erfolgen soll, sondern kleinräumige, auf das einzelne Produkt bezogene Berichte zur Verfügung gestellt werden sollen.[494] Bei bisher vorgesehenen ca. 4.000 Produkten und einem je zweiseitigen Bericht werden die Stadträte in einer Papierflut versinken. Die Folge davon könnte jedoch auch sein, dass Produkte umfassender definiert werden und sich dadurch die Pro-

---

489 Potthast 1996 b, S. 453 - 457 (456)
490 Simon 1988, S. 51; KGSt 1996, Politikerhandbuch, S. 5
491 Potthast 1996 b, S. 435 - 457 (456)
492 Beschluss des Stadtrates der Landeshauptstadt München vom 02.03.1994 zur Aufgaben - und Verwaltungsreform, S. 50
493 Beschluss des Stadtrates der Landeshauptstadt München vom 18.03.1998 zur stadtweiten Umsetzung des Neuen Steuerungsmodells, S. 70
494 Beschluss des Stadtrates der Landeshauptstadt München vom 27.10.1999

duktzahl verkleinert, was wiederum unter Umständen zu einem Verlust an steuerungsrelevanten Informationen führen könnte.

Hintergrund ist auch hier wieder das bestehende Misstrauen gegenüber der Verwaltung, die ja etwas vertuschen könnte oder einer anderen Fraktion umfangreichere Informationen zur Verfügung stellen könnte.[495] Diese Misstrauenskultur ist nur zu durchbrechen, wenn sichergestellt ist, dass Qualität und Quantität der Informationen für alle Fraktionen bzw. Ratsmitglieder gleich sind.[496] Deshalb müssen die Informationsvorsprünge der Mehrheitsfraktionen aus informellen Quellen durch parteinahe Verwaltungsmitarbeiterinnen und –mitarbeiter abgebaut werden. Es darf nicht mehr ein Herrschaftswissen einzelner Fraktionen geben.[497] Durch das Berichtswesen muss das Informationsniveau aller Ratsmitglieder verbessert werden. Die Verwaltung selbst darf keine Anhaltspunkte für Zweifel an der Qualität und Glaubwürdigkeit der Informationen liefern. Bei Bedarf muss sie sich wie ein „offenes Buch" präsentieren können. Eine Blockade der politischen Ebene als Schutz vor Kontrolle darf es nicht geben.

Die anzustrebende Verdichtungsstärke hängt dabei, wie auch bereits bei der Zieldefinition ausgeführt, stark von der Gemeindegröße und den sich daraus ergebenden Aufgaben ab. Einen einheitlichen Maßstab anlegen zu wollen wäre hier nicht zielführend. Insgesamt geht es jedoch bei der Einführung des Neuen Steuerungsmodells in erster Linie nicht um weniger oder mehr Informationen für den Rat, sondern um die richtige, die steuerungsrelevante Information. Diese besteht weder aus einer Anhäufung von Einzelheiten, noch ist es ein Kurzbericht voller Abstraktheiten.[498]

Welche ist nun die richtige steuerungsrelevante Information? Die Schwierigkeit bei der Selektion der Informationen besteht auch darin, dass es kaum artikulierte konkrete Nutzerbedürfnisse gibt. Eine aktive Mitgestaltung der Politik am Berichtswesen unterblieb bisher überwiegend. Wie eine Stadträtin der Landeshauptstadt München dazu erklärte, fühlt sich der Stadtrat bei dieser Aufgabe überfordert. Die Verwaltung muss sich die schwierige Frage stellen, wie sie ihre Erkenntnisse für den Stadtrat entsprechend aufbereitet bzw. muss sich adressatenorientierte Auswahlkriterien erarbeiten. Grundsätzlich sind Berichte nur steuerungsrelevant, wenn sie mit Wertungen versehen sind oder solche zumindest ermöglichen (z. B durch entsprechende Bezugsgrößen). Des Weiteren müssen Alternativen beschrieben sowie Abweichungen und Unterschiede sichtbar aufgeführt werden.[499] Außerdem ist die Dar-

---

495 Hill 1997a, S. 23 - 31 (25)
496 Mohnen-Belau/Bruns 1996, S. 234 - 239 (237)
497 Henneke 1997 a, S. 1 - 9 (8)
498 Hill 1997 b, S. 33
499 Hill 1997 b, S. 96

stellung von Kostenüberschreitungen und die Bezeichnung der Neben- oder Folgewirkungen unabdingbarer Inhalt der Berichte.[500]

In diesen Prämissen liegt ein gewisses Gefahrenpotential, nämlich der nahezu magische Glaube an den Aussagewert der reinen Zahl.[501] Es kristallisiert sich – auch als Folge der entsprechenden Zielsetzungen – eine Diktatur des Messbaren[502] heraus, in der das Quantitative leicht gegenüber dem Qualitativen die Oberhand gewinnt. Bei der Abbildung der Leistungen der Kommunalverwaltung geht es nicht nur um quantitative Darstellungen, also nicht nur darum, zu welchen Prozentsatz und mit welchen Mitteln die Leistungen erbracht worden ist, sondern auch darum, in welcher Qualität sie beim Bürger ankommen.[503] Was nützt eine mengenmäßige Erfüllung, wenn Zufriedenheit und Akzeptanz darunter leiden. Es steht dabei außer Frage, dass die Quantität mittels Kennzahlen leichter festzustellen ist, als die Qualität. Man denke hier nur an den Schulbereich und die Bewertung eines guten Unterrichts. Sinnvollerweise wird man sich entsprechend der Zielsetzung an diese Problematik mit Hilfe mehrerer Indikatoren herantasten.

Für die politische Steuerung bedarf es nicht nur qualitativer Indikatoren, sondern auch der Entwicklung spezieller politischer Indikatoren. Diese enthalten insbesondere Aspekte, die die langfristige Entwicklung der Kommune betreffen und damit Unterschiede in den politischen Gewichtungen der Fraktionen zulassen.[504] Aus der alleinigen Betrachtung der Wirtschaftlichkeit wird nicht deutlich, ob nun die realisierten Ergebnisse, wie geplant, einen Beitrag zur Erreichung der anvisierten politischen Ziele liefern.[505] Für die Bestimmung der Effektivität ist es notwendig, auch die Wirkungen von öffentlichen Leistungen auf die Bürgerinnen und Bürger zu erfassen (= outcome) und sie mit den Zielvorgaben zu vergleichen.[506] Eine bestimmte Qualität stellt dabei einen Indikator für den outcome dar. An diese Idealvorstellung der Ausgestaltung des Berichtswesens muss sich langsam herangetastet werden. Einen nicht zu unterschätzenden Problempunkt stellt die Aktualität der Daten dar. Für eine wirksame Steuerung genügt es nicht, nur Informationen aus dem vergangenen Jahr zu analysieren. Das Datenmaterial für das laufende Jahr muss zeitgerecht verfügbar sein, um Fehlentscheidungen rechtzeitig korrigieren zu können.

---

[500] Mutius von 1996 b, S. 7 - 17(15)
[501] Wallerath 1997 a, S. 1 - 22 (19)
[502] KGSt 1992, Bericht Nr. 19, S. 146
[503] Mutius von 1996 b, S. 7 - 17 (14)
[504] Hill 1998, S. 20 - 22 (22)
[505] Budäus/Buchholtz 1997, S. 322 - 337 (331)
[506] Effektivität = outcome/Zielvorgabe

Betrachtet man die bisher vorliegenden Berichte einiger Kommunen,[507] fällt auf, dass relevante Daten oftmals noch nicht verfügbar sind. Die Gründe liegen überwiegend in einer unzureichenden technischen Ausstattung oder einer noch nicht vorhandenen Kosten-/Leistungsrechnung. Ebenso finden sich kaum Qualitätskennzahlen oder politische Indikatoren. Dagegen werden die vorhandenen quantitativen Daten in einer fast überperfektionistischen Ausführlichkeit dargestellt, die eine neue Berichtsbürokratie befürchten lässt.

Damit das Berichtswesen bei der politischen Steuerung eine entscheidende Rolle spielen kann, muss es nicht nur aussagekräftige Daten enthalten, sondern die politischen Gremien müssen sich auch mit den Berichten befassen. Die Berichte müssen als Hilfsmittel zur Steuerung und Kontrolle der Verwaltung akzeptiert werden. Vielfach vermisst man jedoch eine ernste Beschäftigung mit dem Berichtsinhalt. Nicht selten werden die Berichte im Rat nur wortlos abgesegnet.[508] Es werden offenbar nur die Informationen geschätzt, die zielkonform den eigenen Vorschlag stützen. Entgegengesetzte Informationen werden beiseite gelegt oder erst gar nicht zur Kenntnis genommen.[509] Das bereitgestellte Datenmaterial wird derzeit außerdem nicht immer mit den künftigen Zielsetzungen in Verbindung gebracht, sondern als reine Kontrollmöglichkeit der Verwaltung gesehen. Regelmäßige kleinräumige Berichte leisten einer Einmischung in den Verwaltungsvollzug Vorschub und können deshalb nicht im Sinne des Neuen Steuerungsmodells sein. Dies soll aber nicht heißen, dass bei aktuellem Bedarf der Politik keine Auskunft über Details gegeben werden soll. Die Gemeindevertretung verliert einen erheblichen Teil ihres politischen Einflusses gegenüber dem Verwaltungsapparat, wenn sie nur auf regelmäßige aggregierte Berichte angewiesen ist, anstatt das „Damoklesschwert"[510] der unmittelbaren Kontrollnachfrage über der Verwaltung zu halten. Wichtig ist jedoch, dass sich derartige aktuelle Einzelberichte nicht zur Routine entwickeln. Sie müssen auf den begründeten Sonderfall beschränkt sein. In diesem Sinne sollte auch das in der Gemeindeordnung verankerte umfassende Kontrollrecht verstanden werden.

Die dokumentierte Kontrolle der Leistungserbringung und die Transparenz der Zielerreichung erzwingen oftmals ungewohnte und unangenehme Diskussionen sowie Begründungszwänge[511] seitens der Politik und der Verwaltung. Aus diesen Gründen kann sich die Konstellation ergeben, dass der Rat zwar detailgenaue Berichte fordert, sich aber dann mit diesen Informationen nicht genügend auseinandersetzt und selbst keine Konsequenzen zieht.

---

507 z.B. Landeshauptstadt München, Landeshauptstadt Stuttgart, Stadt Wuppertal
508 Mutius von 1996 b, S. 7 - 17 (14)
509 Potthast 1996 b, S. 453 - 457 (456)
510 Wollmann 1996, S. 1 - 49 (42)
511 Banner 1997, S. 125 - 137 (133); Rürop 1995, S. 3 - 10 (5)

Der Zweck eines Berichtswesens wäre dadurch verfehlt. Genau wie die Verwaltung in der Aufbereitung der Informationen für die politischen Gremien erst der Übung bedarf, müssen die Politikerinnen und Politiker den effizienten Umgang mit dem Datenmaterial erlernen.[512] Die Zunahme der Komplexität kommunaler Entscheidungsprozesse bringt es mit sich, dass viele Ratsmitglieder nicht mehr in der Lage sind, die gesamte Bandbreite kommunalpolitischer Entscheidungen nach bisherigen Muster auch nur annähernd nachzuvollziehen. Eine Folge davon ist die Herausbildung von Spezialistinnen und Spezialisten in der Fraktion.[513] Diese fachspezifische Kompetenz ist bei der Kontrolle der Verwaltung bis ins Detail erforderlich. Für eine zukünftige strategische Steuerung ist jedoch zunehmend ein anderer Politikertyp gefragt. Hier sind der Gesamtüberblick sowie globales und strategisches Denken äußerst wichtig.[514] Die Politikerinnen und Politiker sollen sich dabei zukünftig vertrauensvoll auf das in der Verwaltung angesiedelte Fachwissen stützen können.

Das Anforderungsprofil an ein Ratsmitglied wird sich mit der Zeit den Veränderungen anpassen und sich mehr in Richtung Managementqualitäten entwickeln. Entsprechend lautete auch das Ergebnis der Frage Nr. 4.5 des Fragebogens nach der Änderung des Anforderungsprofils an ein Ratsmitglied wie folgt: 49 % der Fragebogen bejahten bereits eine Änderung, ebenfalls 49 % verneinten zwar eine bereits erfolgte Änderung, wobei hier der Großteil einen Wandel in Zukunft erwartet.[515] Die Begründungen zielten fast ausschließlich in Richtung Managementqualifikationen. Nur auf dieser Basis ist in Zukunft eine Auseinandersetzung und ein entsprechender Umgang mit dem Datenmaterial möglich. Neben diesen fachlichen Qualifikationen spielen in der Lokalpolitik jedoch weiterhin charakterliche Eigenschaften der zentralen Akteure, wie zum Beispiel ein besonderes „politisches" Fingerspitzengefühl[516] und ein gesunder Menschenverstand,[517] eine gewichtige Rolle. Es ist unrealistisch anzunehmen, dass dieser neue Typus von „Kreativ"- Politikerinnen und -Politiker oder Politikmanagern in nächster Zeit das Übergewicht in den Rathäusern bilden wird. Dagegen sprechen die gängigen Rekrutierungsmuster in den Parteien[518] und die Wiederwahlinteressen der „alten" Mandatsträgerinnen und Mandatsträger. Es kann sich nur um einen längerfristigen Wandel in der Politlandschaft handeln. Aus diesem Grund ist die Nachquali-

---

512 Banner 1997, S. 125 - 137 (133); Rürop 1995, S. 3 - 10 (5)
513 Jannig 1996, S. 152 - 168 (154)
514 Hans-Böckler-Stiftung 1996, S. 52
515 Siehe differenzierte Auswertung Anhang 2
516 Voigt 1992, S. 3 - 12 (9)
517 Mielke 1994, S. 82; Fruth 1989, S. 31
518 Hans-Böckler-Stiftung 1996, S. 52

fizierung der Ratsmitglieder bezüglich der Zielsetzung des Neuen Steuerungsmodells eine vordringliche Aufgabe.[519]

Der Umfang der aktuellen Daten und deren Berücksichtigung bei Entscheidungen bringt es mit sich, dass auch die Kommunalpolitikerinnen und Kommunalpolitiker an ein EDV-gestütztes Informationssystem angeschlossen werden müssen. Idealerweise werden die Ratsmitglieder mit Laptops ausgestattet, die einen geregelten Zugriff auf das städtische Datennetz erlauben und die Kommunikation erleichtern. Vorreiter in dieser Beziehung ist die Landeshauptstadt Stuttgart mit dem Projekt „CUPARLA" (Computerunterstützung der Parlamentsarbeit), welches sich bereits seit 1997 im Effektivbetrieb befindet. Die Landeshauptstadt München konzipiert ebenfalls ein elektronisches Ratsinformationssystem (RIS). In München sind beispielsweise wie in Stuttgart alle Räte[520] mit Laptops ausgestattet. Zwei Problempunkte ergeben sich dabei. Erstens müssen die Politikerinnen und Politiker zur EDV-Benützung befähigt werden und auch dazu willens sein. Zweitens sollte mittels dieser Technik auch wirklich ein Zugriff auf alle Arten von Berichten – nicht nur auf Telefonverzeichnis, Tagesordnungen etc. – möglich sein. Hier blockiert jedoch vielfach die Verwaltung, die eine „gläserne Verwaltung" und ein zu großes „Hineinregieren" seitens der Politik befürchtet. Nur durch den Abruf der aktuellen Berichte erfüllt dieses Instrument seinen Zweck. Hinzu muss der Zugriff auf eine laufende Übersicht bezüglich des Standes der Bearbeitung der Ratsaufträge kommen. Diese systematische Verfolgung wirkt dem latenten Misstrauen gegenüber der Verwaltung entgegen.[521] Die Politik muss jedoch am Ende selbst bestimmen, ob und wie die Datenverarbeitung zu nutzen ist.[522]

Eine objektive Kontrolle der Verwaltung im Sinne des Neuen Steuerungsmodells ist weiter nur dann möglich, wenn von politischer Seite eine gewisse Distanz zur Verwaltung gehalten wird.[523] Zum einen lassen sich Parteifreunde in der Verwaltung, die einen engen Kontakt zu den Ratsmitgliedern bei der Vorbereitung der Entscheidungen pflegen, schwerlich kontrollieren und kritisieren. Zum anderen schränkt die politische Vertretung ihre Kontrollmöglichkeiten ein, wenn sie über alle Einzelangelegenheiten selbst entscheidet.[524] Wenn sich Politikerinnen und Politiker regelmäßig ins operative Management einmischen, werden die Verantwortlichkeiten verwischt, und die

---

519 Brandel u. a. 1999, S. 35
520 mit jeweils einer Ausnahme. Diese Ratsmitglieder wollten keine Benutzung eines Laptops
521 Brandel u. a. 1999, S. 61
522 KGSt 1999, Das Neue Politikerhandbuch, S. 117
523 Bertelsmann-Stiftung 1995, S. 80
524 Petzold 1997, S. 20 - 22 (22)

Verwaltung kann die Schuld für Leistungsdefizite leichter auf die Ratsmitglieder schieben.[525]

In diesem Zusammenhang sind auch die Rechte und Pflichten der Korreferentinnen und Korreferenten sowie der Verwaltungsbeiräte bei der Landeshauptstadt München[526] auf die Vereinbarkeit mit dem Neuen Steuerungsmodell zu überprüfen. Korreferentinnen/Korreferenten und Verwaltungsbeiräte sollen die berufsmäßigen Stadtratsmitglieder (Referatsleitungen) unterstützen und beraten. Sie haben ein umfassendes Recht auf Unterrichtung und Anhörung.[527] Ihnen steht somit ein ständiges Kontrollrecht in ihrem vom Stadtrat zugewiesenen Aufgabenbereich zu. Dieses Konstrukt fördert die Fachkompetenz einiger weniger Ratsmitglieder und damit das Spezialistentum. Übergreifendes strategisches Denken läuft dadurch Gefahr, vernachlässigt zu werden. Durch den ständigen engen Kontakt mit der Referatsleitung und den bevorrechtigten Zugang zu allen Informationen werden einer Detailbefassung und -kontrolle alle Türen geöffnet. Des Weiteren wird der Grundsatz „gleiche Informationen für alle" unterlaufen, da durch die Tätigkeit als Korreferentin/Korreferent oder Verwaltungsbeirat dem betreffenden Ratsmitglied und infolgedessen der jeweiligen Fraktion mehr Informationen und vor allem zu einem früheren Zeitpunkt als anderen Fraktionen zur Verfügung stehen. Dies fördert zwar die wechselseitigen Beziehungen zwischen der begünstigten Fraktion und dem betreffenden berufsmäßigen Stadtratsmitglied, vor allem wenn es sich um die gleiche Parteizugehörigkeit handelt. Gerade bei verschiedener Couleur kann dies jedoch zu einer reinen Einzelkontrolltätigkeit führen. Es ist außerdem fraglich, ob der gesamte Rat von dieser Aufgabenwahrnehmung profitiert. Im Zuge der Einführung des Neuen Steuerungsmodells bei der Landeshauptstadt München sollte deshalb die Tätigkeit von Korreferentinnen/Korreferenten und Verwaltungsbeiräten kritisch hinterfragt werden.

4.5 Entlastungseffekt für Ratsmitglieder durch das Neue Steuerungsmodell?

Viele Kommunalpolitikerinnen und Kommunalpolitiker sehen ihren Arbeitsinput vor allem auch im Vergleich zum Ergebnis ihrer Tätigkeit als zu

---

525 Bertelsmann-Stiftung 1995, S. 78
526 s. o. 2.2.2.2
527 vgl. § 15 GeschO des Stadtrates der Landeshauptstadt München

hoch an.[528] Das Arbeitspensum im Jahresdurchschnitt übersteigt oft weit den Zeitaufwand für eine Halbtagesbeschäftigung.[529] Sie erwarten sich vom Neuen Steuerungsmodell eine Verringerung ihrer Arbeitsbelastung. Wie jedoch sieht in diesem Punkt die Wirklichkeit in den Kommunen aus? Frage 4.3 des Fragebogens „Hat sich die Arbeitsbelastung als Mandatsträger durch die Verwaltungsreform geändert?" versucht darüber Auskunft zu geben.

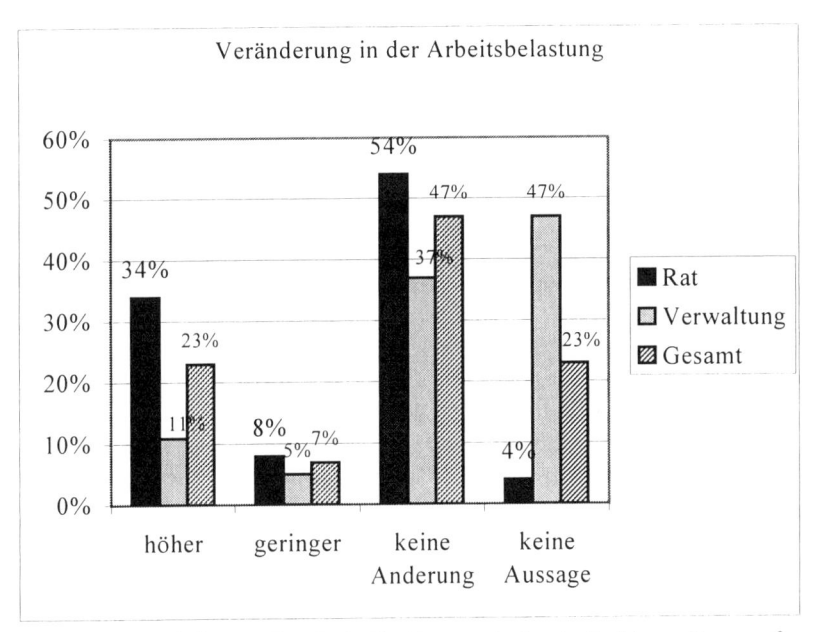

Veränderung in der Arbeitsbelastung

	höher	geringer	keine Änderung	keine Aussage
Rat	34%	8%	54%	4%
Verwaltung	11%	5%	37%	47%
Gesamt	23%	7%	47%	23%

Es stellt sich bei diesem Ergebnis die Frage, ob durch die Verwaltungsreform überhaupt spürbare zeitliche Entlastungen für die Ratsmitglieder erzielt werden können, oder ob dieser gewünschte Effekt aufgrund des geringen Reformfortschritts nur noch nicht bei den befragten Kommunen in dem erforderlichen Maße in Erscheinung getreten ist.

Wie bereits festgestellt wurde, liegt der Modernisierungsschwerpunkt bisher eindeutig im Bereich der Binnensteuerung der Verwaltung und bei der Einführung betriebswirtschaftlicher Elemente.[530] Reformen im Bereich der Ratsstruktur sowie bei der Arbeitsweise der Politikerinnen und Politiker werden noch nicht mit der notwendigen Priorität behandelt. Dies lässt sich auch aus dem Ergebnis der Frage 4.1 des Fragebogens entnehmen. Auf die Frage:

---

528 Hill 1997 a, S. 23 - 31 (23)
529 Fruth 1989, S. 25
530 s. o. 4.1.1

„Hat der Reformprozess bereits Auswirkungen auf die Organisation des Rates mit sich gebracht?" antworteten nur 28 % der Befragten mit „ja", 65 % der Befragten jedoch mit „nein".[531] Diese Frage zielte insbesondere auf eine bereits erfolgte Reduzierung der Gremien. Eine Verringerung der Zahl der Ausschüsse und der sonstigen Kommissionen würde zu einer geringeren Anzahl von Sitzungen und dadurch auch zu einer niedrigeren Arbeitsbelastung führen. In diesem Punkt ist die Reform leider noch nicht sehr fortgeschritten. Eine Reduzierung von Gremien gestaltet sich in der Regel immer schwierig, da dies mit einem Wegfall von Posten verbunden ist und somit wieder die persönliche Machtfrage der Mandatsträgerinnen und Mandatsträger berührt wird. Organisatorische Veränderungen im Bereich des Rates werden deshalb vielfach an den Schluss der Reformen gestellt.

Des Weiteren hat der Arbeitsablauf Auswirkungen auf die Arbeitsbelastung der Ratssitzungen. Frage 4.2 des Fragebogens zielte deshalb auf die Veränderungen bei den Ratssitzungen. Auch hier konnte die Mehrheit der Befragten keine Änderungen in den Bereichen Anzahl der Sitzungen (58 %), Dauer der Sitzungen (51 %) und Anzahl der Tagesordnungspunkte (54 %) feststellen. Nur ein geringer Prozentsatz der Befragten konnte einen Entlastungseffekt erkennen (Reduzierung der Sitzungen 25 %, Verringerung der Sitzungsdauer 26 %, Verringerung der Tagesordnungspunkte 16 %). Auf Seiten der Ratsmitglieder wurden sogar teilweise längere Sitzungen (13 %) und mehr Tagesordnungspunkte (29 %) beobachtet.[532] Dieses Ergebnis hat sicherlich zwei Ursachen. Zum einen ist die zeitsparende „Steuerung auf Abstand" noch nicht verwirklicht. Zum anderen gibt es gerade in der Umsetzungsphase des Neuen Steuerungsmodells einen erhöhten Informations- und Diskussionsbedarf. Der Reformprozess muss koordiniert werden, und die Beteiligung daran ist zeitintensiv. Mit der neuen Materie, und sei es die veränderte Berichtsstruktur, gilt es sich erst vertraut zu machen.

Dies führt in der Gesamtheit dazu, dass die Arbeitsbelastung der Kommunalpolitikerinnen und Kommunalpolitiker noch nicht gesunken ist, sondern sich teilweise sogar noch erhöht hat. Es sollte sich dabei jedoch nur um ein vorübergehendes Problem während der Umbruchphase handeln.

---

531 siehe differenzierte Auswertung Anhang 2
532 siehe differenzierte Auswertung Anhang 2

5 Neues Steuerungsmodell – Chance für die Kommunalpolitik

5.1 Kommunalpolitik zwischen exekutiver Führerschaft und legislatorischer Programmsteuerung

Die Realität in den deutschen Kommunalverwaltungen ist, wie bereits ausführlich beschrieben, geprägt von einer starken Administration. Zielsetzungen und die Festlegung von Prioritäten werden von der Verwaltung vorbereitet und maßgeblich beeinflusst. Ebenso werden politische Innovationen meistens von der Verwaltungsspitze angeregt.[533] Die entscheidenden Weichenstellungen fallen somit überwiegend im „vorparlamentarischen" Raum. Begünstigt wird diese Konstellation bisher durch ein Netzwerk von zentralen Akteuren auf Seiten der Verwaltung wie der Politik. Die Verwaltung wurde immer mehr zur entscheidenden Instanz auch im politischen Prozess.[534] Der Rat mutierte dagegen zum Beratungsgremium oder sogar zum Akklamationsorgan für die Initiativen der Verwaltung.[535] Man spricht deshalb oftmals von einer „exekutiven Führerschaft" im Bereich der Kommunalverwaltung mit der Gefahr einer Entpolitisierung lokaler Politik.[536] Damit soll jedoch nicht gesagt sein, dass die so beschriebene reale Machtverteilung in jeder Stadt gleich intensiv ausgeprägt ist. Maßgeblich für die Ausgestaltung der jeweiligen Entscheidungsstruktur sind lokale Besonderheiten der politischen Kultur und hier insbesondere die jeweilige Rolle der Fraktionen.[537]

Allgemein erscheint jedoch derzeit das labile Machtgleichgewicht zwischen Rat und Verwaltung gestört. Die Waage hat sich zu sehr auf die Seite der Verwaltung geneigt.[538] Es gilt nun den Rat zu stärken und ihn wieder zu dem befähigen, was alle Kommunalverfassungen intendieren, nämlich zur „legislatorischen Programmsteuerung".[539] Die Willensbildung vollzieht sich in diesem Modell im Rat, der Verwaltung kommt dagegen die Willensausführung zu.[540]

---

533 Holler/Naßmacher 1976, S. 141 - 181 (158)
534 s.o. 4.1.2
535 Voigt 1992, S. 3 - 12 (4)
536 Frey 1984, S. 104 - 107 (106)
537 Voigt 1992, S. 3 - 12 (11); Kodolitsch von 1996, S. 169 - 181 (176)
538 s.o. 4.1.2
539 Kodolitsch von 1996, S. 169 - 181 (176)
540 Holler/Naßmacher 1976, S. 141 - 181 (149)

Die Grundkomponente der „legislatorischen Programmsteuerung" entspricht den Intentionen des Neuen Steuerungsmodells. Durch die Reform soll der Rat befähigt werden, sich auf seine Richtlinien- und Kontrollfunktion zu konzentrieren. Der Idealtypus einer „legislatorischen Programmsteuerung", das City-Management-Modell mit einem unpolitischen „City-Manager" an der Spitze der Verwaltung, der – bis auf den Wahlvorgang – mit dem Rat institutionell nicht verbunden ist[541], wird jedoch auch von den Protagonisten des Neuen Steuerungsmodells nicht angepeilt.[542] Mit einem durch Urwahl direkt demokratisch legitimierten Bürgermeister als Verwaltungschef scheint die Reinform des City-Management-Modell in der Bundesrepublik Deutschland unrealistisch. Vielmehr gilt es, das bestehende Mit- und Gegeneinander von Politik und Verwaltung neu auszubalancieren und damit eine Stärkung des Rates im Modell „exekutive Führerschaft" herbeizuführen.[543] Das Neue Steuerungsmodell nimmt dieses Ziel für sich in Anspruch und bietet dafür ein geeignetes Instrumentarium, wie noch weiter ausgeführt wird. Die dadurch beabsichtigte Stärkung des Rates und damit die Hervorhebung der politischen Komponente ist jedoch, wie sich im Laufe der Umsetzung des Neuen Steuerungsmodells herausgestellt hat, an bestimmte Voraussetzungen gebunden, die im Folgenden kurz zusammengestellt werden.

5.2 Voraussetzungen für eine Stärkung des Politischen im Reformprozess

5.2.1 Breiter Grundkonsens im Rat

Positive Auswirkungen auf die Kommunalpolitik im Sinne einer Stärkung der Position des Rates basieren nicht alleine auf einer Reform der Verwaltungsabläufe. Jede umfassend angelegte Modernisierung der öffentlichen Verwaltung muss stets zugleich eine Politikreform enthalten.[544] Dies gelingt jedoch nur, wenn die politischen Verantwortlichen – auf Kommunalebene in erster Linie die Ratsmitglieder – Mitträger der Reform werden. Reichard stellt dazu fest: „Der klare und entschiedene politische Reformwille ist „die" wichtigste Erfolgsvoraussetzung überhaupt".[545] Die Überzeugtheit von der Reformidee

---

541 Voigt 1992, S. 3 - 12 (4)
542 Das Modell des angestellten City-Managers liegt der mit Verwaltungsreformpreisen versehenen USamerikanischen Stadt Phönix zu Grunde.
543 Wallerath 1998, S. 53 - 59 (56)
544 Wallerath 1998, S. 53 - 59 (53)
545 Reichard 1996, S. 241 - 274 (260)

müsste die Politik nach innen und außen vermitteln.[546] Die „neue" Hauptaufgabe der Politik, die strategische Steuerung und das Zurückdrängen einer Detailsteuerung sollten durch eine entsprechende Öffentlichkeitsarbeit bekannt gemacht werden. Nur so ist mit der Zeit eine veränderte Erwartungshaltung bei den Bürgerinnen und Bürgern und dadurch eine höhere Akzeptanz der Reform bei den Ratsmitgliedern zu erreichen. Ein breiter Grundkonsens zwischen den Politikerinnen und Politikern und auch zwischen Rat und Verwaltung bezüglich der Notwendigkeit der Reform und ihrer wichtigsten Schritte[547] wirkt den nicht zu leugnenden Beharrungskräften entgegen. Der generellen Veränderungsangst und der Furcht vor Aufgabe bewährter Handlungsroutinen kann durch eine konstruktive Zusammenarbeit aller Beteiligten und der gemeinsamen Erarbeitung einer überzeugenden Reformstrategie im Sinne eines Positivsummenspiels[548] für alle Seiten begegnet werden.

Die Akzeptanz der Reform gerade auf politischer Seite stellt sich nicht von selbst ein. Ein Wechsel in der Schwerpunktsetzung der Politik hin zu einer strategischen Steuerung und ein dadurch notwendiger Rollenwechsel der Politikerinnen und Politiker ist weder selbstverständlich noch ist er von der Interessenlage her naheliegend.[549] Die subjektive Perzeption und die Mentalität der Ratsmitglieder sind zu berücksichtigen. Es erweckt nur Misstrauen, wenn von Verwaltungsseite her gefordert wird, die Politik möge doch nun die Detaileinmischung künftig unterlassen. Der bessere Weg ist, gemeinsam einen neuen Verfahrensweg zu finden und auf langsame Trendänderung hinzuwirken, ohne die politische Seite vor den Kopf zu stoßen.

Die Stellung demokratisch legitimierter, ehrenamtlicher Volksvertreterinnen und Volksvertreter weicht erheblich von in der Privatwirtschaft tätigen Aufsichtsratsmitgliedern ab[550], was jedoch fälschlicherweise oft mit dem Schlagwort „Konzern Stadt" versucht wird zu implizieren. So sind Aufsichtsratsmitglieder überwiegend der Gewinnmaximierung verpflichtet und haben eine gesetzlich definierte andere Aufgabenzuteilung als Ratsmitglieder. Letztere sind die von den Bürgerinnen und Bürgern gewählten Volksvertreter mit weitreichenden Kompetenzen[551] und dem Gemeinwohl verpflichtet. Grundsätzlich verfolgt deshalb ein Ratsmitglied persönlich andere Ziele als ein Aufsichtsrat.[552] Er vertritt die Interessen der Bürgerschaft und denkt auch an seine Wiederwahl.

---

546 Jann 1998, S. 41 - 57 (45)
547 Lang 1996, S. 13 - 47 (27); Weise 1996, S. 15
548 Naschold 1995, S. 222
549 siehe ausführlich oben 4.2 und 4.3
550 Fiedler 1996, S. 113 - 134 (133)
551 s.o. 2.2.2.2
552 KGSt 1992, Bericht Nr. 19, S. 147

Eine tiefgreifende Reform verlangt einen langen Atem, der auch über eine Wahlperiode hinausreichen muss. Fiedler charakterisiert den Modernisierungsprozess treffend mit folgenden Schlagwörtern: nicht „Reform als Revolution", sondern „Management by Marathon"[553]. Der Aufbau einer neuen Vertrauenskultur und einer veränderten Aufgabenstellung im Sinne des Neuen Steuerungsmodells geschieht nur im Wege eines längerfristigen Lernprozesses. Die Verankerung einer strategischen Steuerung des Rates setzt deshalb möglichst verlässliche politische Bedingungen, wie stabile Mehrheiten, voraus[554]. Nur so ist ein kontinuierlicher Modernisierungsprozess und eine konsequente strategische Zielbildung möglich. Leichter erreichbar ist dieses Erfolgskriterium durch einen breiten Konsens bezüglich der Notwendigkeit und der Kernpunkte der Verwaltungsreform über alle Fraktionen und Gruppierungen hinweg bereits bei der Einführung der Instrumente des Neuen Steuerungsmodells.

Die allgemeine Akzeptanz einer Veränderung wird in der Regel durch Promotoren erhöht, die die Reformschritte überzeugend vertreten. Was nützt die Einführung des Neuen Steuerungsmodells, wenn der oberste Verwaltungschef nicht dahintersteht und die ganze Sache äußerst skeptisch beurteilt! Günstigstenfalls sollten auf jeder Seite geeignete Personen mit Charisma stehen, die den Reformprozess aktiv betreiben, motivieren können und entsprechend öffentlichkeitswirksam agieren. Wertvolle Hilfestellung wird dabei oftmals von externen Beratungen geleistet. Ein optimaler Berater kann als neutraler Beobachter, Ideengeber oder Moderator wichtige Impulse geben, wenn der Prozess ins Stocken geraten ist.[555] Vielfach wird Außenstehenden eher geglaubt, als eigenen Fachkräften. Bestätigt wird dies durch Aussagen zur Frage Nr. 1.4 (Treibende Kräfte) im Fragebogen. Die Hilfe externer Berater wird als äußerst förderlich und unterstützend angesehen. „Erst mit Hilfe von außen geht es tatsächlich voran". „ Der externe Berater erwies sich als sehr produktiv, treibend und stützend".[556]

5.2.2 Vorleistungen der Verwaltung

Die Kommunalpolitikerinnen und Kommunalpolitiker werden die Einflussmöglichkeiten, die sie heute im Bereich des Verwaltungsvollzuges haben, nur im Austausch gegen bessere Steuerungsmöglichkeiten aus der Hand geben. Den Ratsmitgliedern müssen deshalb verhaltensändernde Anreize geboten

---

553 Fiedler 1996, S. 113 - 134 (133)
554 Mäding 1997, S. 98 - 104 (103)
555 Bruns/Mohnen 1999, S. 2 - 10 (3)
556 Aussage im Fragebogen zu Frage Nr. 1.4

werden.[557] Die Beteiligten müssen für sich selbst einen persönlichen Erfolg erkennen, sei es in einer besseren Information, einer konkreteren Zielplanung, einer erfolgreichen Bürgervertretung oder einfach in einem geringeren Zeitaufwand.

Die Verwaltung ist in diesem Bereich gefordert, Vorleistungen zu erbringen. Mehr Transparenz im Handeln der Verwaltung und die Schaffung verbesserter Entscheidungsgrundlagen für die Politik sind der erste gewichtige Schritt im Reformprozess. Der Aufbau eines adäquaten Berichtswesens und die Installierung eines Controllings stellen eine Bringschuld[558] gegenüber der politischen Führung dar. Nur mittels dieser Vorleistungen von Verwaltungsseite kann deutlich gemacht werden, dass das Neue Steuerungsmodell einen Qualitätsgewinn für die Kommunalpolitik und keinen Politikverzicht darstellt.[559]

Die bestehende Misstrauenskultur lässt sich in der Praxis nur durch transparentes Verwaltungshandeln und entsprechende Informationen abbauen. Dies darf jedoch nicht so verstanden werden, dass zuerst die Verwaltung komplett neu strukturiert und das Berichtswesen aufgebaut werden muss, bevor eine Rollenänderung im Rat überhaupt in Angriff genommen werden kann. Dieser Perfektionismus im Verwaltungsbereich würde einer Selbstblockade des Reformprozesses gleich kommen. Es muss sich dagegen um ein Wachsen im Prozess handeln. Es gilt, gleichzeitig die Weichen für eine Neuausrichtung der Verwaltung und der Politik zu stellen. Die Politik soll sich von Anfang an in den Veränderungsprozess mit einbringen und ihn mitgestalten. In der Praxis werden jedoch weiterhin zuerst die Schwerpunkte auf den Informationssektor der Verwaltung gelegt werden mit Blickrichtung auf Qualitätszuwächse für die Politik. Sukzessive wird dann auch die Bereitschaft zu einer Politikreform und zu Verhaltensänderungen im Rat steigen.

Die folgenden Ausführungen zu den Auswirkungen des Neuen Steuerungsmodells auf die Gemeinwohlorientierung der Kommunalpolitik sowie die demokratische Legitimation und die kommunale Selbstverwaltung gehen von einer Umsetzung der Reform unter Beachtung vorstehender Voraussetzungen aus.

---

557 Reichard 1993, S. 3 - 24 (19)
558 Andree 1994, S. 42
559 Potthast 1996 b, S. 453 - 457 (456)

5.3 Einfluss des Neuen Steuerungsmodells auf die Gemeinwohlbestimmung

5.3.1 Ergebnisorientierung

Allgemein formuliert stellt das Gemeinwohl das Ergebnis des politischen Prozesses dar, welcher aus einem Ausgleich und einer Abwägung der divergierenden, individuellen Interessen besteht.[560] In diesem Zusammenhang haben Fragen nach den beabsichtigten und tatsächlichen Wirkungen kommunalen Handelns für eine örtliche Gemeinschaft oberste Priorität. Bisher haben sich jedoch die Kommunen überwiegend auf die zu erbringenden Leistungen konzentriert und die daraus resultierenden Wirkungen und Ergebnisse eher vernachlässigt.[561] Nicht selten wurde beispielsweise der Bau eines Bürgerhauses beschlossen, weil es gerade dafür Landeszuschüsse gab, ohne die sich daraus ergebenden Wirkungen zu berücksichtigen. Der Politik war die dafür notwendige Voraussetzung, die Zielbestimmung, weitgehend fremd. Ebenso wurde das Potential geeigneter Instrumente zur Wirkungsmessung nicht annähernd ausgeschöpft.[562]

Das Neue Steuerungsmodell setzt dagegen einen Akzent auf die Ergebnisorientierung. Ergebnisse sind dabei im Vorfeld der Wirkungen angesiedelt und enger mit dem Output verknüpft, weshalb sie leichter zu beobachten sind.[563] Mit der Ergebnisorientierung eng im Zusammenhang steht die Einführung eines Zielsystems. Ziele entwickeln sich einerseits aus der rekapitulierenden Betrachtung der Ergebnisse und müssen sich andererseits auf beabsichtigte zukünftige Wirkungen und Ergebnisse konzentrieren. Um beim Beispiel Bürgerhaus zu bleiben, interessiert jetzt in erster Linie der Wunsch nach Kommunikation und Geselligkeit der Bürger, das heißt welche Möglichkeiten der Informationsbeschaffung bieten sich an und wie kann ein für das soziale Miteinander erforderliches Gemeinschaftserlebnis geschaffen werden. Dieses Ziel könnte eventuell durch den Bau eines Bürgerhauses am besten erreicht werden.

Das Gemeinwohl wird wesentlich durch die Wirkungen bestimmt, die das kommunale Handeln für die Kommune hat.[564] Eine wertausfüllende Konkretisierung des Gemeinwohls erfolgt durch die Bildung von Zielen. Im Rahmen des Neuen Steuerungsmodells wird nun als Basis für eine strategische Steue-

---

560 s.o. 2.1.1
561 Heinz 2000, S. 99
562 Heinz 2000, S. 100
563 Heinz 2000, S. 100
564 Schmitthals-Ferrari 1999, S. 16 - 17 (17)

rung versucht, diese das Gemeinwohl veranschaulichenden Ziele in Form eines Zielsystem zu operationalisieren und zu ordnen.[565] Debatten im Rat haben dadurch eine neue Qualität. Anhand der beabsichtigten Ergebnisse und Wirkungen werden Zielsetzungen vorgenommen, die in das Zielsystem der betreffenden Kommune integriert werden müssen. Diskussionsgegenstand ist nicht vorrangig die Bereitstellung einer einzelnen Leistung, sondern die damit beabsichtigten Wirkungen auf die Bürgerinnen und Bürger. Mit dieser Blickrichtung auf das Gemeinwohl gibt der Rat der Verwaltung die Art und Qualität der Auftragserfüllung vor. Im Rahmen des Controllings und mit Hilfe des Berichtswesens bekommt der Rat eine Rückkoppelung über die Zufriedenheit der Bürgerinnen und Bürger mit den erbrachten Leistungen/Produkten. Die Politik befasst sich nun direkt mit dem, „wie es in der Bevölkerung ankommt". Die inhaltliche Betrachtungsweise gewinnt an Gewicht. Eine stärker ergebnisorientierte Steuerung erhöht folglich qualitativ die Wirkungschancen der Politik.

5.3.2 *Effektivität und Effizienz*

Im Hinblick auf die inhaltliche Ausgestaltung des Gemeinwohls erscheint außerdem die Forderung nach einer konsequenten Ausrichtung an den Kriterien Effektivität und Effizienz[566] von Bedeutung. Betrachtet man die vier Kernanforderungen[567] an die kommunale Leistungserstellung – die Gemeinwohlorientierung, die Rechtmäßigkeit sowie die Effektivität und Effizienz – näher, so wird man feststellen, dass sich diese inhaltlichen Anforderungen nicht gegenseitig ausschließen.

Die Rechtsordnung bildet innerhalb des öffentlichen Sektors nicht nur die Grenze des Zweckhandelns[568], sondern ist zugleich auch maßgebliche Zielvorgabe.[569] Das Recht als wichtiger Managementfaktor wird durch die Einführung des Neuen Steuerungsmodells nicht tangiert. Die geltende Rechtsordnung schreibt das Wirtschaftlichkeitsprinzip auch für Kommunen vor.[570] Durch das Neue Steuerungsmodell wird dies forciert und von der bisherigen überwiegend operativen Ebene auf den Bereich des strategischen Managements ausgedehnt. Als Bewertungskriterien für die öffentliche Leistungserstellung rückt neben der Effizienz, einschließlich der Kosteneffizienz, die

---

565 Budäus/Buchholtz 1997, S. 322 - 337 (324)
566 Heinz 2000, S. 153
567 Luhmann 1965, S. 361 - 364 (361)
568 Luhmann 1965, S. 303 - 313 (307)
569 Wallerath 1998, S. 53 - 59 (57)
570 § 6 HGrG, Art. 7 BayHO

Effektivität in den Mittelpunkt. Im Rahmen des Neuen Steuerungsmodells wird eine konsequente Verknüpfung von Ressourcen mit den Ergebnissen/Wirkungen sowie den Strukturen empfohlen.[571] Betriebswirtschaftliche Gesichtspunkte spielen zunehmend auch bei strategischen Entscheidungen im Rat eine größere Rolle. Durch das Neue Steuerungsmodell stehen dazu qualitativ bessere Grundlagen (z.B. Kennzahlen) und Instrumente zur Verfügung. Der Rat wird in die Lage versetzt, substantiell zu entscheiden und insbesondere wirtschaftliche Fakten verstärkt bei der Beschlussfassung zu berücksichtigen. Für die Tätigkeit der politischen Gremien ist es dabei nicht von zentraler Bedeutung, mit Hilfe welchen Buchungssystems (betriebswirtschaftliches Buchungssystem oder erweiterte Kameralistik) die Datenbasis erstellt wurde.[572] Entscheidend ist nur, dass insbesondere eine differenzierte Kostenzuordnung zu den Leistungen und Wirkungsmessungen möglich ist und der Politik zeitnah als Entscheidungsgrundlage zur Verfügung steht.

Diese wirtschaftliche Orientierung im politischen Entscheidungsprozess kollidiert jedoch nicht von vornherein mit der Gemeinwohlorientierung. Kommunen finanzieren sich aus den Mitteln ihrer Bürgerinnen und Bürger. Eine verantwortlich handelnde Politik lässt bereits aus Kostengesichtspunkten die Beurteilung des Verhältnisses von Input und Output in ihre Entscheidung mit einfließen. Aufgrund der schwierigen Finanzsituation würde sich sonst eine Kommune aller Gestaltungsmöglichkeiten berauben oder auf Kosten kommender Generationen leben.[573] Aus der Sicht der Bürgerinnen und Bürger ist es außerdem wichtig, dass der „Gegenwert für ihr Geld" (value for money) sichtbar ist.[574] Eine wirtschaftliche Betrachtungsweise ist somit durchaus gemeinwohlkonform.[575]

Die Effizienz darf jedoch nicht das alleinige Entscheidungskriterium sein. Eine Kommune unterscheidet sich insbesondere durch die Art der Leistungserbringung und der Interessenlage von einem Privatunternehmen. Strategien der Wirtschaftsunternehmen zielen auf eine möglichst hohe Rendite. Die Kommunalverwaltung orientiert sich dagegen in erster Linie an günstigen Wirkungen auf das Leben in der örtlichen Gemeinschaft.[576] Ausschlaggebend ist der Outcome, also der Nutzen für die Bürgerinnen und Bürger. Tragender Zweck ist die Verwirklichung und Sicherung nicht-ökonomischer Ziele.

---

571 Heinz 2000, S. 134
572 Dies bezieht sich nicht auf den Kostenfaktor der Einführung eines kommunalen Rechnungswesens, der in der Diskussion vieler Kommunen eine große Rolle spielt.
573 KGSt 1999, Das Neue Politikerhandbuch, S. 46
574 Mohnen-Belau/Bruns 1996, S. 234 - 239 (236)
575 Dies gilt im Ergebnis auch dann, wenn beispielsweise aus wirtschaftlichen Gründen ein Schwimmbad geschlossen werden muss.
576 KGSt 1999, Das Neue Politikerhandbuch, S. 47

Wallerath formuliert entsprechend plakativ: „Ihr Primärziel ist nicht „Profit", sondern „Benefit"[577]. Die Kommune hat das Wohl ihrer Einwohner zu fördern, wozu beispielsweise auch die Verwirklichung des Sozialstaatsgebots und die Sicherung der Infrastruktur gehören.[578] Mit einer rein wirtschaftlichen Betrachtungsweise sind diese Aufgaben nicht zu lösen.

Ferner muss der demokratische Willensbildungsprozess Berücksichtigung finden. Ein parteipolitisch geprägtes politisches System führt zu vielfältigen Abhängigkeits-, Interessen-, Verteilungs- und Machtkonflikten.[579] Die Stelle der Marktsteuerung übernimmt die politische Steuerung, von der letztlich auch die qualitative Bewertung der Leistungsergebnisse abhängt. Die Entscheidung erfolgt mittels einer wertorientierten Abwägung. In diesem Zusammenhang besteht die Gefahr, dass die Ökonomie das Wünschbare (was soll gemacht werden? wie sollen die politischen Inhalte aussehen?) definiert, während die Politik allenfalls noch für das Machbare zuständig ist (warum geht das nicht? wie kann man das durchsetzen?).[580] Dem Diktat der Ökonomie hat die Politik ihre eigene Entscheidungsfähigkeit entgegenzusetzen. Die Politik ist aufgerufen das Wünschbare selbst zu definieren. Im Ergebnis müssen politische Entscheidungen zwar wirtschaftliche Gesichtspunkte in die Überlegung mit einbeziehen. Die Orientierung an spezifischen Gemeinwohlzwecken[581], muss jedoch weiterhin gewährleistet sein. Die Erstellung von öffentlichen Gütern und die Bereitstellung von Dienstleistungen muss letztlich vor diesem Hintergrund in einem Abwägungsprozess politisch entschieden werden.[582]

Das Neue Steuerungsmodell sieht Effizienz und Effektivität zwar als unverzichtbaren Bestandteil des Entscheidungsprozesses an, was auch im Interesse der Bürgerinnen und Bürger und zum Wohle der Allgemeinheit sinnvoll ist. Es lässt dabei jedoch Raum für die spezifische Eigenheit der öffentlichen Güter und Dienstleistungen, die auch nach nicht-monetären Kriterien bewertet werden müssen. Betriebswirtschaftliche Elemente sollen eine wirtschaftliche Betrachtungsweise ermöglichen, die dann in den politischen Entscheidungsprozess einfließt. Effektivitäts- und Effizienzkriterien ersetzen jedoch nicht den politischen Abwägungsprozess.

---

577 Wallerath 1998, S. 53 - 59 (57)
578 Art. 20 Abs. 1 und Art. 28 Abs. 1, S. 1 GG
579 Lang 1996, S. 13 - 47 (29)
580 Jann 1986, S. 32
581 Arnim von 1993, S. 67 - 80 (69)
582 König 1995, S. 349 - 358 (356)

5.3.3 Funktionswandel in der Kommunalpolitik

Das moderne Verwaltungshandeln wandelt sich immer mehr vom reinen Normvollzug hin zur gestaltenden Verwaltung.[583] Das Aufgabenspektrum hat sich erweitert (z. B. Wirtschaftsförderung). Das Neue Steuerungsmodell verstärkt diese Entwicklung. Durch die Orientierung der Entscheidungen des Rates an den Ergebnissen und Wirkungen rückt auch hier das Gestalten in den Mittelpunkt der Ratstätigkeit.[584] Durch eine längerfristige Zielplanung werden die Eckpunkte des kommunalen Betätigungsfeldes zur Befriedigung der Interessen gesetzt und somit das Gemeinwohl beeinflusst. Die Planungsfunktion des Rates tritt verstärkt in den Vordergrund.[585] Kurzfristige Reaktionen auf Einzelbelange und der Einfluss auf den Verwaltungsvollzug stehen hinter der Strategie des Rates zurück. Insofern kann man auch von einem Funktionswandel der Kommunalpolitik sprechen. Modernes Verwaltungshandeln benötigt andere Instrumente als die normativen Bestimmungen der klassischen Bürokratie. Im Zuge dieses Veränderungsprozesses finden deshalb Elemente der Managementlehre Eingang in die öffentliche Verwaltung.

Der Rat betreibt vermehrt eine „aktive Verwaltungspolitik"[586], das heißt eine Politik, in der Programme und Prinzipien erörtert und beschlossen werden. Diese werden dann der Verwaltung zur Ausführung vorgegeben. Das bisherige dokumentierte Steuerungsdefizit der politischen Führung wird durch diese Akzentuierung gemindert.[587] In der Praxis geschieht dies im Rahmen neuer Kooperationsformen zwischen Politik und Verwaltung. Kernpunkte sind dabei das Kontraktmanagement[588] und Zielvereinbarungen sowie die Kontrolle der Zielerreichung mittels eines Berichtssystems. Wichtige Aufgabe des Rates ist die Beschreibung des Problems und die Definition des Ziels, dass mit der Lösung eines Problems verbunden ist. Der Lösungsweg selbst bleibt innerhalb politischer Rahmenvorgaben der Verwaltung überlassen.

Durch die Konzentration auf Strategieentscheidungen wird der Prozess des Interessenausgleichs im Rahmen der Gemeinwohlsuche nicht reduziert, wie oft im Vorfeld der Einführung des Neuen Steuerungsmodells befürchtet wurde. Im Gegenteil, die Verwirklichung des Gemeinwohls auf dem Wege eines vielschichtigen Prozesses zur Integration der gestreuten Gruppenwillen wird durch das neue Steuerungsmodell gefördert. Wenn sich der Rat nicht um Details der Ausführung kümmern muss, werden Kapazitäten frei für die ei-

---

583 Jann 1998, S. 41 - 57 (55)
584 Heinz 2000, S. 6
585 Mäding 1997, S. 98 - 104 (103)
586 Böhret/Jann/Kronenwett 1988, S. 271
587 Böhret/Jann/Kronenwett 1988, S. 272
588 s.o. 3.3.3.3

gentliche politische Diskussion. Der politische Entscheidungsprozess um Ziele und die zu ihrer Erreichung erforderlichen Konzepte bilden nun den Schwerpunkt der Ratstätigkeit. Die Festlegung von Zielen bietet sich geradezu für einen offenen Austausch der Meinungen aller Beteiligten an. Hier erfolgt die Abwägung zwischen den verschiedenen Interessenlagen der Bürgerinnen und Bürger, die durch die Ratsmitglieder vertreten werden. Entsprechende Diskussionen können dabei auf eine qualitativ und quantitativ verbesserte Datenbasis aufbauen[589] und deshalb substantiell wirkungsorientierter geführt werden. In der Hauptsache sind nicht die Detailentscheidungen Gegenstand politischer Auseinandersetzung, sondern die strategischen Ziele. Es handelt sich um eine andere Art der Konfliktaustragung. Durch die sachliche Auseinandersetzung mit Zielvorstellungen und Umsetzungsstrategien brauchen die Fraktionen zudem nicht zu befürchten, dass sie an Profil verlieren. Auch ohne polemisches Gezänk[590] können die politischen Unterschiede im Rat deutlich werden. Gerade Sitzungen zu Schwerpunktthemen, in denen ein wichtiger Sachverhalt ausführlich erläutert wird, sind oftmals für die Bürgerinnen und Bürger und damit auch für die Medien von großem Interesse.[591] Es bietet sich hier eine Plattform für die Darstellung der verschiedenen Ansichten der Fraktionen.

5.3.4 Konsequenzen für die Fraktionen

Im Rahmen der Gemeinwohlfindung geht es nicht um die Befriedigung von Singularinteressen. Das Gesamtinteresse steht im Vordergrund.[592] Das Neue Steuerungsmodell greift diesen Punkt insofern auf, als die Vertretung von Einzelinteressen durch den Rat nur den Ausnahmefall bilden soll. Dies führt auch dazu, dass ein Ratsmitglied in der Regel nicht mehr die Wünsche und Anliegen von einzelnen Bürgerinnen und Bürgern im Rat vorträgt.[593] Diese Profilierungsmöglichkeit ist nun weitgehend eingeschränkt. Dagegen gewinnt die Arbeit der Fraktion an Gewicht. In der Eigenschaft als Transmissionsriemen der Bürgerwünsche kommt ihnen die Aufgabe der Bündelung von Interessen zu. Fraktionen mediatisieren nicht einen fiktiven Gemeinwillen, sondern integrieren die gestreuten Gruppenwillen[594]. Innerhalb einer Fraktion wird entschieden, welche Bürgerinteressen thematisiert werden und inwiefern

---

589 s.o. 3.3.3.1 Berichtswesen
590 Mohnen-Belau 1996, S. 234 - 239
591 Hill 1997 b, S. 96
592 Biermann 1996, S. 29 - 37 (35)
593 s.o. 4.2.1
594 Fraenkel 1974, S. 47

sich daraus Auswirkungen auf die Zielplanungen ergeben. Die einzelnen Intentionen der Bürgerinnen und Bürger sowie das Machtstreben einzelner Ratsmitglieder stehen so hinter dem Gesamtinteresse der Fraktion zurück. Die Befriedigung einzelner Interessen und Machtansprüche werden zurückgedrängt. Es entwickelt sich eine Dominanz der Fraktion über das einzelne Ratsmitglied. Im Ergebnis intendiert diese neue politische Kultur eine weitgehende Entpersonalisierung der Kommunalpolitik, die einzelne Kommunalpolitikerinnen und Kommunalpolitiker hinter das Gesamtprodukt der Stadt zurücktreten lässt.[595]

Dies bedeutet jedoch nicht, dass es in einer Fraktion selbst keine Auseinandersetzungen um Macht und Einfluss gibt. Sie werden jedoch meist intern ausgetragen.[596] In der Regel wird eine Konfliktstrategie mit Blick auf einen Sieg bei den nächsten Kommunalwahlen nach außen geschlossen vertreten. In der Öffentlichkeit wird eine Verlagerung der Machtkämpfe weg vom einzelnen Ratsmitglied hin zu den Fraktionen deutlich. Pressionen einzelner Interessengruppen können innerhalb der Fraktionen eher ausgeglichen werden.[597] Insgesamt lässt das Neue Steuerungsmodell infolge der Ergebnisorientierung und der strategischen Steuerung jedoch eine Tendenz hin zu einem mehr wertorientierten Verfahren zur Gemeinwohlsuche erkennen.[598] Eine derartige Entpersonalisierung führt jedoch unter Umständen zu einer Macht der anonymen Apparate[599], wenn sich die Fraktionen selbst zu weit von den Bürgerinnen und Bürgern entfernen. Dies birgt die Gefahr, die weitverbreitete Politikverdrossenheit in der Bevölkerung zu stärken. Ebenso geht durch die Vorverlegung der Diskussion einzelner Bürgerinteressen aus dem Rat in die Fraktion ein Stück Öffentlichkeit verloren.

Des Weiteren hat dieses neue Verfahren unter Umständen auch Auswirkungen auf die Vertretung von Minderheiten und weniger wählerwirksame Interessen. Hat sich bisher vielleicht ein Ratsmitglied deren öffentlicher Artikulation angenommen, so ist nun eine zusätzliche Hürde, nämlich der Abwägungsprozess in den Fraktionen, zu nehmen. Vielfach werden derartige Sonderinteressen einer Bevölkerungsgruppe von darauf „spezialisierten" kleineren politischen Gruppierungen im Rat verstärkt übernommen werden.[600] Die Kommunalpolitik begibt sich somit auf eine Art Gratwanderung zwischen der Bündelung von Interessen, um dem strategischen Management gerecht zu

---

595 Kodolitsch von 1996, S. 169 - 181 (174)
596 Die Strategie konnte beispielsweise in München während der Fraktionssitzungen deutlich beobachtet werden.
597 siehe dazu ausführlich unten 5.4.1.2
598 s.o. 2.1.1 vorrangiges Verfahren nach von Arnim
599 Kodolitsch von 1996, S. 169 - 181 (174)
600 beispielsweise die Mitglieder des Stadtrates der Landeshauptstadt München 2000: Rosa Liste, Automobile Steuerzahler-Partei

werden, und dem direkten Bezug zu den Wünschen und Fragen, die den einzelnen Bürgerinnen und Bürgern am Herzen liegen.

Bei der Untersuchung der Auswirkungen des Neuen Steuerungsmodells auf die Kommunalpolitik und die politischen Gremien wurde bisher der Rat überwiegend nur in seiner Gesamtheit gesehen. Eine weitere Differenzierung nach kleineren Parteien/Gruppierungen und großen Volksparteien sowie nach Parteien, die die Mehrheit im Rat stellen oder sich in der Opposition befinden, unterblieb bisher. Auch bei dem direkt von der Verwaltungsreform betroffenen Personenkreis, der Verwaltungsspitze und den Ratsmitgliedern, ist dieser Punkt anscheinend vielfach (noch) nicht thematisiert worden. So trafen viele der Befragten im Rahmen der Fragebogenaktion bei Frage 4.6 „Welche Parteien im Rat haben ihrer Meinung nach eher Vorteile oder Nachteile durch die Verwaltungsreform?" keine Aussage. Insgesamt ergab sich folgendes Ergebnis:

	Vorteile	Nachteile	keine Auswirkung	keine Aussage
kleine Parteien	21 %	19 %	32 %	28 %
große Parteien	21 %	0 %	53 %	26 %
Mehrheitsparteien	26 %	7 %	35 %	32 %
Minderheitsparteien	14 %	16 %	35 %	35 %

Ausdrücklich wurde in einigen Fragebogen gleichermaßen ein Vorteil für alle im Rat vertretenen Parteien gesehen, was in erster Linie auf die verbesserte Transparenz des Verwaltungshandelns zurückgeführt wird. Eine differenzierte Analyse erscheint jedoch sinnvoll, da sich bei näherer Betrachtung Unterschiede in den Konsequenzen für die verschiedenen Fraktionen abzeichnen. Im Gegensatz zu den großen Fraktionen scheinen beispielsweise den kleineren Fraktionen durch das Neue Steuerungsmodell nicht nur Vorteile, sondern auch Nachteile zu erwachsen.

Allgemein profitieren kleinere Fraktionen vom Entlastungseffekt durch die Reform. Weniger und kürzere Sitzungen sowie die Reduzierung unübersichtlicher Detailberichte werden vor allem hier, wo die Arbeit nicht auf viele Schultern verteilt werden kann, als äußerst wohltuend empfunden. Ebenso bringt ein für alle Ratsmitglieder gleich konzipiertes Berichtswesen für die kleinen Fraktionen eher Vorteile. Sie besitzen meist nicht das Netzwerk zur Verwaltung über „Verbindungsbeamte", so dass sie sich keiner informeller Informationskanäle bedienen können. Die Informationsbeschaffung wird deshalb durch das Neue Steuerungsmodell erleichtert und das Informationsdefizit zu den großen Fraktionen abgebaut. Des Weiteren ist im Zuge der strategischen Steuerung weniger das Expertenwissen gefragt, als Managementqualifikationen. Auch dies könnte sich positiv auf die Ratstätigkeit der kleinen Fraktionen auswirken. Aufgrund der geringen Anzahl der Ratsmitglieder muss hier in der Regel jede Mandatsträgerin/jeder Mandatsträger mehrere Themenbereiche abdecken, was den Überblick fördert und dem Expertentum entgegenwirkt. Fehlende Detailkenntnisse fallen nicht mehr ins Gewicht. Die vom Neuen Steuerungsmodell anvisierte Ergebnissteuerung über Zielvorgaben kann jedoch auch gravierende Nachteile für die kleineren Fraktionen mit sich bringen. Es ist für sie äußerst schwierig, im Rahmen des Zielprozesses eigene Akzente zu setzen und diese nicht nur politisch „durchzubringen", sondern vor allem öffentlichkeitswirksam in Szene zu setzen. Durch eine Reduzierung der Detailbefassung mangelt es an den gerade für kleine Fraktionen so wichtigen Selbstdarstellungsmöglichkeiten. Sie können vielfach keine umfassenden Alternativprogramme vorlegen, sondern sind auf medienwirksame Einzelkritikpunkte angewiesen.

Konsequenzen für die Außenwirkung gehen auch von der durch das Neue Steuerungsmodell geförderten Entpersonalisierung der Kommunalpolitik aus. Der einzelne Politiker tritt verstärkt hinter dem Gesamtprodukt der Gemeinde zurück. Kleinere Fraktionen leben jedoch in großem Maße von Leitfiguren, mit denen sich die Bürgerinnen und Bürger identifizieren können. Die Popularität und die Wahlchancen gründen auf bestimmte Persönlichkeiten. Das Neue Steuerungsmodell erschwert die persönliche Einzelprofilierung, weshalb gerade kleinere Fraktionen gezwungen werden, ihre Profilierungsstrategie zu ändern. Ein Ausweg bietet für kleinere Fraktionen die Konzentration auf Themenkomplexe, mit denen dann die Partei auch in der Öffentlichkeit in Verbindung gebracht wird.[601] Die vorstehenden Aussagen gelten im Grunde sowohl für Parteien, die „mitregieren" und sich in einer Koalition ihr Profil bewahren und nach außen darstellen müssen, als auch für Parteien, die sich in der Opposition befinden.

Unterschiedliche Konsequenzen ergeben sich aus dem Neuen Steuerungsmodell auch für Mehrheitsfraktionen und Fraktionen in der Opposition. Auf zwei Punkte soll hier diesbezüglich besonders hingewiesen werden, nämlich die Zielorientierung und das verbesserte Berichtswesen. Die programmatische Ausrichtung der Ratstätigkeit sowie die Festlegung der zu erzielenden Ergebnisse stärkt im Grunde die Position der Mehrheitsfraktion. Die von ihr vorgegebene politische Richtung wird sich in der Regel durchsetzen und auch in der Öffentlichkeit wahrgenommen werden. Das Neue Steuerungsmodell erfordert daher potentiell eine Neubestimmung der Oppositionsfunktion. Im Vordergrund steht nun die Präsentation eines politischen Alternativprogrammes und das Hervorheben der unterschiedlichen Zielsetzungen.

---

601   einige Beispiele aus der Praxis: Bündnis 90/die Grünen (Ökothemen), F.D.P. (Privatisierung), Autofahrerpartei (Verkehr)

Die Formulierung der sich von der Mehrheit abgrenzenden Ziele ist im Ergebnis ungleich schwieriger, als bereits getroffene Detailentscheidungen herauszugreifen und diese zu kritisieren. Dies gilt umso mehr, als die Öffentlichkeit selbst erst noch einen Lernprozess durchlaufen und das Augenmerk mehr auf langfristige Ziele als auf Ausführungsentscheidungen legen muss. Ein Verzicht auf die Auseinandersetzung mit Details kann somit vor allem bei der Opposition zu einer geringeren Wahrnehmung in der Öffentlichkeit führen. Das Gleiche gilt auch in Bezug auf die Verlagerung der Ausführungskompetenz auf die Verwaltung. Dies war bisher ein Feld, in dem auch die Opposition einen gewissen Einfluss ausüben konnte. Ein Wegfall trifft wiederum die Opposition stärker als die Mehrheit, die in der Regel aufgrund des bestehenden Netzwerkes zwischen Verwaltung und Politik auch in diesem Bereich ihre Macht weiter ausüben kann.

Durch das qualitativ verbesserte Berichtswesen und die Einführung von Controllinginstrumenten profitiert dagegen nicht nur die Mehrheit, sondern auch die Opposition. Die Opposition hat nun die Chance mit den entsprechenden Informationen versorgt zu werden. Informelle Kanäle werden sich jedoch in der Praxis nie ganz ausschließen lassen. Das Verwaltungshandeln wird allgemein transparenter, was der Politik allgemein neue Möglichkeiten eröffnet. So werden nun beispielsweise die Zielerreichungsgrade sichtbar. Dies kann die Position der Mehrheit stärken, die sich in ihren Entscheidungen bestätigt fühlt. Ebenso kann aber auch die Opposition bestehende Mängel aufdecken und in diesen Punkten die Mehrheit öffentlich kritisieren sowie ihre eigenen Positionen dagegen setzen. Fehler und Missstände werden offensichtlich und können auch von der Opposition für ihre Strategien benutzt werden.

Im Ergebnis bleibt festzustellen, dass die Frage nach den Vor- und Nachteilen für die verschiedenen Parteien nicht pauschal beantwortet werden kann. Die örtlichen Gegebenheiten und Konstellationen sind zu berücksichtigen. Festzuhalten ist jedoch, dass das Neue Steuerungsmodell unterschiedliche Konsequenzen für die Fraktionen nach sich zieht. Eher leichte Vorteile erscheinen sich dabei im Gesamtkontext für Mehrheitsfraktionen und große Fraktionen zu ergeben.

5.4 Das Neue Steuerungsmodell und die demokratische Legitimation der Kommunalpolitik

5.4.1 Repräsentationsgedanke

5.4.1.1 Ziele werden durch die Bürgerschaft gesetzt

Ausgangspunkt aller kommunalpolitischen Handlungen ist die Orientierung am Grundsatz der Volkssouveränität.[602] In einer Demokratie ist das Volk oberster Souverän und Auftraggeber. Dies bedeutet für die strategische Steuerung durch den Rat, dass die Zielbestimmung nicht originär vom Rat ausgeht, sondern auf einer höheren Ebene, der Bürgerschaft, beginnt.[603] Die Ziele und damit verbunden die politische Programmformulierung müssen auf die Präferenzen der Bürger zurückgeführt werden.

Eine Vorauswahl bezüglich der Prioritäten der Themen erfolgt durch die Bürgerinnen und Bürger bereits im Rahmen der Kommunalwahl. Auch wenn Wahlprogramme und Versprechungen im Rahmen des Wahlkampfes überwiegend konkrete Ziele vermissen lassen, sind doch Tendenzen feststellbar. Im Ritual des öffentlichen Schlagabtausches wird die Erörterung von Zielalternativen zwar häufig durch die Kandidatenpersonalisierung überlagert, das Neue Steuerungsmodell forciert jedoch durch das Postulat der Zielformulierung die Konzentration auf die Sache.[604] In gewisser Weise lassen sich Kommunalwahlen im Ergebnis als institutionalisierte Grobzielsetzungen durch die Wählerinnen und Wähler verstehen, auch wenn diese noch sehr abstrakt sind.[605] Naschold bezeichnet dies als eine der wichtigsten Dimensionen des Voice-Mechanismus[606], worunter die Chance einer möglichst authentischen Artikulation der eigenen Präferenzen durch die Bürgerinnen und Bürger selbst verstanden wird. Die Grobzielsetzung durch die Kommunalwahl betrifft einen größeren Zeitrahmen, nämlich eine Wahlperiode (in der Regel 5 Jahre). Dies fügt sich nahtlos in das Schema des Neuen Steuerungsmodells ein. Die Kommunalpolitik soll sich überwiegend mit dem normativen und strategischen Management befassen, also mit Langfristplanungen. Konkretisiert wird diese übergeordnete Zielperspektive dann in jährlichen Zielvereinbarungen mit der Administration im Rahmen des Haushaltsplanes. In diesem „Kontrakt" fließen die von der Bürgerschaft gewünschten Produkte ein.

---

602 s.o. 2.1.2
603 Pritzkoleit 1996, S. 29 - 30 (29)
604 Schiller 1997, S. 113 - 122 (118)
605 Hill 1997 b, S. 96, Pritzkoleit 1996, S. 29 - 30 (30); ablehnend: Mohnen-Belau/Bruns 1996, S. 234 - 239 (236)
606 Naschold 1997 b, S. 305 - 340 (325)

Demokratie ist die öffentliche Reflexion der politischen Prioritäten. Das heißt, die Ergebnisse des Verwaltungshandelns müssen wieder in den öffentlichen politischen Diskussionskreislauf zurückgespeist werden.[607] Das durch das Neue Steuerungsmodell installierte umfassende Controlling bildet die Erreichung der dem Rat von der Bürgerschaft vorgegebenen Ziele ab.[608] Es wird somit die Möglichkeit geschaffen, Ergebnisse tatsächlich zu erfassen und den Bürgern zugänglich zu machen. Dies führt zu einer Rückkoppelung über den Zielerreichungsgrad, über die Leistungsfähigkeit der Verwaltungsstrukturen, über den Inhalt neuer Zielsetzungen und über die Bedingungen ihrer Realisierbarkeit. Eine Reaktion auf einen ungenügenden Zielerreichungsgrad soll sofort und nicht erst im Rahmen der nächsten Haushaltsberatungen erfolgen. Dem Rat bleibt es unbenommen, jederzeit einen Sonderbericht anzufordern und die konkreten Zielsetzungen entsprechend zu korrigieren. Ebenso ist es möglich, strategische Ziele im Laufe einer Wahlperiode zu ändern, wenn festgestellt wird, dass sich beispielsweise die Bürgerwünsche gewandelt haben. Die Ratsmitglieder sollen auf Tuchfühlung zu den Bürgerinnen und Bürgern bleiben und sensibel auf Veränderungen reagieren. Eine Reaktion auf geänderte Bürgerbedürfnisse muss insbesondere aus demokratischen Gesichtspunkten jederzeit möglich sein. Die Kenntnis lokaler Politikerinnen und Politiker, die von der Bürgerschaft auf mangelnde Dienstleistungsqualität in der Verwaltung hingewiesen werden, muss in die Ratstätigkeit über Zielvorgaben eingehen können.[609]

Entsprechende Anpassungen in den Zielsetzungen lassen sich auch mit dem Neuen Steuerungsmodell vereinbaren. Das Zielsystem ist keine starre, unveränderbare Einheit. Es muss ständig überprüft und den neuesten Erkenntnissen angepasst werden. Es handelt sich um Ziele eines lebendigen Gemeinwesens. Zu beachten ist jedoch, dass die Verwaltung für die Ausführung auf eine gewisse Planungssicherheit angewiesen ist. Bei einer Neuformulierung von Eckwerten sind deshalb der Gesamtkontext des Zielsystems und die vielfältigsten Konsequenzen, wie beispielsweise die finanzielle Ausstattung der betroffenen Verwaltungseinheiten, zu berücksichtigen. Durch die „neue" Transparenz im politischen Zielfindungsprozess verlassen die Kommunalpolitikerinnen und Kommunalpolitiker die Ebene symbolischer Politik.[610] Im Ergebnis geht dies mit einer Stärkung der kommunalen Demokratie einher.

---

607 Schiller 1997, S. 113 - 122 (119)
608 Pritzkoleit 1996, S. 29 - 30 (30)
609 Hans-Böckler-Stiftung 1996, S. 59
610 Kißler 1997, S. 95 - 112 (109)

5.4.1.2 Unabhängigkeit der Repräsentanten

Im Zeitalter zunehmender Individualisierung und divergierender Partikularinteressen[611] wird es für die Mandatsträgerinnen und Mandatsträger immer schwieriger sich in diesem Interessendschungel zurechtzufinden. Jeder Mensch gehört verschiedenen Bezugssystemen an und verfolgt seine Interessen.[612] Auf kommunaler Ebene vollzieht sich dies vielfach durch Kontakte zu den Ratsmitgliedern, die für die eigene Interessenvertretung gewonnen werden müssen.[613] Durch diesen Lobbyismus besteht jedoch die Gefahr, dass nicht-organisierte Interessen bzw. für eine Wiederwahl „uninteressante" Wählergruppen keine ausreichende Berücksichtigung bei Kommunalpolitikerinnen und Kommunalpolitikern finden. Des Weiteren könnten in den engeren Lebenskreisen üblicherweise vorhandene persönliche Beziehungen und Abhängigkeiten der Ratsmitglieder sehr leicht dazu führen, dass sachfremde Erwägungen in den Entscheidungsvorgang eindringen. Mit der Nähe zur Sache wächst erfahrungsgemäß das innere Engagement und mit diesem unter Umständen auch der Einfluss persönlicher Präferenzen und Aversionen auf die zu treffenden Entscheidungen.[614] Eine Stärkung der Unabhängigkeit der Ratsmitglieder insbesondere von Interessengruppen vergrößert dagegen die Chance der allseitigen Richtigkeit der Entscheidungen.[615]

Das Neue Steuerungsmodell versucht diesem Problem durch die Konzentration des Rates auf strategische Zukunftsentscheidungen unter möglichst weitgehendem Verzicht auf Detailbefassung entgegenzuwirken.[616] Eine konkrete Einflussnahme von Interessenvertretern auf Einzelentscheidungen wird somit erschwert. Der Rat verabschiedet die zu erreichenden Ziele und legt die Rahmenbedingungen für das Verwaltungshandeln fest. Für ein Ratsmitglied ist es nun unter Umständen leichter, bei konkreten Anfragen Einzelner auf diese zu verweisen, als den betreffenden Wunsch verneinen zu müssen. Die neue Aufgabenteilung zwischen Rat und Verwaltung wirkt wie ein Pufferelement gegen Lobbyisten.

Es besteht die Gefahr, dass die Entzerrung der Verantwortungssphären dazu missbraucht wird, unliebsame Entscheidungen auf die Verwaltung zu verlagern, um so politische Auseinandersetzungen zu vermeiden.[617] Die politische Konfliktlösung als Essentiale jeglicher Kommunalpolitik erfolgt in der Regel nicht im Bereich der Einzelprobleme und des Verwaltungsvollzuges,

---

611 Voigt 1995, S. 33 - 92 (35)
612 Voigt 1995, S. 33 - 92 (36)
613 s.o. 4.2.2
614 Hendler 1984, S. 357
615 Arnim von 1977, S.194
616 s.o. 3.3.1
617 Brandel/Stöbe-Blossey/Wohlfahrt 1999, S. 40

sondern ist im Rahmen der Zieldiskussion zu suchen. Hier findet der Abwägungsprozess zwischen den verschiedenen Interessen statt. Im Rahmen einer Gesamtplanung gehen Partikularinteressen in den Abstimmungsprozess ein.[618] Durch das Zurückdrängen der Detailentscheidungen zu Gunsten eines übergreifenden Prozesses ist es für Interessenvertreter ungleich schwerer, Einzelpositionen über privilegierte Zugänge zu einflussreichen Kommunalpolitikerinnen und Kommunalpolitiker mit Nachdruck zu vertreten und sich so auf Kosten der Allgemeinheit Vorteile zu verschaffen.[619] Die Bedeutung und Einflussmöglichkeiten organisierter Interessen in der Kommunalpolitik wird dadurch reduziert.[620] Der Druck auf einzelne Ratsmitglieder verringert sich. Sie gewinnen an Handlungs- und Entscheidungsfreiheit.[621]

Durch diese „neu gewonnene" Unabhängigkeit der Mandatsträgerinnen und Mandatsträger leidet auch nicht das Postulat der Bürgernähe und das Ansehen in der Bürgerschaft. Der von vielen Politikerinnen und Politikern im Vorfeld der Einführung des Neuen Steuerungsmodells befürchtete Ansehensverlust in der Bevölkerung gilt nur gegenüber jenen „Bittstellern", die eine Sonderbehandlung erwarten. Einzelfallinterventionen auf der Basis einzelner Bürgerbeschwerden sind oftmals Beispiele falsch verstandener Bürgernähe.[622] Bürgernähe als Kriterium des politischen Handelns bedeutet die Ausrichtung der Planung, Organisation wie Vermittlung öffentlicher Leistungen auf die Bedürfnisse und Probleme der Bürger.[623] Wichtig ist die Orientierung an der Allgemeinheit und nicht vorrangig die Befriedigung individueller Bürgerwünsche oder der Ortsteilbezug.[624] Bürgernähe bedeutet, ein „Ohr haben" für die Anregungen und Wünsche aller Bürgerinnen und Bürger, was jedoch in der Regel zu keiner Einzelbefassung führen soll, sondern vielmehr Anstoß zur Überprüfung der strategisch-systematischen Ansätze und Zielplanungen geben soll.

Von der Unabhängigkeit der Mandatsträger von Interessengruppen ist jedoch die Parteigebundenheit abzugrenzen. Im Rahmen der strategischen Zielplanung sowie bei der Vermittlung zwischen der Bürgerschaft und der Verwaltung, kommt den Fraktionen eine immer größere Rolle zu.[625] Erfolgreiche politische Auseinandersetzungen im Rat setzen die Geschlossenheit der Fraktion voraus. Im Ergebnis führt dies fast zwangsläufig zu einer größeren Frak-

---

618 Wallerath 1986, S. 533 - 545 (540)
619 Hans-Böckler-Stiftung 1996, S. 59
620 Frey/Kleinfeld 1997, S. 47 - 71 (66)
621 Kodolitsch von 1996, S. 169 - 181 (180)
622 Hans-Böckler-Stiftung 1996, S. 59
623 Schafer 1984, S. 81 - 84 (82)
624 Brandel/Stöbe-Blossey/Wohlfahrt 1999, S. 52
625 s.o. 5.3.4

tions- und Abstimmungsdisziplin.[626] Ein von allen Einflüssen und Interessen völlig unabhängiges Ratsmitglied ist unrealistisch.

5.4.1.3 Konsequenzen für den Charakter des Rates

Der Charakter des Rates wird entscheidend von seiner Zusammensetzung, der Aufgabenstellung und der Arbeitsweise geprägt. Das Neue Steuerungsmodell siedelt den Schwerpunkt der Ratstätigkeit im strategischen Management an. Der zukunftsweisende Blick für das Ganze ist das herausragende Kriterium für die Qualität der Ratstätigkeit. Erforderlich sind dafür Politikerinnen und Politiker mit Managementqualitäten und weniger Experten in bestimmten Verwaltungsbereichen.

Das „Ratsmitglied des neuen Typs"[627] wird in zweifacher Hinsicht gegenüber der herkömmlichen Tätigkeit entlastet. Zum einen wird durch den Rückzug aus dem Verwaltungsvollzug die Politik vor Hyperaktivität und Allzuständigkeit[628] sowie vor der vielerorts kritisierten Komplexitätsüberlastung[629] geschützt. Zum anderen verhilft eine Delegation der Kompetenzen auf Ausschüsse oder sogar auf die Verwaltung die zeitliche Überlastung abzubauen.[630] Gerade dieser Entlastungseffekt könnte eine Kandidatur für den Rat wieder für breitere Bevölkerungsschichten attraktiver machen. Es lassen sich verstärkt Bürgerinnen und Bürger gewinnen, die neben ihrem Beruf nur ein begrenztes Zeitbudget für dieses Ehrenamt zur Verfügung haben. Im Ergebnis könnte dies zu einer repräsentativeren Zusammensetzung des Rates führen.[631] Die ehrenamtliche Tätigkeit, durch die auch die „Bodenhaftung" und die Bürgernähe der Ratsmitglieder gewährleistet werden soll, erfährt dadurch eine Stärkung.

Bei einer Neuverteilung der Zuständigkeiten ist die demokratische Legitimation zu beachten. Es geht um die Rückführbarkeit von Verwaltungsentscheidungen auf das Volk als Legitimationssubjekt.[632] Auf der einen Seite wird dies durch gesetzlich dem Plenum vorbehaltene Entscheidungen gewährleistet. Der Rat kann sich nicht durch Verzicht und Delegation einer gesetzlichen Aufgabe entledigen.[633] Auf der anderen Seite wird dieses Postulat durch die Vorgabe konkreter Ziele und Rahmenbedingungen durch den Rat erreicht. Nur so ist ein ausreichendes demokratisches Legitimationsniveau

---

626 Wimmer 1989, S. 26
627 s.o. 4.4.2.
628 Willke 1992, S. 24
629 Schiller 1997, S. 113 - 122 (119)
630 s.o. 4.5
631 Brandel/Stöbe-Blossey/Wohlfahrt 1999, S. 50
632 Wolf-Hegerbekermeier 1999, S. 419 - 424 (421)
633 Oebbecke 1998, S. 853 - 859 (856)

gewährleistet. Aus demokratischen Gesichtspunkten muss es für den Rat weiter möglich sein, vorgenommene Aufgabenübertragungen, vor allem auf den Ersten Bürgermeister als Verwaltungschef, zu widerrufen, um bei geänderten Rahmenbedingungen über die Aufgaben als Volksvertretung neu bestimmen zu können.[634] Ein Rückholrecht im Einzelfall würde sich jedoch mit dem Neuen Steuerungsmodell nicht vereinbaren lassen,[635] da der Verwaltung die Eigenverantwortung und Planungssicherheit entzogen und der Einzelbefassung wieder Vorschub geleistet werden würde. Des Weiteren steht dem das Postulat einer klaren Zuständigkeitsabgrenzung entgegen.[636]

Das Neue Steuerungsmodell verändert die Aufgabenstellung und die Arbeitsstruktur des Rates auf vielfältige Weise. Es fördert im Ergebnis die „strukturelle" Parlamentarisierung[637] des Rates. Dies lässt sich insbesondere an folgenden Punkten erkennen. Durch die Konzentration auf langfristige Planungen, Programme und Zielsetzungen sowie die Festlegung von Rahmenvorgaben rückt die „große Linie" mehr und mehr ins Blickfeld. Die Detailgenauigkeit verliert an Interesse.[638] Des Weiteren wird die Entscheidungsfindung durch die Rolle der Fraktionen geprägt. Die Bedeutung des einzelnen Ratsmitgliedes hat diesbezüglich abgenommen.[639] Dies spricht im Ergebnis für einen fortschreitenden Wandel des Rates weg vom Verwaltungsorgan hin zu der Arbeitsweise eines Parlaments. Diesbezüglich ein Rückschritt wäre die in letzter Zeit verstärkt propagierte Relativierung der Einzelbefassung. Ein erweiterter Durchgriff des Rates auf das operative Management über den Sonderfall hinaus würde das Pendel wieder mehr in Richtung Verwaltungsorgan ausschlagen lassen. Dieser Gesinnungswandel hat mit dem äußerst schwierigen und langwierigen Prozess der „kulturellen" Parlamentarisierung[640] zu tun. Das Neue Steuerungsmodell spricht gezielt die Einstellung der Kommunalpolitikerinnen und Kommunalpolitiker zur Ratstätigkeit an. Die Akzeptanz des Verzichts auf die Einzelbefassung ist der Schlüssel zum Wandel im Selbstverständnis. In der Regel bestehen in diesem Bereich die größten Vorbehalte im Rahmen der Einführung des Neuen Steuerungsmodells. Durch die Einbindung und Information der Bürgerinnen und Bürger wird sich bei vollständiger Umsetzung des Neuen Steuerungsmodells nach einiger Zeit

---

634 zum Beispiel durch Änderung der Geschäftsordnung
635 Wolf-Hegerbekermeier 1999, S. 419 - 424 (421)
636 Die Neufassung der Kommunalverfassung in Schleswig-Holstein kennt dagegen auch eine Übertragung bestimmter Entscheidungen auf den Hauptverwaltungsbeamten im Einzelfall. In diesem Fall kann die Vertretungskörperschaft die Delegation wieder rückgängig machen, wenn der Hauptverwaltungsbeamte noch nicht entschieden hat.
637 s.o. 2.3.2
638 s.o. 3.3.1
639 s.o. 5.3.4
640 s.o. 2.3.2

jedoch bei der Ratsmehrheit eine „kulturelle" Parlamentarisierung beobachten lassen.

Im Zuge der Einführung des Neuen Steuerungsmodells wurde die Frage aufgeworfen, ob Politikerinnen und Politiker in ihrer Repräsentantenrolle künftig überhaupt noch gebraucht werden.[641] Ist eine politische Vermittlerrolle der Ratsmitglieder zwischen der Bürgerschaft und der Verwaltung durch die Reform obsolet geworden? Neue informationstechnische Möglichkeiten eröffnen neue Verfahren der Artikulation, Übermittlung und Bündelung politischer Präferenzen.[642] Das Berichtswesen liefert eine quantitativ und qualitativ verbesserte Datenbasis. Kennzahlen oder reine Wirtschaftlichkeitsberechnung ersetzen jedoch keine politische Entscheidung, sie werden sie nur beeinflussen. Auch die bereits an manchen Orten erfolgte Abfrage der Bürgerwünsche über das Internet ergibt vielleicht ein Stimmungsbild, die letztendliche Entscheidung bleibt jedoch immer dem Rat vorbehalten. Das strategische Management erfordert gerade politische Entscheidungen über Ziele und Programme. Die Politikerinnen und Politiker sind dabei nicht nur die Bündelungsinstanz für disparate Präferenzen der Bürgerinnen und Bürger, sondern dienen in erster Linie dem Gesamtinteresse und sind allein dem Gemeinwohl verpflichtet. Gerade in einer immer komplexer werdenden Gesellschaft ist eine derartige politische Entscheidungsinstanz notwendig. Der Rat repräsentiert dabei die Gesamtheit als Einheit mit unabhängigen Mitgliedern.[643]

Das Neue Steuerungsmodell fördert die Unabhängigkeit der Ratsmitglieder von einzelnen Interessengruppen und lenkt den Blick auf das Gesamtinteresse. In den Vordergrund der Ratstätigkeit rückt das, „was beim Bürger ankommt". Eine Kommune kann die Gestaltungskraft gegenüber ihren Bürgerinnen und Bürgern jedoch nur erreichen, wenn auch eine ausreichende „Steuerungsfähigkeit nach innen"[644] vorhanden ist. Das bedeutet, dass die politische Führung gegenüber der Verwaltung eine entsprechende Managementleistung erbringt und der Verwaltungsapparat leistungsfähig ist. Wenn die Verwaltung nicht fähig ist, die von der Politik versprochenen Leistungen zu erbringen, verliert das politische System an Legitimität. Die internen Steuerungsprobleme haben damit direkte Auswirkungen auf die externe Steuerung der Gesellschaft.[645] Eine effiziente Verwaltung ist folglich eine unabdingbare Voraussetzung eines demokratischen Gemeinwesens. Das Neue Steuerungsmodell setzt genau an diesem Punkt an. Oberstes Ziel ist die Steigerung der Effektivität und der Effizienz der Kommunalverwaltung. Die dazu

---

641 Lenk 1997, S. 145 - 156 (154)
642 Lenk 1997, S. 145 - 156 (154)
643 Döring 1997, S. 476 - 512 (501)
644 Jann 1994, S. 13
645 Jann 1994, S. 9

geforderte Einführung betriebswirtschaftlicher Elemente und ein verstärktes Wettbewerbsdenken verbessern die Leistungsfähigkeit der Verwaltung und damit die kommunale Aufgabenerfüllung. Die Zufriedenheit der Bürgerinnen und Bürger mit ihrer Kommune steigt, was wiederum die demokratische Stabilität positiv beeinflusst.

Ein Teil des demokratischen Prozesses ist ferner die Kontrolle der Verwaltung durch die Politik. Heute fehlt der Politik fast immer das Werkzeug zu erkennen, wo besonders gut gearbeitet wurde und wo nicht.[646] Eine Verwaltung kann sich schlecht gegen den Vorwurf der Ineffizienz wehren, wenn keine vergleichbaren Leistungskennzahlen vorliegen. Ebenso läuft die politische Kontrolle ins Leere, wenn die Kosten- und Leistungsdifferenzen nicht erkennbar sind. Das Neue Steuerungsmodell schafft die Grundlagen zur Ermittlung von Kosten und Qualitäten und fördert dadurch den Vergleich mit anderen. Sobald vergleichende Daten vorliegen, gibt es Begründungszwänge für Differenzen und Abweichungen. Gründe dafür können natürlich auch entsprechende politische Vorgaben (z. B. im sozialen Sektor) sein. Eine demokratische Kontrolle wird erst durch die Schaffung von Transparenz insbesondere mittels Leistungskennzahlen ermöglicht. Im Ergebnis erfolgt durch die Gesamtheit der Elemente des Neuen Steuerungsmodells eine Stärkung des klassischen Repräsentationsgedankens.

5.4.2 Einfluss des kommunalen Wahlrechts

Das kommunale Wahlsystem bestimmt größtenteils die Rekrutierungsmuster der Kandidatinnen und Kandidaten für den Rat. Betrachtet man beispielsweise das überwiegend im süddeutschen Raum vorherrschende kommunale Wahlsystem näher, werden bereits hier die Weichen für einen bestimmten „Politikertyp" gestellt. Die hier vorhandene Möglichkeit zur Stimmenhäufung (Kumulieren) und zum Listenwechsel (Panaschieren) erlaubt es den Wählerinnen und Wählern, sich für bestimmte Kandidaten zu entscheiden. Selektionskriterien sind dabei überwiegend Persönlichkeit, Ansehen und Bekanntheitsgrad.[647] Dies verschärft das Interesse der einzelnen Kandidatin/des einzelnen Kandidaten sich persönlich zu profilieren, was am besten über sichtbare Einzeleingriffe gelingt.[648] Belohnt werden bürgerschaftliche Aktivitäten und Interessenvertretungen.[649] Parteiinternes Engagement hat bei diesem persönlichkeitsorientierten Wahlsystem bei den Bürgerinnen und Bürgern

---

646 Jann 1994, S. 20
647 Wehling 1989, S. 221 - 235 (227)
648 Blume 1993 b, S. 1 - 8 (6); Brandel/Stöbe-Blossey/Wohlfahrt 1999, S. 52
649 Naßmacher 1989, S. 62 - 83 (72)

oftmals keinen großen Stellenwert. Der Einfluss der Parteien auf die Zusammensetzung des Rates hält sich dadurch in Grenzen.[650] Das Bild von der Honoratiorenstruktur trifft jedoch nicht pauschal für alle Gemeinden zu. Vor allem in größeren Städten dominieren trotz des persönlichkeitsorientierten Wahlsystems Parteibindung und Parteipolitisierung.[651] Der reine Ortsteilpolitiker und Interessenvertreter von Verbänden und Vereinen kann sich hier in der Regel im Gesamtgebiet nicht durchsetzen. Wichtig ist jedoch auch hier, die Steigerung des Bekanntheitsgrades durch öffentlichkeitswirksames Agieren.[652]

Generell werden sich in einem persönlichkeitsorientiertem Wahlsystem für die Umsetzung des Neuen Steuerungsmodells strategisch denkende „Kreativ"-Politikerinnen und -Politiker schwer gegen „alteingesessene" Ratsmitglieder durchsetzen können, da sich die Bürger vor allem an den durch öffentliche Auftritte erworbenen Bekanntheitsgrad und an dem Gefühl der Vertretung ihrer eigenen Interessen orientieren. Damit soll nicht gesagt sein, dass diese Kandidatinnen und Kandidaten nicht über Schlüsselqualifikationen zur Verwaltungsreform verfügen. Sie sind nur nicht wahlentscheidend. Der Wandel im Selbstverständnis der Ratsmitglieder wird dadurch einen längeren Zeitraum beanspruchen.

Dominiert dagegen der Einfluss der Parteien oder können – wie etwa in Nordrhein-Westfalen – die Bürger nur komplette Parteilisten wählen, steigen die Wahlchancen der Kandidatinnen und Kandidaten, die für die Verwaltungsreform geeignete Qualifikationen besitzen. Dies gilt jedoch nur, wenn sie im parteiinternen Aufstellungsverfahren entsprechende Berücksichtigung gefunden haben.

Diese pauschalen Grundthesen müssen jedoch wiederum für jede Gemeinde aufgrund der besonderen örtlichen Gegebenheiten relativiert werden. Auf der einen Seite gibt es nämlich durchaus Honoratioren, die sich in erster Linie der Allgemeinheit verpflichtet fühlen oder es auch aufgrund des bereits bestehenden Bekanntheitsgrades nicht mehr „nötig" haben, sich speziell durch Einzelbefassung zu profilieren. Auf der anderen Seite antizipieren Parteien oftmals das Wählerverhalten[653] und stellen Kandidatinnen und Kandidaten entsprechend dem Proporz auf, ohne auf bestimmte Managementqualifikationen Wert zu legen.

---

650 Brandel/Stöbe-Blossey/Wohlfahrt 1999, S. 52
651 Köser/Caspers-Merk 1989, S. 97 - 120 (106)
652 Betrachtet man jedoch die Zusammensetzung des Stadtrates der Landeshauptstadt München, sind viele kleine Gruppierungen, die teilweise nur aus einer Person bestehen vertreten. Dies spricht wiederum für Honoratioren und Sonderinteressenvertreter.
653 Wehling 1989, S. 221 - 235 (226)

Gerade das persönlichkeitsorientierte Wahlsystem mit der Möglichkeit, die Reihenfolge der Kandidatinnen und Kandidaten auf der Liste zu verändern, richtet sich an die mündigen Bürgerinnen und Bürger. Sie haben hier großen Einfluss auf die Zusammensetzung des Rates. Die Bürgerinnen und Bürger können sich auch von gesamtstädtischen Problemen unmittelbar betroffen fühlen[654] und deshalb den an übergreifenden strategischen Fragestellungen interessierten Kommunalpolitikerinnen und -politikern den Vorzug vor Kandidaten geben, die sich um jeden „klappernden Kanaldeckel" kümmern. Viel hängt dabei auch vom allgemeinen Kenntnisstand der Bevölkerung über das Reformkonzept ab. Der Schlüsselfaktor ist hierbei eine entsprechende Öffentlichkeitsarbeit. In der heutigen Medienlandschaft ist es oftmals ungleich schwerer, die strategischen Programme der einzelnen Kandidatinnen und Kandidaten zu eruieren, als bloße Interessenvertretungen und Agitationen.

Jede Kommune hat eine spezielle Eigenart, was die Persönlichkeiten im Rat und die Wählerbedürfnisse angeht. Allgemein gültige Aussagen über den Zusammenhang zwischen Wahlsystem und Neuen Steuerungsmodell sind deshalb schwer zu treffen. Insgesamt kann jedoch davon ausgegangen werden, dass ein überwiegend persönlichkeitsorientiertes Wahlsystem die Umsetzung des Neuen Steuerungsmodells in wichtigen Elementen – wie beispielsweise den Verzicht auf Einzelfallbefassung – eher erschwert.

5.4.3 Bürgernahe Verwaltung – Machtverlust für den Rat?

Im Kontext der Neuen Steuerungsmodelle werden die Bürgerinnen und Bürger verstärkt als Kunden betrachtet. Allgemeines Ziel ist die Änderung der Verwaltung von der Ordnungsverwaltung hin zum Dienstleistungsunternehmen. Die Kundenorientierung gilt inzwischen als weithin akzeptiertes Leitbild.[655] Wichtigstes Instrument zur Erforschung der Kundenwünsche sind Befragungen. Sie werden zunehmend von der öffentlichen Verwaltung zur Informationsbeschaffung eingesetzt. Eine bürgernahe Verwaltung erschöpft sich jedoch nicht in der Durchführung von Kundenbefragungen, sondern dazu gehören beispielsweise auch ein bürgerfreundlicher Sprachgebrauch, den Bürgerwünschen angepasste Öffnungszeiten, die Zusammenlegung mehrerer verschiedener Anlaufstellen in Bürgerhäusern sowie das Abhalten von Foren zu bestimmten Themen. Empirische Untersuchungen[656] zeigten, dass die Be-

---

654 Brandel/Stöbe-Blossey/Wohlfahrt 1999, S. 52
655 Brandel/Stöbe-Blossey/Wohlfahrt 1999, S. 74
656 Grunow 1994, S. 362 - 379 (368)

ziehungsebene des Verhältnisses zur Verwaltung – im Sinne von Umgangsformen, Bereitschaft zur Informationsübermittlung usw. – durchaus für wichtig gehalten wird. Mitentscheidend ist jedoch auch die sachliche, inhaltliche Leistung, die durch diese Kommunikations- und Transferprozesse übermittelt wird. Bürgernah ist eine Verwaltung dann, wenn sie beiden Kriterien Rechnung trägt und genügt.[657]

Der Kontakt der Verwaltung zu organisierten Interessenverbänden wird durch das Neue Steuerungsmodell verstärkt. Durch die Einschränkung der Einflussnahmen der Vereine und Verbände auf die Politik[658] wenden sie sich stärker der Verwaltung zu. Die Interessengruppen agieren flexibel und dehnen ihren Aktionsradius auf die Fachbereiche aus.[659] Sie streben im Bereich des der Verwaltung zugesprochenen Handlungsspielraumes eine Sensibilisierung für ihre Probleme und eine Einflussnahme auf die Prioritätensetzung bei der Ausführung an.[660] Es besteht durchaus die Gefahr, dass Interessenorganisationen in der Verwaltung versuchen, klientelistische Strukturen[661] aufzubauen. Die Kundenbefragungen können als Schutz vor einer einseitigen Orientierung und zur Einbeziehung der Wünsche einer breiteren Masse dienen. Durch sie erfolgt eine Rückkopplung der allgemeinen Bürgerpräferenzen.

Die direkte Bürgerkommunikation der Verwaltung verunsichert gerade die Ratsmitglieder, die davon ausgehen, dass sie in Anbetracht ihrer Vielzahl von Bürgerkontakten am besten wüssten, was die Bürgerinnen und Bürger wollen.[662] Sie sollten die eigentlichen bürgernahen Repräsentanten sein. Bei einigen Kommunalpolitikerinnen und Kommunalpolitikern verfestigt sich dadurch die Befürchtung, nun zwischen autonom handelnder Verwaltung und direkt einbezogenen Bürgern die Verlierer der Reformprozesse zu werden.[663]

Umfragen der Verwaltung betreffen oftmals keine rein internen administrativen Angelegenheiten, auch wenn sie die Ausgestaltung des Verwaltungsvollzugs thematisieren. Kundenbefragungen dienen in erster Linie zur Artikulation von Bürgerwünschen. Sie liefern wichtige Informationen, die von der Verwaltung zur Gestaltung ihrer Tätigkeit genutzt werden. Sie können darüber hinaus zur Feststellung der subjektiven Zufriedenheit der Bürgerinnen und Bürger mit der Qualität der öffentlichen Dienstleistungen eingesetzt werden. Ebenfalls tragen sie dazu bei, Ziele überprüfbar zu machen. Umfragen vermitteln deshalb immer auch wichtige Grundlagen zur Entschei-

---

657 Grunow 1994, S. 362 – 379 (368)
658 s.o. 5.4.1.2
659 Frey/Kleinfeld 1997, S. 47 - 71 (66)
660 Nassmacher, 1989 a, S. 62 - 83 (71)
661 Kißler u.a. 1997, S. 38
662 Hill 1997 a, S. 23 - 31 (24)
663 Mäding 1997, S. 98 - 104 (103)

dungsfindung im Rat. Aus der Sicht des Neuen Steuerungsmodells könnten Umfragen deshalb die gewollte Entzerrung der Verantwortungssphären zwischen Rat und Verwaltung konterkarieren. Es ist deshalb systemkonformer, wenn die Politik der Verwaltung den Auftrag für Umfragen und deren Zielrichtung erteilt. Die Politik bleibt somit „Herr des Verfahrens". Dem Verwaltungshandeln sind damit Grenzen gesetzt. Entsprechende Befürchtungen der Ratsmitglieder können so etwas zerstreut werden. Bei der Bewertung der Umfragen ist außerdem zu beachten, dass sie oftmals nur Teilaspekte abbilden. Sozialpolitische Gesichtspunkte sowie in der Öffentlichkeit (noch) nicht hinreichend wahrgenommene Zukunftsthemen können leicht zu kurz kommen.[664] Sie dürfen aus diesem Grund nicht an die Stelle politischer Prioritätensetzung treten. Die letztverbindliche Entscheidung wird in einem wertorientierten Abwägungsprozess weiterhin durch die politischen Gremien gefällt. Die Gesamtverantwortung des Rates wird durch Umfragen der Verwaltung nicht berührt.

Kundenbefragungen erscheinen zwar auf den ersten Blick die Position des professionellen Personals zu stärken. Betrachtet man jedoch die Verwaltung als „Entwicklungsagentur"[665] für die Politik, insbesondere durch ihre Rolle bei der Entscheidungsvorbereitung, gewinnt auch die Kommunalpolitik. Dies gilt nicht nur bezüglich der Entscheidungsgrundlagen, sondern ein besseres Image der Verwaltung in der Öffentlichkeit fällt auch positiv auf die Politikerinnen und Politiker zurück. Eine bürgernahe Verwaltung ist keine Konkurrenz zu bürgernahen Ratsmitgliedern, sondern eine Ergänzung. Die Politik muss sich jedoch auch selbst in die Pflicht nehmen und die Pflege der „Außenbeziehungen" und die Einbeziehung der gesellschaftlichen Kräfte nicht alleine der Verwaltung überlassen. Von einem Machtverlust des Rates durch eine bürgernahe Verwaltung kann deshalb nicht gesprochen werden. Durch das Zusammenspiel beider Bereiche, Politik und Verwaltung, gewinnen die Bürgerinnen und Bürger und damit die kommunale Demokratie.

5.4.4 Bürgerkommune

5.4.4.1 Von der Dienstleistungskommune zur Bürgerkommune

Mit Einführung der neuen Steuerungsmodelle wurde die Forderung erhoben, eine Kommune müsse sich „von der Behörde zum Dienstleistungsunternehmen"[666] entwickeln. Infolgedessen rückte die Sichtweise vom Bürger als

---

664 Brandel/Stöbe-Blossey/Wohlfahrt 1999, S. 75
665 Böhret 1998, S. 41 - 46 (43)
666 Banner 1991, S. 6 - 11 (7)

"Kunden" in den Mittelpunkt. Leistungsangebot und Organisation sollten konsequent am Bedarf des Bürgers ausgerichtet werden. Für die Protagonisten des Neuen Steuerungsmodells, die in erster Linie vom New Public Management beeinflusst sind, zielt die Modernisierung deshalb vorrangig auf die verbesserte Kundenorientierung und Effektivität. Das Neue Steuerungsmodell schafft die Voraussetzungen für eine betriebswirtschaftliche Steuerung. Eine aktive Rolle der Bürgerinnen und Bürger ist mit dieser Sichtweise jedoch nicht verbunden.[667] Aus diesem Grund wurden bei der Einführung des Neuen Steuerungsmodells den Bürgerinnen und Bürgern als kommunalpolitischen Partizipanten innerhalb des Modells keine spezifischen Funktionen zugeordnet[668], sondern diese Rolle wurde überwiegend ausgeklammert.

In jüngster Zeit gerät dieses Leitbild von der Dienstleistungskommune ins Wanken. Der Begriff der „Bürgerkommune"[669] rückt mehr und mehr ins Blickfeld. Man erkennt, dass ohne die Einbeziehung der Bürgerinnen und Bürger nur geringe Reformerfolge erreicht werden können. Es erscheint wichtig, die Bürgerinnen und Bürger als Träger, Mitgestalter oder zumindest Beteiligte am Managementverfahren zu begreifen.[670] Ihnen wird eine neue aktive und selbstbewusste Rolle bei der Gestaltung der Kommune zugewiesen.[671] Es gilt die demokratische Legitimation neu zu denken. Der Bürger wird als „homo politicus" wahrgenommen, der öffentlich politisch Stellung bezieht und sich aktiv der „res publica" annimmt.[672] Gerhard Pfreundschuh bezeichnet diesen Wandel etwas überspitzt: „Weg von der repräsentativen Verwöhnungsdemokratie hin zur gemeinschaftlichen, aktiven Bürgerdemokratie"[673]. Die Landeshauptstadt München versucht, diese Vorstellung in ihrem zur Diskussion gestellten Leitbildentwurf mit folgendem Wortlaut umzusetzen: „Die Bürgerschaft ist nicht nur Kundschaft, die Einrichtungen benutzt und Dienstleistungen abfragt, sondern die gestaltende Kraft, die über Wahlen und in Einzelfällen auch mit Bürgerentscheiden über die Grundlinien der Stadtpolitik bestimmt – frei nach einem berühmten Wort von John F. Kennedy: Frage nicht nur, was die Stadt für dich tun kann, sondern auch, was du für die Stadt tun kannst."[674] In weiteren Punkten wird zwar auf die Förderung des Engagements der Bürgerinnen und Bürger eingegangen[675], eine Ein-

---

667 Brandel/Stöbe-Blossey/Wohlfahrt 1999, S. 72
668 Kleinfeld 1996, S. 207
669 Reichard 1999, S. 117 - 130 (120); Plamper 1999, S. 9 - 12 (11)
670 Plamper 1999, S. 9 - 12 (11)
671 Brandel/Stöbe-Blossey/Wohlfahrt 1999, S. 73
672 Heinelt 1997, S. 12 - 28 (21)
673 Pfreundschuh 1999, S. 218 - 222 (218)
674 Leitbild der Stadtverwaltung München Entwurf Stand 16.02.2000
675 Leitbild der Stadtverwaltung München Entwurf Stand 16.02.2000

beziehung der Bürgerschaft im Vorfeld der politischen Entscheidungen, die so genannte beratende Partizipation, wird jedoch nicht ausdrücklich erwähnt. Das Neue Steuerungsmodell steht dem neuen Leitbild der Bürgerkommune nicht entgegen. Unter Berücksichtigung bestimmter Grundvoraussetzungen lässt es sich mit ihm verbinden,[676] wie in den folgenden Ausführungen noch gezeigt wird. Bei der Bürgerkommune handelt es sich demnach um eine Weiterentwicklung des Neuen Steuerungsmodells mit verändertem Schwerpunkt, nämlich der Partizipation der Bürgerinnen und Bürger.

Von der Behörde zur Bürgerkommune

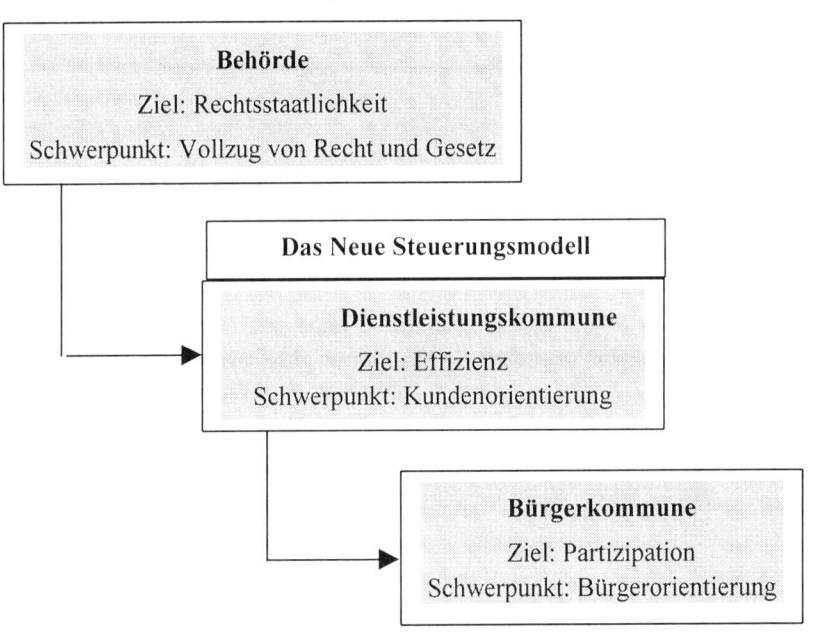

Behörde
Ziel: Rechtsstaatlichkeit
Schwerpunkt: Vollzug von Recht und Gesetz

Das Neue Steuerungsmodell

Dienstleistungskommune
Ziel: Effizienz
Schwerpunkt: Kundenorientierung

Bürgerkommune
Ziel: Partizipation
Schwerpunkt: Bürgerorientierung

Es geht in der Weiterentwicklung des Neuen Steuerungsmodells nicht nur um „bürgerorientiertes Handeln" der Kommune, sondern um eine Stärkung des ureigensten Charakters der kommunalen Selbstverwaltung, der Aktivierung und Beteiligung der Bürgerinnen und Bürger an den öffentlichen Angelegenheiten[677]. Plamper spricht von einer „Revitalisierung des Gemeinsinns auf allen Ebenen"[678]. Eine aktive Mitwirkung der Bürgerinnen und Bürger in der

---

[676] Gustmann 2000, S. 10 - 12 (11)
[677] s.o. 2.2.1
[678] Plamper 1999, S 9 - 12 (12)

Kommune kann auf zweierlei Art und Weise erfolgen. Zum einen können sie Lebensbereiche mitgestalten, die sie berühren. Es kommen dafür nicht nur Plebiszite, sondern auch neue Formen der Partizipation, wie die Teilnahme an Foren oder Bürgerversammlungen, in Frage. Zum anderen können die Bürgerinnen und Bürger selbst kommunale Leistungen erbringen, ohne auf der Gehaltsliste der Kommunen zu stehen. Letzteres wird mit „bürgerschaftlichem Engagement"[679] begrifflich umschrieben. Bürgerinnen und Bürger, die auf diese Weise aktiv in der Kommune mitwirken und entsprechende Mit- und Eigenverantwortung[680] übernehmen, haben die bisher zu beobachtende Haltung des Forderns und Inanspruchnehmens[681] überwunden. Sie sind nun nicht nur Kunden, also betreutes Subjekt, sondern Partner bei der kommunalen Leistungserbringung.[682]

5.4.4.2 Bürgerschaftliches Engagement

Unter bürgerschaftlichem Engagement versteht man das selbstbestimmte und freiwillige auf Gegenseitigkeit ausgerichtete Handeln der Bürger mit Blickrichtung, etwas Nützliches für sich selbst und das Gemeinwohl zu tun.[683] Voraussetzung ist die Bereitschaft, spürbare eigene Leistungen einzubringen und Verantwortung für öffentliche Angelegenheiten zu übernehmen. Gerade auf kommunaler Ebene gibt es offenkundig eine wachsende Bereitschaft der Bürgerinnen und Bürger, die Realisierung ihrer Interessen in die eigene Hand zu nehmen.[684] Man denke hier beispielsweise nur an die Vielzahl der Selbsthilfegruppen im Bereich der Kinderbetreuung, Spielplatzgestaltung oder der Unterstützung in sozialen Brennpunkten.

Die Reaktion auf verstärktes bürgerschaftliches Engagement ist in Politik und Verwaltung geteilt. Einerseits werden derartige Entwicklungen aufgrund der dadurch hervorgerufenen Entlastungen der kommunalen Haushalte und unter dem Gesichtspunkt der Bürgernähe und der Bürgeraktivierung begrüßt. Andererseits ist auch Skepsis zu verzeichnen, insbesondere bezüglich der Sicherung der Qualität[685] und der Chancengleichheit. Nicht in jedem Wohnungsquartier sind beispielsweise die Bürgerinnen und Bürger in der Lage, den Bau eines Spielplatzes zu ermöglichen. In der Politik wie in der Verwaltung wird diese Eigenständigkeit oftmals als Störung der staatlichen Herr-

---

679 Pitschas 1997, S. 538 - 542 (538); Brandel/Stöbe-Blossey/Wohlfahrt 1999, S. 87
680 Pitschas 1997, S. 538 - 542 (539)
681 Diese Haltung wurde auch lange von der Politik und der Verwaltung gefördert.
682 KGSt 1999, Das Neue KGSt-Politikerhandbuch, S. 110
683 Pitschas 1997, S. 538 - 542 (538)
684 Brandel/Stöbe-Blossey/Wohlfahrt 1999, S. 87
685 siehe beispielsweise die in einem Merkblatt der Landeshauptstadt München aufgeführten umfangreiche Qualitätsanforderungen zum Streichen von Schulräumen durch Eltern.

schaftsausübung angesehen.[686] Verwaltung wie Politik fühlen sich in ihren Aufgaben beschnitten und sehen das Engagement der Bürgerinnen und Bürger eher als negatives Hineinregieren der Öffentlichkeit an.[687] Bürgerschaftliches Engagement ist vielfach Ausdruck eines bestimmten, bisher ungedeckten oder nicht zur Zufriedenheit abgedeckten Bedarfs. Es wird der Eindruck erweckt, die Verwaltung sei nicht fähig, diese Aufgaben auszuführen, oder die Politik sei nicht in der Lage, die dazu erforderlichen politischen Vorgaben zu erlassen. Des Weiteren befürchten die Ratsmitglieder durch die Auslagerung in „Bürgerhände" politischen Einflussverlust.

Das Neue Steuerungsmodell fördert zwar nicht ausdrücklich bürgerschaftliches Engagement, die Eckpunkte lassen sich jedoch durchaus darunter subsumieren. Zwei Grundvoraussetzungen müssen dabei gegeben sein. Zum einen darf bürgerschaftliches Engagement nicht die Effektivität des Verwaltungshandelns behindern und muss sich daran messen lassen. Zum anderen muss eine Verknüpfung mit den Gesamtzielen einer Kommune gewährleistet sein.

Unter den Gesichtspunkten der Bürgernähe und einer möglichst weitgehenden Delegation der Kompetenzen – hier bis auf die Ebene der Bürgerinnen und Bürger – ist es Aufgabe der Kommunen, diese Aktivitäten zu initiieren, zu fördern und zu unterstützen, was mit den Begriffen „Enabling" und „Enpowerment" ausgedrückt wird.[688] Die Unterstützung durch die öffentliche Verwaltung ist oftmals finanzieller Art. Hinzu kommen fachliches Know-how oder logistische Hilfen.

Der politische Einfluss wird durch Rahmenvorgaben des Rates gesichert. Allerdings sind in diesem Bereich nicht mehr plakative Feinsteuerungsaktionen des Rates oder seiner einzelnen Mitglieder gefragt, sondern die Entwicklung konzeptioneller Zielvorgaben für Verwaltung und Bürgerschaft.[689] Es darf nicht zu einer „Bevormundung" der Bürgerinnen und Bürger durch die Politik und Verwaltung führen. Die von der Politik für das bürgerschaftliche Engagement erlassenen Eckpunkte fördern dagegen die vom Neuen Steuerungsmodell vertretene Zurückhaltung des Rates. Ein Scheitern der bürgerschaftlichen Angebote an bürokratischen Hürden darf es nicht geben. Ebenfalls führt das Gefühl, als „billige Arbeitskräfte"[690] missbraucht zu werden, zum Erlahmen einer aktiven Bürgerschaft.

---

686 Pitschas 1997, S. 538 - 542 (540)
687 Kersting 1997, S. 73 - 92 (80)
688 Reichard 1999, S. 117 - 130 (123); Brandel/Stöbe-Blossey/Wohlfahrt 1999, S. 86
689 Ressmann 1999, S. 29 - 33 (32)
690 Gustmann 2000, S. 10 - 12 (10)

Auf Staatsebene wurde für entsprechende Zielsetzungen der Begriff „Aktivierender Staat" geprägt.[691] Auf Kommunen übertragen, kann man dann von einer „Aktivierenden Kommune" sprechen. Die Förderung des bürgerschaftlichen Engagements bedeutet jedoch nicht, die Bürgerinnen und Bürger als Lückenbüßer überall dort einzusetzen, wo die Verwaltung oder die Politik das für geboten hält. Wichtig ist die Einbeziehung und damit die Revitalisierung des Gemeinsinns[692] auf allen Ebenen. Bürgerschaftliches Engagement führt dadurch im Ergebnis zu einer Intensivierung und Fortentwicklung der Idee der Selbstverwaltungsautonomie.

5.4.4.3 Beratende Partizipation

Kommunen sind die konkrete Ebene der gesellschaftlichen Auseinandersetzung.[693] Gerade auf kommunaler Ebene gibt es neben den direktdemokratischen Elementen und dem Stimmrecht in der parlamentarischen Repräsentation zahlreiche andere Einflussmöglichkeiten[694] der Bürgerschaft im politischen Entscheidungsprozess. Hierzu gehören die vielfältigsten konsultativen Einbeziehungen etwa in Form von Anhörungen, Informationsveranstaltungen oder die Mitgliedschaft in Beiräten sowie das Antragsrecht bei Bürgerversammlungen.

Die bereichs- und themenbezogene Partizipation[695] wird insbesondere durch Bürgerinitiativen getragen. Bürgerinitiativen engagieren sich überwiegend nur vorübergehend für eine bestimmte Sache.[696] Sie nehmen sich weitgehend Themen aus dem Reproduktionsbereich einer Gesellschaft an, wie beispielsweise Umwelt und Verkehr. Oftmals regen bestimmte Planungen der Kommunalverwaltung zur Bildung von Bürgerinitiativen an, oder das Misstrauen der Bevölkerung gegenüber der Verwaltung und der Politik, spezifische Probleme nicht aufzugreifen, ist Ursache für ihre Gründung.[697] Die Bürgerinitiativen sind somit in der Regel eine Antwort auf bestimmte Defizite. Um ihren Forderungen mehr Ausdruck zu geben, suchen sie sich vielfach Bündnispartner wie Verbände und Parteien.[698] Durch Einführung direkt demokratischer Elemente im kommunalem Bereich stehen ihnen zur Zielerreichung auch diese institutionellen Kanäle zur Verfügung. Je frühzeitiger eine

---

691 Reichard 1999, S. 117 - 130 (120)
692 Plamper 1999, S. 9 - 12 (12)
693 Mohnen-Belau/Bruns 1996, S. 234 - 239 (234)
694 Klie/Meysen 1998, S. 452 - 459 (454)
695 Kaase 1996, S. 521 - 527 (521) Definition Partizipation: „Alle Tätigkeiten, die Bürger freiwillig mit dem Ziel unternehmen, Entscheidungen auf den verschiedenen Ebenen des Politischen Systems zu beeinflussen".
696 Wehling 1996, S. 319 - 325 (325)
697 Kersting 1997, S. 73 - 92 (74)
698 Kersting 1997, S. 73 - 92 (81)

Bürgerinitiative ein Thema aufgreift, desto größer sind die Erfolgsaussichten,[699] da noch keine Festlegung auf eine bestimmte Entscheidung getroffen wurde und Fronten noch nicht verhärtet sind.

Nicht nur Bürgerinitiativen demonstrieren Basisnähe, sondern die Verwaltung und die Politik können auch eine gezielte Mitwirkung der Bevölkerung an entscheidungsrelevanten Themenbereichen initiieren. So werden beispielsweise bei der Entwicklung eines Stadtleitbildes die Bürgerinnen und Bürger konkret zur Mitdiskussion aufgefordert.[700] Ein Aufruf zur Mitwirkung erfolgt häufig auch bei diversen Planungen im Wohnungsbau oder bei Platzgestaltungen. Durch die Einschaltung von Bürgerinnen und Bürger in die Diskussion bereits während des Planungsstadiums lassen sich auch schwierigere Vorhaben reibungsloser und leichter realisieren.[701] Zu beachten ist jedoch, dass diese Aktivitäten im Bereich der Entscheidungsvorbereitung angesiedelt sind. Sie dienen der Information der Verwaltung und Politik. Die Bürgeraktivierung wird dadurch als politisches Führungsmittel zur Entwicklung strategischer Ziele eingesetzt.[702]

Eine wichtige Möglichkeit der beratenden Partizipation[703] ist das nahezu in jeder Gemeindeordnung verankerte Mitwirkungsrecht bei Bürgerversammlungen.[704] Inwieweit eine Bürgerversammlung ausschließlich zur Unterrichtung der Bevölkerung wahrgenommen wird oder als Artikulationsforum genutzt wird, kann situationsbedingt recht verschieden sein. Es kommt hier vielfach auf die Mobilisierung der Bevölkerung an. Grundsätzlich kann die Bürgerversammlung Empfehlungen aussprechen, die dann innerhalb von drei Monaten vom Gemeinderat, einem beschließenden Ausschuss oder dem zuständigen Bezirksausschuss behandelt werden müssen. Es handelt sich bei den Empfehlungen der Bürgerversammlung um keine für die Gemeinde bindenden Beschlüsse.[705] Die politischen Gremien haben auch hier weiter das Letztentscheidungsrecht. Durch die verpflichtende Behandlung in den politischen Gremien soll die Beachtung der Bürgerwünsche gewährleistet werden.[706] Die Politikerinnen und Politiker werden in richtig verstandener Verantwortung Konsequenzen aus dem zu Tage getretenen Meinungsspektrum ziehen.[707] Die basisdemokratischen Ergebnisse in Bürgerversammlungen wie im sonstigen Bereich der beratenden Partizipation sind Ausdruck des direkten

---

699 Wehling 1996, S. 319 - 325 (325)
700 in Passau bereits praktiziert; in München geplant
701 Ziegler 1974, S. 61
702 KGSt 1999, Das Neue KGSt-Politikerhandbuch, S. 108
703 Frey 1984, S. 104 - 107 (105)
704 z. B. Art. 18 BayGO
705 Bauer/Böhle/Masson/Samper 1998, Anm. 20 zu Art. 18 BayGO
706 Bauer/Böhle/Masson/Samper 1998, Anm. 20 zu Art. 18 BayGO
707 Knemeyer 1995, S. 125

Bürgerwillens und entfalten eine nicht zu unterschätzende normative Kraft des Faktischen.

Diese aktive Mitwirkung der Bürgerinnen und Bürger im Entscheidungsprozess setzt umfangreiche Informationen voraus. Nur durch fundierte Kenntnisse über den Sachverhalt haben die Betroffenen eine reelle Chance zur einflussreichen Beteiligung.[708] Verwaltung und Politik müssen ihr Herrschaftswissen preisgeben. Erst die dadurch hervorgerufene Transparenz führt zu einer politischen Selbstbefähigung[709] der Bürgerinnen und Bürger und stärkt sie in ihrer Politikfähigkeit.[710]

Gegen eine Ausweitung der beratenden Partizipation wenden sich deshalb auch einige Mitglieder der Verwaltung und der Politik. Als Experten meinen sie selbst zu wissen, was den Bürgerinnen und Bürgern frommt.[711] Die Politikerinnen und Politiker wollen Basisnähe demonstrieren. Aber sie sehen sich durch erfolgreiche Bürgerbeteiligungen in ihrer Macht beschränkt, als Repräsentanten Entwicklungsstrategien und Konfliktbewältigungen selbst zu bewerkstelligen.[712] Für die Ratsmitglieder und die Fraktionen wird es außerdem schwieriger, einzelne Maßnahmen als Durchsetzung eigener Politik zu verkaufen[713], wenn die Bürgerschaft ihre Anregungen direkt artikuliert und sie nicht erst durch die gewählten Volksvertreterinnen und Volksvertreter aufgreifen lässt.

Beratende Partizipation soll aber nicht die lokale Politik in den für sie vorgesehenen Gremien ersetzen, sondern alle Aktivitäten sind nur im Vorfeld der politischen Entscheidungen angesiedelt. Sie finden Eingang in den politischen Abwägungsprozess und sichern dadurch nachhaltig die notwendige Bodenhaftung und Basisnähe lokaler Politik.[714] Das Entscheidungsrecht verbleibt beim Rat und seinen Ausschüssen – was der Intention des Neuen Steuerungsmodells entspricht –, auch wenn dieses faktisch durch die Diskussion in Interessengruppen und Bürgerforen stark präjudiziert ist.[715] Das erfolgreiche Agieren von Bürgerinitiativen führt jedoch nicht selten zu einer Stärkung der Verwaltung, die sach- und dienstleistungsorientiert mit den Initiativen zusammenarbeitet.[716] Die Politik ist dann nur bei auftretenden Konflikten zwischen Verwaltung und Bürgerinitiativen gefragt, ansonsten bleibt sie weitgehend außen vor.

---

708 Prittwitz von 1994, S. 102
709 Kißler 1997, S. 95 - 112 (107)
710 Klie/Meysen 1998, S. 452 - 459 (457)
711 KGSt 1996, Bericht Nr. 10, S. 39
712 Pitschas 1997, S. 538 - 542 (541)
713 Ressmann 1999, S. 29 - 33 (319
714 Klie/Meysen 1998, S. 452 - 459 (4599
715 Brandel/Stöbe-Blossey/Wohlfahrt 1999, S. 81
716 Ressmann 1999, S. 29 - 33 (31)

Beratende Partizipation betrifft außerdem die vom Neuen Steuerungsmodell angestrebte weitgehende Entzerrung der Einflusssphären von Verwaltung und Politik. Insbesondere durch Empfehlungen der Bürgerversammlung könnte diese Trennung verwischt werden. Entsprechende Empfehlungen betreffen häufig die so genannten laufenden Angelegenheiten des ersten Bürgermeisters. Auch diese werden im Rat behandelt, wobei der Rat jedoch kein Recht besitzt, die Entscheidungsbefugnis an sich zu ziehen.[717] Allein schon durch eine Befassung der Volksvertretung kann diese öffentlichkeitswirksam Einfluss nehmen.

Des Weiteren ist aus der Sicht des Neuen Steuerungsmodells die beratende Partizipation nach Effizienz- und Effektivitätskriterien zu beurteilen. Es ist unbestritten, dass eine Bürgerbeteiligung die Arbeit im Rathaus nicht leichter macht. Der Verwaltungsaufwand bei der Abfrage und Einbindung des Bürgerwillens ist groß. Das Verfahren benötigt meist einen größeren Zeitrahmen[718]. Ziele und möglicherweise fest geplante Investitionen sind neu zu überdenken. Partizipation und Effizienz stehen somit in einem Spannungsverhältnis.[719] Bewertet man allein die Wirtschaftlichkeit, kann eine formale Bürgerbeteiligung aufgrund der unter Umständen verursachten hohen Kosten leicht zu einem ungünstigen Wert führen. Richtet man jedoch den Blick verstärkt auf die Effektivität, rückt der Bürgerwille in den Vordergrund. Durch eine erfolgreiche Bürgerbeteiligung wird eine hohe Akzeptanz der Verwaltungshandlungen in der Bevölkerung erzielt. Die gesteckten Ziele entsprechen dem Bürgerwillen. Die beabsichtigten Handlungswirkungen sind durch die Mitwirkung der Bevölkerung in der Regel leichter erreichbar. Insgesamt erhöht sich durch die Partizipation die Responsivität politischer Interventionen. Je stärker die Mitwirkung der Bürgerinnen und Bürger ausgeprägt ist, desto stärker stimmen die politischen Vorstellungen in den Führungsgremien mit denen der Bevölkerung überein.[720] Die Chancen eines günstigen Effektivitätswertes werden dadurch entsprechend größer.[721]

Auch wenn das Neue Steuerungsmodell den Schwerpunkt auf die Dienstleistungskommune gerichtet hat, steht es einem Ausbau der Partizipationsmöglichkeiten grundsätzlich nicht im Wege.

---

717 Bauer/Böhle/Masson/Samper 1998, Anm. 20 zu Art. 18 BayGO
718 Ziegler 1974, S. 77
719 Bäumler 1999, S. 644 - 650 (646)
720 Kersting 1997, S. 73 - 92 (78)
721 Heinelt 1997, S. 12 - 28 (21)

5.4.4.4 Das Neue Steuerungsmodell und die Formen der direkten Demokratie

In allen Flächenbundesstaaten ist inzwischen die Möglichkeit geschaffen worden, durch Bürgerbegehren und Bürgerentscheid über einzelne Fragen der Kommunalpolitik abzustimmen. Die direktdemokratische Willensbildung trägt themenbezogen zu einer Intensivierung der öffentlichen Diskussion bei. Stimmungen in der Bürgerschaft werden auch außerhalb der Wahlzeiten deutlich erkennbar.[722] Die politische Nachprüfbarkeit und Korrektur von getroffenen Entscheidungen ist nun nicht mehr nur an Wahltagen möglich, sondern jederzeit.

Bereits die bloße Existenz der Instrumente entfaltet für die Kommunalpolitikerinnen und Kommunalpolitiker ein gewisses Drohpotential.[723] Ein Bürgerentscheid hängt wie ein „scharfes Schwert"[724] über den Köpfen von Bürgermeister und Rat. Es droht die Korrektur einer im Rat getroffenen Entscheidung durch das Volk als Souverän. Aus diesem Grund entfaltet das Instrument Referendum bereits eine antizipierende Wirkung, in dem es die Kommunalpolitik auf Kurs mit der Bürgermeinung hält.[725] Die Mehrheit der Politikerinnen und Politiker will in der Regel durch mehr Akzeptanzarbeit und Responsivität Bürgerentscheide vermeiden.[726] Sie nehmen sich deshalb im Vorfeld des Referendums verstärkt des Themas im Sinne der in diesem Bereich aktiven Bürgerschaft an, so dass dann oftmals ein Bürgerentscheid nicht mehr als notwendig erachtet wird.

Unter dem Gesichtspunkt des Neuen Steuerungsmodells ist nun die Frage relevant, welche Wirkung Bürgerbegehren und Bürgerentscheid insbesondere auf das Verhältnis von Politik und Verwaltung haben. Direkte Demokratie hat im Ergebnis Einfluss auf die Macht der politischen Instanzen, weil sie jederzeit mit einer Korrektur ihrer Machtausübung rechnen müssen.[727] Bereits getroffene Zielsetzungen durch den Rat können durch Bürgerentscheide geändert oder auch ganz abgesetzt werden. Der Inhalt von Bürgerentscheiden ist jedoch in vielen Fällen nicht nur eine Reaktion auf Ratsentscheidungen, sondern es gibt eine ganze Reihe „produktiver" Initiativen[728], die damit der Kommune neue Ziele vorgeben. Ein erfolgreicher Bürgerentscheid relativiert deshalb die Zielplanungen der Politik und damit die Kontrakte zwischen Politik und Verwaltung. Beide sind verpflichtet, sich auf dem Boden des

---

722 Bäumler 1999, S. 644 - 650 (645); KGSt 1999, Das Neue Politikerhandbuch, S. 107
723 Henneke 1997 a, S. 1 - 9 (8)
724 Wehling 1998, S. 76 - 80 (80)
725 Wehling 1998, S. 76 - 80 (80)
726 Schiller 1997, S. 113 - 122 (119)
727 KGSt 1996, Bericht Nr. 10, S. 38
728 Schiller 1997, S. 113 - 122 (118)

Abstimmungsergebnisses neu zu vereinbaren.[729] Diese Korrektur ist durchaus mit den Intentionen des Neuen Steuerungsmodells vereinbar, da eine ständige Überprüfung der Zielsetzungen am Bürgerwillen erwünscht ist. Bürgerbegehren/Bürgerentscheide beziehen sich in der Regel, um der Erfolgsaussichten willen, auch stärker auf Gruppengüter[730], als auf individuelle Interessen. Auch dies fördert die Umsetzung des Neuen Steuerungsmodells, da dadurch die Einzelbefassung zu Gunsten der Allgemeininteressen zurückgedrängt wird.

Problematisch für die Vereinbarkeit mit dem Neuen Steuerungsmodell könnten Bürgerentscheide unter dem Gesichtspunkt der Effizienz werden. Es ist möglich, dass gerade Kostenfaktoren bei Bürgerentscheiden nicht die genügende Berücksichtigung finden. Entsprechende ausführliche Informationen der Kommune im Vorfeld eines Bürgerentscheides unter Aufzeigen möglicher Konsequenzen können dabei helfen, dass Effizienzkriterien bei der Entscheidung ausreichend beachtet werden. Sicher hat sich durch Bürgerentscheide das bisherige Kräfteverhältnis zwischen den Mandatsträgerinnen und Mandatsträgern und ihrem „Stimmvolk" geändert. Es wird nun eine neue Kultur des Überzeugens in der ständigen politischen Auseinandersetzung erforderlich.[731] Gerade dies liegt jedoch auf einer Linie mit dem Neuen Steuerungsmodell. Allerdings ist mancherorts zu beobachten, dass die im Rat „unterlegene" Fraktion ein Bürgerbegehren initiiert, um mit Hilfe des Referendums ihre Ansicht bestätigt zu bekommen. Auf der einen Seite ist dies in gewisser Weise problematisch, da die politische Auseinandersetzung aus dem Rat herausverlagert und der Mehrheitswille im Rat nicht anerkannt wird. Auf der anderen Seite zeigt ein Erfolg den mehrheitlichen Bürgerwillen und muss akzeptiert werden.

Insgesamt wird durch die Zulassung von Referenden der Blick auf das für die Mehrheit der Bevölkerung Wesentliche geschärft und Bürgernähe praktiziert. Die Zielsetzungen und die Ergebnisorientierung stehen weiter im Mittelpunkt, so dass die Formen der direkten Demokratie in weiten Teilen mit dem Neuen Steuerungsmodell vereinbar sind.

5.4.4.5 Das Neue Steuerungsmodell und die Rolle der Bezirksausschüsse/ Stadtteilvertretungen

Von den Protagonisten des Neuen Steuerungsmodells, insbesondere von der Kommunalen Gemeinschaftsstelle, wird die Rolle der Bezirksausschüsse[732] im

---

729 KGSt 1996, Bericht Nr. 10, S. 39
730 Schiller 1997, S. 113 - 122 (114)
731 Bäumler 1999, S. 644 - 650 (645)
732 s.o. 2.2.2.3. in anderen Bundesländern Ortschaftsrat etc. genannt

Reformprozess nahezu ausgespart.[733] Obwohl durchwegs alle bundesdeutschen Kommunalverfassungen ein entsprechendes Instrument der bürgernahen Gemeinde kennen, lassen die theoretischen Ausführungen zum Neuen Steuerungsmodell dazu Aussagen vermissen.[734] Gleichwohl ist es erforderlich, diese Gremien in den Reformprozess mit einzubeziehen. Hierbei ist jedoch nach der Art der ihnen zugewiesenen Befugnisse (Anhörungs-, Antrags- oder Entscheidungsrechte) zu differenzieren.

Grundsätzlich handelt es sich bei Bezirksausschüssen um weitere kommunalpolitische Gremien, in denen eine Vielzahl von Kommunalpolitikerinnen und Kommunalpolitikern ihre Stimme erheben und somit aktive Partizipation betreiben. Notwendigerweise sind auch hier bestimmte Profilierungsmuster über Detailbefassungen an der Tagesordnung. Des Weiteren rekrutieren sich häufig die Mitglieder des Stadtrates aus langjährigen Bezirksausschussmitgliedern. Die kleinräumige Denkweise überträgt sich somit leicht auf das gesamtstädtische politische Vertretungsorgan. Ein weiteres Problem im Rahmen des Neuen Steuerungsmodells stellt das beispielsweise bei der Landeshauptstadt München den Bezirksausschüssen zustehende Antragsrecht auch im Bereich der laufenden Angelegenheiten des Oberbürgermeisters dar.[735] Auch wenn der Verwaltungschef nicht an das Votum des Bezirksausschusses gebunden ist, beeinflusst dieses die Entscheidungsbildung.

Den Bezirksausschüssen stehen weiter vielfältige Anhörungs- und Informationsrechte zu. Dies kann unter Umständen zu einer Verlängerung der Verwaltungswege führen. Die Auswirkungen dieses Tätigkeitsbereiches der Bezirksausschüsse auf die Effizienz und Effektivität des Verwaltungshandelns entsprechen denen der beratenden Partizipation.[736] Probleme ergeben sich somit bei den Effizienzkriterien, wogegen sich positive Aspekte im Bereich der Effektivität ausmachen lassen. Die Bezirksausschüsse schlüpfen oftmals in die Rolle von „Ombudsmännern", von Anlaufstellen für Bürger und für die im Stadtbezirk ansässigen Institutionen.[737] Viele Fragen können auf dieser Ebene bereits geklärt werden, ohne dass der Verwaltungsapparat in Gang gesetzt werden muss. In der Regel führt dies zu einer unbürokratischen und schnellen Auskunft. Die Bezirksausschüsse üben hierbei die Funktion eines „Filters" aus. Die Beziehung zu der Verwaltung der Stadt wird volksnäher gestaltet.

Für die Umsetzung des Neuen Steuerungsmodells ist vor allem die Übertragung von Entscheidungsrechten aus dem Bereich des Stadtrates interessant.

733　Brandel/Stöbe-Blossey/Wohlfahrt 1999, S. 57
734　in erster Linie sind hier die Veröffentlichungen der KGSt angesprochen.
735　§ 2 Abs. 3 der Satzung für Bezirksausschüsse
736　s.o. 5.4.4.3
737　Direktorium, Presse- und Informationsamt der Landeshauptstadt München 1997, S. 118

Das von den Reformen angestrebte Dezentralisierungsprinzip wird hierbei auf die Politik übertragen. Die Stadtteilvertretungen entlasten den Stadtrat verstärkt von den „stadtbezirksbezogenen kleinen Dingen".[738] Im Rahmen der übertragenen Entscheidungsrechte entscheidet der Bezirksausschuss abschließend. Das heißt, es besteht kein Reklamationsrecht des Stadtrates.[739] Das politische Konkurrenzverhältnis zum Stadtrat gewinnt dadurch an Konturen. Infolgedessen wird eine Verkleinerung des Stadtparlaments immer wieder diskutiert.[740] Diese Konkurrenzsituation wird beispielsweise bei der Landeshauptstadt München durch die Diskussion um eigene Budgets der Bezirksausschüsse für das Jahr 2001 verstärkt. Ein noch zu bestimmender Betrag[741] soll dann den jeweiligen Bezirksausschüssen zur selbstständigen Verwaltung in den Bereichen Jugend und Soziales, Kultur, Schule, Sport, Spiel und Gesundheit zur Verfügung stehen.[742] Die Bezirksausschüsse würden dadurch weiter an Gewicht und Einfluss gewinnen.

Gerade durch die Behandlung der stadtbezirksbezogenen Bürgerversammlungsempfehlungen[743] in den betreffenden Bezirksausschüssen ist der Entlastungseffekt für den Stadtrat enorm.[744] Dem Stadtrat steht somit mehr Zeit für die „Strategie" und die stadtweiten Problemlösungen zur Verfügung, was wiederum ganz im Sinne des Neuen Steuerungsmodells ist. Oftmals wird gegen eine Stärkung der Stadtteilgremien die Befürchtung einer Separation und Aufspaltung innerhalb der Gesamtstadt angeführt. Bezirksausschüsse müssen jedoch bei ihrer Tätigkeit immer die gesamtstädtischen Belange berücksichtigen.[745] Richtig verstanden führt diese politische Tätigkeit gerade zu einer Integration der Bürgerinnen und Bürger[746] und zu einer Förderung des gesamtstädtischen Verständnisses. In den Bezirksausschüssen ist eine große Sachkompetenz und Ortskunde vereint. Dies gilt es für die Entscheidungsfindung zu nutzen. Es handelt sich hier außerdem um ein Stück Demokratisierung von unten[747], denn politisches Engagement wächst aus der persönlichen Betroffenheit im überschaubaren sozialen Umfeld. Ein lebendiges demokratisches Gemeinwesen kann auf den Freiraum für die Mitverantwortung der Bürgerinnen und Bürger und auf den von ihnen eingebrachten Sachverstand nicht verzichten.

---

738 Direktorium, Presse- und Informationsamt der Landeshauptstadt München 1997, S. 118
739 Direktorium, Presse- und Informationsamt der Landeshauptstadt München 1997, S. 103
740 Bäumler 1999, S. 644 - 650 (650)
741 zur Debatte stehen 25.000 DM pro Stadtbezirk zuzüglich 1 DM pro Einwohner
742 Die näheren Modalitäten sind noch nicht geklärt.
743 § 1 Abs. 2 Satz 3 der Satzung für die Bezirksausschüsse
744 Direktorium, Presse- und Informationsamt der Landeshauptstadt München 1997, S. 103
745 § 1 Abs. 2 Satz 3 der Satzung für die Bezirksausschüsse
746 Bäumler 1999, S. 646 - 650 (649)
747 Bäumler 1999, S. 646 - 650 (644)

5.4.5 Die kommunale Selbstverwaltung im Zeichen des Neuen Steuerungsmodells

Kern der verwaltungs-organisatorischen Komponente der kommunalen Selbstverwaltung ist die eigenverantwortliche Erfüllung der öffentlichen Aufgaben durch eigene Organe.[748] Abgestellt wird hier auf die Verwaltungs- und Leistungskraft der Kommunen.[749] Dem entspricht die Forderung des Neuen Steuerungsmodells nach mehr Effizienz und Effektivität. Betriebswirtschaftliche Elemente sollen dabei insbesondere zur Kostentransparenz beitragen. Weitere wichtige Komponenten, wie beispielsweise die Zusammenführung von Fach- und Ressourcenverantwortung, nehmen entscheidenden Einfluss auf die interne Organisation der Kommunen. Die Trennung der Verantwortungssphären zwischen Rat und Verwaltung trägt zur Verbesserung der allgemeinen Steuerung bei, was ebenfalls die gewünschte Effektivitätssteigerung herbeiführt. Die verwaltungs-organisatorische Funktion der Selbstverwaltung wird deshalb durch das Neue Steuerungsmodell im positiven Sinne beeinflusst.

Wie steht es jedoch um die Auswirkungen des Neuen Steuerungsmodells auf die politisch-demokratische Funktion der kommunalen Selbstverwaltung, die aktive Mitgestaltung durch die Bürgerinnen und Bürger? Zu diesem Teilbereich der kommunalen Selbstverwaltung gehören auch individuelle Aspekte wie die Identifikation mit der Gemeinde und rationale Aspekte wie Überschaubarkeit, Orts- und Sachnähe, was auch unter dem Bergriff der Bürgernähe subsumiert wird.[750] Eine „Selbst-Verwaltung" verlangt nach einem „Selbst-Bewusstsein"[751] der Bürgerinnen und Bürger als Grundlage und Motivation für Selbstverwaltung. Erzeugt wird dieses Bewusstsein der eigenen persönlichen Betroffenheit durch die Angelegenheiten der Gemeinde, gepaart mit der Erkenntnis, dass die anderen Mitglieder ähnlich betroffen sind.[752] Wichtig sind weiter die bei den Bürgerinnen und Bürgern subjektiv empfundenen Voraussetzungen für eine Mitwirkung an gemeinschaftlichen Entscheidungen.

Bei der Umsetzung des Neuen Steuerungsmodells besteht hier durchaus die Gefahr, dass die Mitwirkungsmöglichkeiten als reduziert empfunden werden. Das Ratsmitglied soll sich eben nicht um jeden „klappernden Kanaldek-

---

748 s.o. 2.2.1
749 Hill 1987, S. 13
750 Hill 1987, S. 25
751 Hill 1987, S. 27
752 Hill 1987, S. 28

kel" oder um Ausführungsdetails kümmern. Subjektiv wird dies oftmals als Rückschritt im Bereich der Bürgernähe empfunden.[753] Das Neue Steuerungsmodell setzt dagegen bei den Entscheidungen der politischen Vertretung den Schwerpunkt auf Strategie und schafft dazu die notwendigen Voraussetzungen. Der Kreis der betroffenen Bürgerinnen und Bürger erweitert sich in der Regel, und durch die weiterhin gewährleistete große Problemnähe der Entscheidungsträgerinnen und -träger ist ein Einbruch beim Aspekt der Bürgernähe nicht zu erwarten.[754]

Selbstverwaltung und Selbstgestaltung bedeutete bisher in erster Linie die ehrenamtliche Mitwirkung der Bürgerinnen und Bürger in der Kommunalverwaltung.[755] Als „Essentiale kommunaler Selbstverwaltung" wurde die verantwortliche Entscheidung von Repräsentanten erachtet.[756] Im Blickfeld der Bürgerbeteiligung steht also nach wie vor das politische Ehrenamt, wenn auch gerade in den letzten Jahren Formen der direkten Demokratie an Gewicht gewinnen.

Das Neue Steuerungsmodell bezieht sich in seinen Aussagen zur politischen Steuerung auch allein auf die Entscheidungsfindung im Rat und seinen Ausschüssen. Durch die Elemente des Neuen Steuerungsmodells[757] sollen die Ratsmitglieder besser in die Lage versetzt werden, der Verwaltung die Rahmenvorgaben zu liefern. Sie sollen die Entscheidungen treffen, die die Verwaltung dann auszuführen hat. Dies bedeutet eine Stärkung ihrer Position gegenüber der Administration. Die Mandatsträgerinnen und Mandatsträger sind die Subjekte und nicht die Objekte der Verwaltung.[758] Am Beginn einer Umsetzung des Neuen Steuerungsmodells besteht jedoch durchaus die Gefahr, dass insbesondere die Einführung betriebswirtschaftlicher Elemente sowie die neue Aufgabenverteilung zwischen Rat und Verwaltung in einem ersten Schritt mehr Vorteile für die Verwaltung bringt als für die Politik. Bleibt die Reform jedoch in diesem Stadium nicht stecken, wozu unter anderem ein Veränderungswille gerade bei den politischen Akteuren erforderlich ist, gewinnt die Politik an Steuerungskraft.[759]

Im Rahmen der kommunalen Selbstverwaltung ist jedoch auch nach dem Verhältnis von repräsentativer Demokratie und direkter Demokratie zu fragen. Beide Formen der Demokratie bedingen sich gegenseitig, und eine bürgerschaftliche Selbstverwaltung in den Kommunen ist ohne sie weder denkbar

---

753 s.o. 5.4.1.2
754 s.o. 5.4.1.2
755 Vogelsang/Lübking/Jahn 1997, RdNr. 40
756 Unruh von 1986, S. 217 - 224 (223)
757 z. B. Berichtswesen, Ergebnisorientierung
758 Berg 1982, S. 552 - 557 (556)
759 s.o. 5.1 und 5.2.1

noch real machbar.⁷⁶⁰ Ziel ist es, das Interesse am Gemeindegeschehen und die aktive Mitwirkung aller und nicht nur das der Volksvertreterinnen und Volksvertreter zu fördern. Schaut man sich jedoch derzeit in den öffentlichen Sitzungen der politischen Gremien um, dann scheinen diese keinen zu interessieren, im Zuschauerraum herrscht überwiegend gähnende Leere. Das Neue Steuerungsmodell ändert den Ablauf und den Inhalt der Ratssitzungen. Durch die Steuerung auf Abstand hat der Rat mehr Raum für konzeptionell übergreifende Diskussionen. Politisch konträre Positionen können tiefer gehend diskutiert werden.⁷⁶¹ Für den Zuschauer könnte dies eine wesentlich interessantere Sitzung zur Folge haben, als das oftmals undurchschaubare „Abnicken" von Verwaltungsvorlagen.

Die partizipatorische Demokratie geht vom Ideal des mündigen, informierten, handlungswilligen und –fähigen Bürger aus.⁷⁶² Die Kommunalverwaltung ist heute jedoch für die Bürgerinnen und Bürger schwerer verständlich und undurchschaubarer als je zuvor.⁷⁶³ Das Neue Steuerungsmodell versucht hier mittels Transparenz eine Erleichterung zu schaffen. Durch die Abfassung von Zielen und der feststellbaren Zielerreichung, vor allem mit Hilfe von Kennzahlen, wird für die Bürgerinnen und Bürger nun das Ergebnis des Verwaltungshandelns sichtbarer. Größeren Bevölkerungskreisen wird somit das Gemeindegeschehen vermehrt erschlossen. Durch eine höhere Transparenz stärkt das Neue Steuerungsmodell die Kontrollchancen der Bürgerinnen und Bürger über die Tätigkeit der gewählten Vertreterinnen und Vertreter. Die kommunale Selbstverwaltung soll den Menschen jedoch auch einen Aktiv- und Initiativraum⁷⁶⁴ im Bereich der gemeindlichen Angelegenheiten bieten. Durch die vermehrten Möglichkeiten zu verantwortlichem Umgang mit öffentlichen Angelegenheiten soll eine Kräftigung des staatsbürgerschaftlichen Verantwortungsbewusstseins eintreten.⁷⁶⁵ Diesem pädagogischen Aspekt der Selbstverwaltung⁷⁶⁶ wird am ehesten die direkte Bürgerbeteiligung in Bereichen des bürgerschaftlichen Engagements, der beratenden Partizipation und letztlich des Bürgerentscheids gerecht.

Im Bereich der unmittelbaren Bürgerbeteiligung hat das Neue Steuerungsmodell jedoch unübersehbare Defizite. Es stellt auf eine Dienstleistungskommune ab, ohne den Bürgerinnen und Bürgern eine über die Ver-

---

760 Kochanski 1991, S. 136 - 143 (136)
761 s.o. 5.4.1.3
762 Gabriel 1979, S. 73 - 251 (108)
763 Man denke hier nur an den Haushaltsplan
764 Ziegler 1974, S. 62
765 Die Gemeinde wird dabei oftmals im Schrifttum als „Schule der Demokratie" bezeichnet. Siehe dazu auch Art. 11 Abs.4 BV „Die Selbstverwaltung der Gemeinden dient dem Aufbau der Demokratie in Bayern von unten nach oben".
766 Hendler 1984, S. 352

tretungsdemokratie hinausgehende aktive Rolle zuzusprechen.[767] Diesen konzeptionellen Schwachpunkt des Neuen Steuerungsmodells versucht jetzt die in letzter Zeit postulierte Weiterentwicklung zur Bürgerkommune auszugleichen. Bei dem Leitbild der Bürgerkommune stehen alle Formen der Partizipation der Bürgerinnen und Bürger im Mittelpunkt. Dies reicht weit über die Vertretungsdemokratie hinaus. Gefördert werden Formen der vorentscheidlichen Einbindung bis hin zu bürgerschaftlichem Engagement und weiteren neuen Formen der aktiven Teilnahme. Im Ergebnis wird durch das Neue Steuerungsmodell die verwaltungs-organisatorische Funktion der kommunalen Selbstverwaltung höher bewertet als die politisch-demokratische Funktion. Trotz einiger positiver Einflüsse, wie beispielsweise die Stärkung der Stellung des Rates und die höhere Transparenz des Verwaltungshandelns auch gegenüber der Bürgerschaft, findet eine Aktivierung der Bürgerinnen und Bürger durch das Neue Steuerungsmodell nicht in entscheidendem Maße statt. Dies wird erst durch das neue Leitbild einer Bürgerkommune erreicht.

5.5 Das Neue Steuerungsmodell und die Rationalität des politischen Handelns

5.5.1 Die politische Rationalität

Das Neue Steuerungsmodell berührt die politischen Aktivitäten der Ratsmitglieder auf vielfältige Weise. Es verändert ihr Tätigkeitsfeld, indem es insbesondere die Ergebnisorientierung und „Steuerung auf Abstand" postuliert. Es stellt sich nun die Frage, ob der Einfluss des Neuen Steuerungsmodells auf die Politikerinnen und Politiker so weit reicht, dass ihre politische Denkweise davon betroffen wird. Diesbezüglich ist in einem ersten Schritt zu klären, inwieweit man überhaupt von einer Rationalität im politischen Bereich sprechen kann und welche Spezifika sich mit einer politischen Rationalität verbinden. In einem zweiten Schritt werden dann etwaige Veränderungen durch das Neue Steuerungsmodell analysiert.

Rationalität hat immer etwas mit der „ratio", der Vernunft, zu tun. Der Mensch ist ein mit „ratio" begabtes Wesen[768], er kann denken. Es gibt verschiedene Auffassungen und Ansätze der Vernunftkonzepte. Folgende allgemein gültige Kriterien für Rationalität lassen sich aufstellen:[769]

---

767 s.o. 5.4.4.1
768 Hättich 1986, S. 406 - 410 (407)
769 Weiß 1998, S. 532 - 534 (532)

- Rückführung auf Gründe;
- Herstellung von Relationen und eines Ordnungsgefüges zwischen Verschiedenem;
- Methode der geregelten Erzeugung begründeter Ordnungen.

Ein sich rational verhaltener Mensch nimmt alle möglichen erkenntnisfördernden Informationen in sich auf und versucht so zu einem eigenem Urteil zu kommen. Äußerst wichtig ist für ihn dabei die Methode.[770] Im Gegensatz dazu spricht man von Irrationalität, wenn sich Entscheidungen mehr auf Überliefertes und Erfahrungen stützen[771] oder ein Verhalten eher emotional begründet ist.[772]

Zur Abgrenzung von Rationalität und Irrationalität menschlichen Handelns leistete Max Weber einen wertvollen Beitrag. Im Bereich der Irrationalität unterscheidet er zwischen traditionalem und affektuellem Handeln, im Bereich der Rationalität zwischen wertrationalem und zweckrationalem Handeln.[773] Traditionales Verhalten wird durch die Gewohnheit, affektuelles Verhalten durch Emotionen bestimmt. Kennzeichen eines rationalen Verhaltens ist eine konsequente, planvolle Orientierung, die im Rahmen des wertrationalem Verhaltens ausschließlich im Dienst der vorgegebenen Werte steht.[774] Max Weber bevorzugt jedoch das zweckrationale Verhalten,[775] das nach Zweck, Mitteln und Nebenfolgen ausgerichtet ist. Zweckrational handelt derjenige, der die bestgeeigneten Mittel zur Erzielung eines bestimmten Erfolges einsetzt.[776] Rationales Handeln entsprechend dieser Zweck-Mittel-Relation sieht Max Weber eher durch die Bürokratie gewährleistet, als auf der Seite der politischen Führung.[777] Rationales Handeln zielt bewusst darauf ab, einen formulierten Zweck zu erreichen und wird allein von diesem Zweck beherrscht. Hinzu kommt die vorbedachte Wahl der zu verwendenden Mittel.[778] Lange Zeit galt das wirtschaftliche Prinzip als der beherrschende Grundsatz des rationalen Handelns.[779] Es fordert unter den Bedingungen der Knappheit der Mittel den geringsten (kostengünstigsten) Mitteleinsatz zur Erreichung eines bestimmten Zweckes (ökonomische Rationalität).

---

770 Oakeshott 1966, S. 20
771 Oakeshott 1966, S. 11
772 Hättich 1986, S. 406 - 410 (408)
773 Weber, Wirtschaft und Gesellschaft 1980, S. 12 f
774 Görlitz 1972, S. 64 - 70 (66)
775 Bank 1975, S. 25
776 Klaus/Buhr 1975, S. 1012; Weiß 1998, S. 532 - 534 (533)
777 Weber, Wirtschaft und Gesellschaft 1980, S. 164, 166
778 Oakeshott 1966, S. 94 f
779 Bank 1975, S. 15

In einer erweiterten Begriffsbestimmung wird unter Rationalität auch die aktive Fähigkeit verstanden, Mittel oder Methoden auf möglichst effektive Weise mit Zielen in Verbindung zu setzen.[780] Gerade für die Politik ist es von Bedeutung, dass Rationalität nicht nur als Mittel-, sondern auch als Zielbegründung verstanden wird. Gemeint sind damit jedoch nicht allgemeine Ziele oder oberste Werte, wie Freiheit und Gerechtigkeit, da diese in dieser allgemeinen Formulierung nicht zu Handlungskonzepten werden können. Mit Hilfe der Ratio werden Werte in politische Ziele umformuliert, aus denen sich Handlungskonzepte ableiten lassen, die wiederum von Zweck-Mittel-Relationen bestimmt werden.[781]

Das Rationalitätsprinzip besagt nichts über den Inhalt der verfolgten Zwecke. Es lässt sich mit allen denkbaren Zwecken verbinden. Wichtig ist dabei nur, dass optimiert wird und nicht was optimiert wird.[782] Politisches Handeln orientiert sich an Wahlperioden. Politische Entscheidungen werden infolgedessen vielfach zum Zweck der Optimierung der Wahlchancen gefällt. Entsprechend werden dafür die Mittel ausgewählt.[783] Zu einem ähnlichen Ergebnis kommt Antony Downs in seiner „Studie über die politische Rationalität vom ökonomischen Standpunkt her". Politische Parteien handeln seiner Meinung nach dann rational, wenn sie nach den Vorteilen streben, die mit dem Regierungsamt an sich verbunden sind.[784] Diese Faktoren machen die Spezifika der politischen Rationalität aus.

Eine Reduzierung der politischen Rationalität zum Beispiel auf die Optimierung der Wahlchancen greift jedoch zu kurz. Die Schwierigkeit der Realisierung politischer Rationalität ist darin zu sehen, dass sie eben in der Regel nicht eindimensional ist.[785] Sie unterscheidet sich von der Ökonomie (Reduzierung auf Produktions- und damit Kostenfaktoren) dadurch, dass sie mehrdimensional in dem Maße ist, in dem sie wertbezogen sein will.[786] Eine Zielanalyse und –auswahl muss daher stattfinden. So notwendig das Rationalitätspostulat für die Politik ist, so unrealistisch ist die verabsolutierende Anwendung. Politik wird von Menschen für Menschen gemacht. Gefühle und Betroffenheiten dürfen deshalb nicht eliminiert werden. Unbestritten ist, dass auch Emotionen und damit irrationales Verhalten mit im Spiel sind. Dies zeigt die Grenzen politischer Rationalität auf.

---

780 Hättich 1986, S. 406 - 410 (407)
781 Hättich 1986, S. 406 - 410 (409)
782 Arnim von 1993, S. 67 - 80 (69)
783 Reichard 1993, S. 3 - 24 (19); Banner 1984, S. 364 - 372 (365)
784 Downs 1968, S. 14
785 Spinner 1995, S. 504 - 511 (507)
786 Hättich 1986, S. 406 - 410 (409)

5.5.2 Einfluss des Neuen Steuerungsmodells

Das Neue Steuerungsmodell fördert eine verstärkte Managementorientierung der gesamten öffentlichen Verwaltung einschließlich der Tätigkeit des Rates. Durch die Ziel- und Ergebnisorientierung und Verlagerung des Schwerpunktes der politischen Beschlussfassung, weg von der Detailbefassung und hin zur Strategieentscheidung,[787] soll die Diskussion versachlicht werden. Kennzahlen und Berichte, angereichert mit Ergebnissen aus einer Kosten- und Leistungsrechnung, sollen dem Rat eine objektive Entscheidung sowie eine Orientierung am Kosten-Ertrags-Verhältnis ermöglichen. Das Neue Steuerungsmodell scheint somit zu einer Stärkung der ökonomischen Rationalität im Bereich der gesamten Kommunalverwaltung zu führen.[788] Die politische Rationalität kann jedoch nicht einfach durch die ökonomische Rationalität ersetzt werden.[789] Die Spezifika einer politischen Rationalität sind in einem demokratischen System nicht wegzudenken. Politikerinnen und Politiker sind weiterhin die gewählten Repräsentantinnen und Repräsentanten der Bürgerinnen und Bürger und werden ihr Tun entsprechend darauf ausrichten. Eine grundsätzliche Neuorientierung in ihrer Denkweise wird jedoch durch das Neue Steuerungsmodell veranlasst. Damit soll nicht gesagt werden, dass nun die reine ökonomische Rationalität im Rathaus regiert und eine politische Rationalität bisheriger Prägung nicht mehr zum Tragen kommt. Die Veränderungen sind auf einem anderen Gebiet spürbar.

Durch das Neue Steuerungsmodell vollzieht sich eine Verlagerung der Schwerpunkte der politischen Rationalität. Bisher war die politische Rationalität vor allem durch die Wiederwahlmentalität und durch damit verbundene Machtstrategien gekennzeichnet. Es standen eher Prozesse zur Konfliktaustragung und Kompromissbildung im Blickpunkt. Man kann deshalb die politische Rationalität alter Prägung auch als „Politics-Rationalität" begreifen. Das Neue Steuerungsmodell stellt jedoch die Ziele und Ergebnisse in den Mittelpunkt. Es interessiert die inhaltliche Konzeption der Politik zur Bewältigung der Problemlagen einer Kommune. Im Abwägungsprozess werden weiterhin auch Wahlstrategien Berücksichtigung finden, durch die Zielorientierung erfährt jedoch die inhaltliche Komponente eine Stärkung. Aus diesem Grund kann man nun von einer „Policy-Rationalität" sprechen. Es handelt sich dabei nicht um eine rein ökonomische Betrachtungsweise, wenn auch davon vermehrt Elemente einfließen. Vielmehr ist entscheidend, dass

---

[787] s.o. 3.2
[788] Reichard 1997, S. 139 - 144 (142)
[789] Bogumil 1997 a, S. 33 - 43 (40)

auch ideelle Werte und eine schwer messbare Gemeinwohlverträglichkeit neben „harten Faktoren", wie das optimale Kosten-Ertrags-Verhältnis, im politischen Zielfindungsprozess ihre Wertschätzung erfahren und die Wahl der geeigneten Mittel darauf abgestellt wird. Die politische Rationalität hat durch das Neue Steuerungsmodell eine andere Qualität erhalten. Die Veränderung lässt sich vereinfacht in folgender Kurve darstellen:

Veränderung der politischen Rationalität

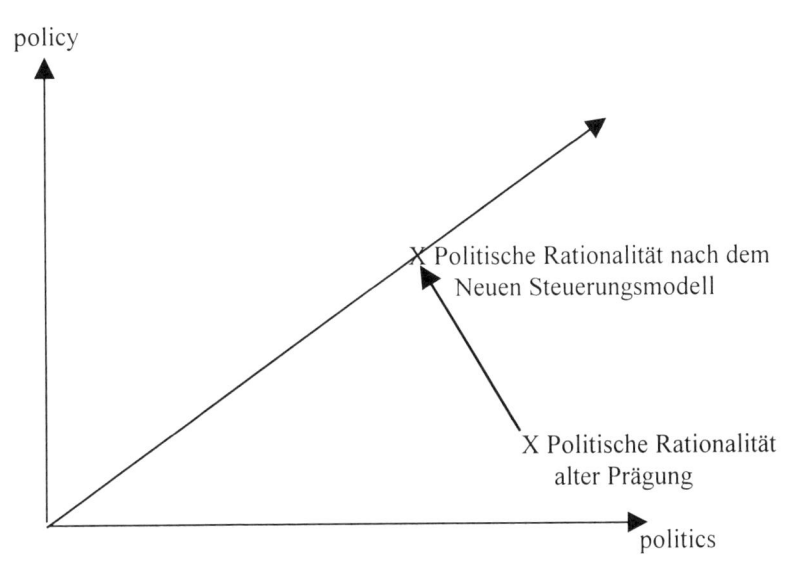

policy

X Politische Rationalität nach dem Neuen Steuerungsmodell

X Politische Rationalität alter Prägung

politics

Deutlich sichtbar wird die Verschiebung der politischen Rationalität in Richtung „Policy-Orientierung" mit Verminderung der „Politics-Komponenten". Idealerweise herrscht ein Gleichgewicht zwischen dem Policy-Anteil und dem Politics-Anteil. Im Rahmen des Neuen Steuerungsmodell besteht jedoch leicht die Gefahr einer Überbewertung der betriebswirtschaftlichen Elemente, wodurch sich eine stärkere Verschiebung in Richtung ökonomischer Rationalität ergeben könnte. Die jüngsten Reformbemühungen mit Schwerpunkt Bürgerorientierung und die Entwicklung zur Bürgerkommune festigen jedoch das anvisierte Gleichgewicht.

6 Schlussfolgerungen

6.1 These 1: Das Neue Steuerungsmodell stärkt das Primat der Politik in der Kommunalverwaltung

Die These „Das Neue Steuerungsmodell stärkt das Primat der Politik in der Kommunalverwaltung" und die ergänzende These „Das Neue Steuerungsmodell verändert das Selbstverständnis der Kommunalpolitikerinnen und Kommunalpolitiker" befassen sich mit dem Verhältnis der Politik zur Verwaltung. Nahezu jede Kommune in der Bundesrepublik Deutschland experimentiert mit Elementen des Neuen Steuerungsmodells, wobei jedoch die Umsetzungskonzepte variieren. Auffällig ist dabei, dass in der überwiegenden Zahl der Kommunen die Reform von der Verwaltung konzipiert und bestimmt wird. Ebenso sind die treibenden Kräfte im Reformprozess größtenteils auf der Verwaltungsseite zu finden.[790] Die politischen Vertretungsorgane verhalten sich eher abwartend und nehmen derzeit überwiegend nur eine Beobachterrolle ein, ohne selbst aktiv die Reform zu gestalten.[791] Das Interesse der Ratsmitglieder an der Verwaltungsreform und die Beteiligung ist zwar im Steigen begriffen, ist jedoch im Allgemeinen noch zu niedrig.[792]

Dies alles führt dazu, dass die Umsetzung des Neuen Steuerungsmodells in erster Linie als interne Verwaltungsreform begriffen wird, die die Struktur innerhalb der Verwaltung und ihre Abläufe berührt. Entsprechend dem Vorrang dieser Binnensteuerung wird auch der Schwerpunkt der Elemente der Modernisierung in den Kommunen ausgewählt. Hier steht eindeutig die Einführung betriebswirtschaftlicher Elemente, wie die Einführung eines neuen Rechnungswesens und der Aufbau eines Controllings, im Vordergrund.[793] Die Veränderungen im Verhältnis zwischen Rat und Verwaltung und die Auswirkungen des Neuen Steuerungsmodells auf die Ratstätigkeit allgemein, stehen nicht im Mittelpunkt des Reformprozesses, sondern werden nur am Rande mitbehandelt oder als nachrangige Umsetzungselemente geplant.[794]

Infolgedessen ist in der Praxis gerade auf Seiten der Politikerinnen und Politiker derzeit die Befürchtung vorhanden, dass durch das Neue Steuerungsmodell die Verwaltung reformiert und gestärkt wird und die Politik aus

---

790 siehe Auswertung Frage 1.2 des Fragebogens
791 s.o. 4.1.2
792 s.o. 4.1.2
793 s.o. 4.1.1
794 s.o. 4.1.1

dem Reformprozess als Verlierer hervorgeht. Die Konzeption des Neuen Steuerungsmodells sieht jedoch nicht nur Reformen auf der Verwaltungsseite vor, sondern spricht auch ausdrücklich Veränderungen in Bezug auf die Tätigkeit der politischen Gremien an. Mit den Bausteinen „Führung durch Leistungsabsprache statt durch Einzeleingriffe" und „klare Verantwortungsabgrenzung zwischen Politik und Verwaltung" wirkt es in den politischen Bereich hinein. Das Neue Steuerungsmodell sieht den Schwerpunkt für die Tätigkeit des Rates im Bereich der strategischen Steuerung, was zu weitreichenden Konsequenzen führt. Der Rat steuert die Kommunalverwaltung nun nicht mehr durch Einzeleingriffe und kleinteilige Aufträge für Einzelmaßnahmen, sondern gibt der Verwaltung Ziele vor. Die Politik bestimmt über das von der Verwaltung zu erreichende Ergebnis und setzt die Rahmenvorgaben fest, die von der Verwaltung zu beachten sind. Darunter fallen insbesondere finanzielle Vorgaben und die Einhaltung bestimmter Kriterien, wie beispielsweise Frauenförderung oder Umweltschutzvorgaben. Innerhalb dieser Rahmenbedingungen kann die Verwaltung die Aufgabe eigenverantwortlich erfüllen. Sie muss sich jedoch an der Zielerreichung messen lassen. Die Rückmeldung des Zielerreichungsgrades an die Politik ist ein zwingend notwendiges Element der Reform. Es ermöglicht die Kontrolle der Verwaltung durch die Politik und gibt auch der Politik selbst die Gelegenheit, ihre eigenen Ziele zu überprüfen und gegebenenfalls anzupassen. Das Neue Steuerungsmodell räumt diesem Punkt eine hohe Priorität ein, indem es der Verwaltung Instrumente an die Hand gibt, das Berichtssystem für die Politik optimal auszugestalten.

Unter diesem Gesichtspunkt hat der derzeitige Reformschwerpunkt in den Kommunen, die Einführung betriebswirtschaftlicher Elemente, auch positive Effekte für die Politik. Sie schafft die Grundlage für mehr Transparenz im Verwaltungshandeln. Der Aufbau eines adäquaten Berichtswesens und die Installierung eines Controllings sind eine notwendige Vorleistung der Verwaltung.[795] Nur durch entsprechende Informationen wird die Politik in die Lage versetzt, den Zielerreichungsgrad der Verwaltung zu kontrollieren und die Wirkungen auf die Bürgerschaft zu überprüfen. Das Neue Steuerungsmodell ermöglicht eine Transparenz, die der Politik jedoch nicht nur die Kontrolle der Verwaltungstätigkeit erleichtert, sondern sie schafft auch verbesserte Entscheidungsgrundlagen für die politischen Gremien. Zielvorgaben können umso präziser erfolgen, je qualitativ hochwertiger die vorliegenden Informationen sind.

Die Zielfindung selbst ist ein politischer Prozess. Ziele sind Ausdruck des politischen Willens und definieren die inhaltliche Ausgestaltung der Politik.[796]

---

[795] s.o. 5.2.2
[796] s.o. 3.3.2.1

Die Politik bestimmt mittels Zielsetzungen Richtung und Schwerpunkte des kommunalen Handelns sowie die Qualität der von der Kommune zu erbringenden Dienstleistungen. Man spricht in diesem Zusammenhang auch von einer „aktiven Verwaltungspolitik".[797] Die Politik beschließt Programme und Prinzipien und überlässt der Verwaltung die Ausführung, wobei der Verwaltung jedoch im Prozess der Zielfindung eine vorbereitende Rolle zukommt. Sie liefert weitgehend die dazu erforderlichen Zahlen und Fakten und arbeitet verschiedene Alternativen aus. Das Letztentscheidungsrecht verbleibt jedoch bei den politischen Gremien. Es entscheidet allein der politische Wille der Kommunalpolitikerinnen und Kommunalpolitiker.

Viele Politikerinnen und Politiker befürchten, dass sie durch die Umsetzung des Neuen Steuerungsmodells an Macht und Ansehen verlieren, wenn die Verwaltung selbst „bürgernäher" agiert und beispielsweise zur Erforschung der Kundenwünsche Befragungen durchführt. Die direkte Bürgerkommunikation der Verwaltung verunsichert die Ratsmitglieder, da sie sich vielfach als die eigentlichen bürgernahen Repräsentanten verstehen und selbst am besten wüssten, was die Bürgerinnen und Bürger wollen.[798] Umfragen der Verwaltung vermitteln jedoch auch wichtige Grundlagen zur Entscheidungsfindung im Rat. Die Bewertung und das Ziehen der sich daraus ergebenden Konsequenzen bleibt Aufgabe der Politik. Ebenso verschafft eine bürgernahe Verwaltung auch den Kommunalpolitikerinnen und Kommunalpolitikern ein besseres Image. Man kann deshalb nicht von einer Konkurrenz zur Politik oder von einem Machtverlust für die Politikerinnen und Politiker sprechen.[799]

Die Festlegung von Zielen bietet sich geradezu für einen offenen Austausch der Meinungen aller Beteiligten an. Hier erfolgt die politische Diskussion um die verschiedenen Strategien und Präferenzen der im Rat vertretenen Parteien und Gruppierungen. Es werden Schwerpunktthemen mit meist weitreichenden Konsequenzen und Berührungspunkten für eine Vielzahl von Bürgerinnen und Bürger diskutiert und nicht Einzelfallentscheidungen zur Befriedigung einzelner Bürgerinteressen. Gerade Diskussionen um strategische Ziele eignen sich für kontroverse politische Grundsatzauseinandersetzungen. Während dagegen Entscheidungen, die dem reinen Verwaltungsvollzug betreffen, wenig Raum für eigene Gestaltungsmöglichkeiten lassen und oftmals von der Politik nur abgesegnet werden.

Der Verzicht auf Einzelbefassung und Vorrang der strategischen Steuerung berührt in großem Maße nicht nur die Art der Diskussion, sondern damit verbunden auch das Selbstverständnis der Kommunalpolitikerinnen und

---

[797] s.o. 5.3.3
[798] s.o. 5.4.3
[799] s.o. 5.4.3

Kommunalpolitiker. Für ein Ratsmitglied sind die Vertretung der Bürgerinteressen und der direkte Bürgerkontakt die Essentialen der politischen Tätigkeit in der Kommune.[800] Die Politikerinnen und Politiker sehen es vielfach als ihre Aufgabe an, einer Mitbürgerin oder einem Mitbürger persönlich mittels Einflussnahme auf die Verwaltung helfen zu können.[801] Das neue Steuerungsmodell möchte jedoch derartige Eingriffe, die meist nur den Verwaltungsvollzug betreffen, reduzieren und nur auf den Ausnahmefall beschränken. Eine verstärkte Orientierung an der Allgemeinheit und eine strategische Zielplanung, nicht die Befassung mit Einzelproblemen und der Verwaltungsvollzug, sind die Hauptaufgaben der Politikerinnen und Politiker.[802] Im Zuge dieser Neuorientierung des Rates hin zur strategischen Steuerung und damit dem Wandel im Selbstverständnis der Kommunalpolitikerinnen und Kommunalpolitiker, verändert sich auch das Anforderungsprofil an ein Ratsmitglied. Während vor der Reform viele Kontakte und Verbindungen zu einem möglichst großen Personenkreis und vielen Organisationen sowie ein Expertenwissen (z.B. Soziales, Bauwesen) für ein erfolgreiches Agieren als Ratsmitglied für notwendig erachtet wurden, sind nun ausgeprägte Managementqualitäten gefragt.[803] Der neue Politikertyp muss die Fähigkeit zu einem globalen und strategischen Handeln besitzen. Wichtig sind nun der zukunftsweisende Blick für das Ganze.

Das Neue Steuerungsmodell verändert die Aufgabenstellung und Arbeitsweise der politischen Gremien. Durch die Konzentration auf langfristige Planungen, Programme und Zielsetzungen rückt die „große Linie" in die Vordergrund.[804] Es interessiert in der Regel nicht mehr der Einzelfall. Aus diesem Grund hat auch die Bedeutung des einzelnen Ratsmitglieds, das sich für bestimmte Sonderinteressen einsetzt und sich damit profilieren will, abgenommen. Dagegen gehen die Fraktionen gestärkt aus dem Reformprozess hervor.[805] Im Ergebnis spricht dies für einen fortschreitenden Wandel des Rates weg vom Verwaltungsorgan hin zu der Arbeitsweise eines Parlamentes, was wiederum den politischen Charakter hervorhebt. Die Praxis hat jedoch gezeigt, dass es derzeit noch an der Akzeptanz zur „Steuerung auf Abstand" bei den Kommunalpolitikerinnen und Kommunalpolitikern mangelt.[806] Ebenso bestimmen noch Schwierigkeiten bei der Zielformulierung den politischen

---

800 siehe Auswertung Frage Nr. 4.4 des Fragebogens
801 s.o. 4.2.1
802 s.o. 5.4.1.2
803 s.o. 4.4.2
804 s.o. 5.4.1.3
805 s.o. 5.3.4
806 s.o. 4.3.1 und 4.3.2

Reformprozess.[807] Durch das Neue Steuerungsmodell ergeben sich jedoch nicht nur viele positive Aspekte für die Administration, sondern gerade auch die politischen Gremien profitieren von der Reform. Das Neue Steuerungsmodell hilft den Ratsmitgliedern, ihre Führungsrolle gegenüber der Verwaltung verstärkt wahrzunehmen. Dies zu erkennen und vor allem umzusetzen braucht jedoch noch Zeit.

Das Ergebnis hat jedoch die Richtigkeit folgender Thesen gezeigt: „Das Neue Steuerungsmodell stärkt das Primat der Politik in der Kommunalverwaltung" und „Das Neue Steuerungsmodell verändert das Selbstverständnis der Kommunalpolitikerinnen und Kommunalpolitiker".

6.2 These 2: Durch das Neue Steuerungsmodell rückt die Policy-Komponente der Kommunalpolitik in den Vordergrund

Mittels der These „Durch das Neue Steuerungsmodell rückt die Policy-Komponente der Kommunalpolitik in den Vordergrund" und den ergänzenden Thesen „Durch das Neue Steuerungsmodell wird die politische Diskussion von betriebswirtschaftlichen Argumenten beherrscht" und „Das Neue Steuerungsmodell führt zu einer Veränderung der politischen Rationalität" sollen die Auswirkungen des Neuen Steuerungsmodells auf die inhaltliche Dimension der Kommunalpolitik beleuchtet werden. Im Zentrum des Interesses steht die Frage nach den Gegenständen und Aufgaben der Politik. Der Begriff „policy" bezeichnet die Ergebnisse der Politikformulierung, also die Output-Seite. Im Gegensatz dazu kennzeichnet der Begriff „politics" die prozessuale Seite der Politikfindung, den Prozess der Austragung von Konflikten.[808]

Das Neue Steuerungsmodell setzt den Akzent auf Ergebnisorientierung.[809] Oberste Prämisse der Tätigkeit der politischen Gremien ist das Setzen von Zielen für das Verwaltungshandeln. Die Ziele orientieren sich dabei an den beabsichtigten Wirkungen für die Bürgerinnen und Bürger. Abstimmungen über Einzelmaßnahmen und Details werden zurückgedrängt. Als Folge dieser Neuorientierung im Aufgabenbereich des Rates ist ein allgemeiner Funktionswandel in der Kommunalpolitik zu beobachten. Vor allem durch die längerfristige Zielplanung rückt das Gestalten in den Mittelpunkt der Ratstä-

---
807 s.o. 4.4.1
808 Jann 1983, S. 26 - 38 (27)
809 s.o. 5.3.1

tigkeit. Planungen und Konzepte nehmen in der Diskussion im Rat nun breiten Raum ein. Die Planungsfunktion tritt im Gegensatz zum Verwaltungsvollzug in den Vordergrund.[810]

Die Debatten im Rat erhalten durch das Neue Steuerungsmodell eine neue Qualität. Kontroverse Diskussionen werden nun um verschiedene Zielrichtungen des kommunalen Handelns geführt. Die Fraktionen und Gruppierungen im Rat versuchen unterschiedliche Präferenzen in das Zielsystem zu integrieren und durchzusetzen. Zur Argumentation steht ihnen dabei eine qualitativ verbesserte Datenbasis zur Verfügung. Die anschließende Überprüfung der Zielerreichung gibt weiteren Anlass für inhaltliche Diskussionen. Dabei existiert ein durch Interessenkonkurrenz geprägter Prozess der Austragung von Konflikten weiter. Ebenso sind Machtstrategien im Hinblick auf die Erhöhung von Wahlchancen weiter vorhanden. Das Neue Steuerungsmodell fördert jedoch durch eine konsequente Ergebnisorientierung mit Hilfe des Zielsystems und eines qualitativ hochwertigen Berichtswesens die Versachlichung der Debatten und eine verstärkte Orientierung an den Inhalten und Wirkungen der Politik.

Die steigende inhaltliche Ausrichtung der Kommunalpolitik wird oftmals mit einer Orientierung an wirtschaftlichen Daten in Verbindung gebracht. Ein gut ausgebautes Berichtswesen gibt auch Auskunft über Kosten-Nutzen-Relationen. Im Rahmen des neuen Steuerungsmodells wird eine konsequente Verknüpfung von Ressourcen mit den Ergebnissen/Wirkungen empfohlen.[811] Das Neue Steuerungsmodell schafft neue Informationsmöglichkeiten zum Beispiel durch eine Kosten-/Leistungsrechnung. Der Aufbau dieser erweiterten Datenbasis ist der Schwerpunkt der Reformaktivitäten in vielen Kommunen. Sie steht derzeit im Blickfeld des Interesses. Hinzu kommt oft noch die schwierige Finanzlage vieler Kommunen, so dass auch aus diesem Grund oftmals betriebswirtschaftliche Argumente die politischen Diskussionen prägen. Betriebswirtschaftliche Aussagen sind jedoch immer nur Teilaspekte im Entscheidungsprozess und nicht alleiniges Entscheidungskriterium. Eine Kommunalverwaltung orientiert sich im Gegensatz zu Wirtschaftsunternehmen nicht an einer hohen Rendite, sondern an den günstigen Wirkungen für das Leben in der Gemeinschaft. Der zu erwartende Nutzen für die Bürgerinnen und Bürger genießt oberste Priorität.[812] Nicht-ökonomische Gesichtspunkte sind deshalb ebenso Teil des Abwägungsprozesses wie monetäre Aspekte. Die Gewichtung obliegt der politischen Diskussion und Entscheidung. Das Neue Steuerungsmodell sieht Effizienz- und Effektivitätskriterien

---

810 s.o. 5.3.3
811 s.o. 5.3.2
812 s.o. 5.3.2

zwar als unverzichtbare Bestandteile des Entscheidungsprozesses an, es lässt jedoch Raum für die spezifische Eigenheit der öffentlichen Güter und Dienstleistungen, die auch nach nicht-monetären Kriterien bewertet werden müssen.[813]

Die verstärkte inhaltliche Ausrichtung der Kommunalpolitik hat eine Neuorientierung in der Denkweise der Kommunalpolitikerinnen und Kommunalpolitiker zur Folge. Bisher war die politische Rationalität geprägt von Machtstrategien im Hinblick auf eine erfolgreiche Wiederwahl.[814] Prozesse zur Konfliktaustragung standen dabei im Vordergrund („Politics-Rationalität"). Durch das Neue Steuerungsmodell gewinnt dagegen das Kosten-Ertrags-Verhältnis an Bedeutung. Ebenso rücken Ziele und Ergebnisse in den Mittelpunkt. Inhaltliche Komponenten bestimmen nun neben den Strukturen und Prozessen verstärkt die politische Tätigkeit. Die politische Rationalität verschiebt sich damit von einer „Politics-Rationalität" hin zu einer „Policy-Rationalität".[815]

Zusammenfassend kann somit die These „Durch das Neue Steuerungsmodell rückt die Policy-Komponente der Kommunalpolitik in den Vordergrund" uneingeschränkt bestätigt werden. Die ergänzende These „Durch das Neue Steuerungsmodell wird die politische Diskussion von betriebswirtschaftlichen Argumenten beherrscht" muss dagegen differenzierter betrachtet werden. In der Praxis wird diese Situation gerade von Politikerinnen und Politikern so gesehen. Dieser Eindruck basiert zum einen auf einem bisher nicht gewohnten Datenmaterial und zusätzlichen betriebswirtschaftlichen Informationen, zum anderen wird in der Tat in vielen Kommunen im jetzigen Stadium des Reformprozesses der Schwerpunkt auf wirtschaftliche Gesichtspunkte gelegt. Die derzeitige Praxis bestätigt somit diese These. Das Neue Steuerungsmodell in der theoretischen Konzeption und Zielrichtung sieht dagegen betriebswirtschaftliche Argumente nur als einen Punkt unter vielen Punkten im politischen Abwägungsprozess an. Die Aussage von der Beherrschung der politischen Diskussion durch betriebswirtschaftliche Argumente ist somit vom Modell her nicht richtig. Dagegen kann die These „Das neue Steuerungsmodell führt zu einer Veränderung der politischen Rationalität" wiederum bejaht werden.

---

[813] s.o. 5.3.2
[814] s.o. 5.5.1
[815] s.o. 5.5.2

6.3 These 3: Das Neue Steuerungsmodell stärkt die repräsentative Demokratie in den Kommunen

Mittels der These „Das Neue Steuerungsmodell stärkt die repräsentative Demokratie in den Kommunen" und der ergänzenden These „Das Neue Steuerungsmodell hat positiven Einfluss auf die Bürgernähe der politischen Vertreterinnen und Vertreter" sollen nun die Auswirkungen der Verwaltungsreform auf den Demokratiegrundsatz untersucht werden. Der Rat als Vertretungsorgan der Bürgerinnen und Bürger ist auch im Neuen Steuerungsmodell oberstes Entscheidungsgremium. Hier werden langfristige Planungen beschlossen, Maßstäbe gesetzt und somit die Weichen für die Zukunft der Kommune gestellt. Die Politik entscheidet über das Verwaltungshandeln. Allgemein wird die Position der Kommunalpolitikerinnen und Kommunalpolitiker im Entscheidungsprozess gestärkt.[816]

Die Ziele sind dabei Ausdruck der Prioritätensetzung der Mehrheit der Ratsmitglieder, was sich wiederum auf das Ergebnis der letzten Wahl zurückführen lässt. Bürgerinnen und Bürger bestimmen durch ihre Wahlentscheidung bereits die Grobziele der Kommune für die nächste Wahlperiode. Durch die Konzentration auf Inhalte, auch während eines Wahlkampfes, fördert das Neue Steuerungsmodell transparente Auswahlmöglichkeiten für die Bürgerinnen und Bürger. Im Mittelpunkt stehen die verschiedenen Wahlprogramme und Zielalternativen der Parteien. Es interessiert weniger die Person der Kandidatin oder des Kandidaten, sondern das dahinter stehende Programm. Zielsetzungen und die dazugehörige Feststellung der Zielerreichungsgrade ermöglichen außerdem einem größeren Personenkreis einen Einblick in die Tätigkeit der Ratsmitglieder und der Verwaltung. Bis ins kleinste Detail geführte Haushaltsberatungen und Einzelmaßnahmen waren für Bürgerinnen und Bürger bisher schwer nachvollziehbar. Strategische Zielsetzungen sind dagegen von Allgemeininteresse, und mit Hilfe eines adäquaten Berichtswesens wird das kommunale Betätigungsfeld insgesamt transparenter.

Zielsetzungen orientieren sich am Gesamtinteresse. Im Mittelpunkt der Ratstätigkeit rückt das, „was beim Bürger ankommt".[817] Vorrangig interessieren nicht die Wünsche Einzelner, sondern die Wirkungen auf die Gesamtheit der Bürgerschaft. Dies hat weitreichende Folgen für die Art der Vertretung im Rat. Die Befriedigung einzelner Bürgerwünsche wird zu Gunsten der Orientierung an der Allgemeinheit zurückgedrängt. Dies bedeutet nicht, dass die Kommunalpolitikerinnen und Kommunalpolitiker nicht auf Anregungen von

---

816 s.o. 6.1 (Erläuterungen zur These 1)
817 s.o. 5.4.1.3

Bürgerinnen und Bürgern reagieren sollen. Spezielle Wünsche sollen nur nicht zu einer Einzelbefassung im Rat führen, sondern vielmehr Anlass zur Überprüfung der strategisch-systematischen Ansätze und Zielplanungen geben.[818] Im Gegenzug erfordert dies auch eine Änderung bei der Erwartungshaltung der Bürgerinnen und Bürger an die Tätigkeit ihrer gewählten Repräsentantinnen und Repräsentanten.

Das Neue Steuerungsmodell bringt auch Änderungen für die Ratsmitglieder selbst mit sich. Auf der einen Seite bestehen weniger Profilierungschancen für einzelne Mandatsträgerinnen und Mandatsträger durch Vertretung und Durchsetzung von Sonderinteressen. Auf der anderen Seite können die Politikerinnen und Politiker unabhängiger von Interessenorganisationen agieren. Durch das Zurückdrängen der Detailentscheidungen zu Gunsten eines übergreifenden Planungsprozesses ist es für Vertreter organisierter Interessen ungleich schwerer, über privilegierte Zugänge zu Ratsmitgliedern eigene Sonderwünsche durchzusetzen.[819] Der Lobbyismus hat in dieser Art und Weise im Neuen Steuerungsmodell weniger Chancen. Die Ratsmitglieder gewinnen an Handlungs- und Entscheidungsfreiheit. Der klassische Repräsentationsgedanke wird durch diesen Aspekt des Neuen Steuerungsmodells hervorgehoben.

Durch die „neu gewonnene" Unabhängigkeit der Mandatsträgerinnen und Mandatsträger leidet jedoch nicht das Postulat der Bürgernähe. Einfluss verlieren nur diejenigen „Bittsteller", die eine Sonderbehandlung erwarten. Einzelfallinterventionen auf der Basis einzelner Bürgerbeschwerden sind oftmals Beispiele falsch verstandener Bürgernähe.[820] Wichtig sind dagegen die Ausrichtung an den Bedürfnissen der Allgemeinheit. Auch im Rahmen des Neuen Steuerungsmodells ist die Orientierung der Kommunalpolitikerinnen und Kommunalpolitiker an den Wünschen der Bürgerschaft unabdingbar. Nur durch Kontakt zur Basis können die Ziele dem Allgemeininteresse entsprechend formuliert werden. Ändern sich die Präferenzen bei den Bürgerinnen und Bürgern oder tritt anderweitig eine neue Situation ein, sind die Zielsetzungen in einem Abwägungsprozess entsprechend anzupassen. Des Weiteren ist es den Ratsmitgliedern jederzeit möglich, zusätzlich zum standardisierten Berichtswesen von der Verwaltung Sonderberichte zu speziellen Themen erstellen zu lassen. Das Zielsystem im Neuen Steuerungsmodell ist keine starre, unveränderbare Einheit. Es muss ständig überprüft werden.[821].

---

818 s.o. 5.4.1.2
819 s.o. 5.4.1.2
820 s.o. 5.4.1.2
821 s.o. 5.4.1.1

Im Ergebnis kann die These „Das Neue Steuerungsmodell stärkt die repräsentative Demokratie in den Kommunen" bejaht werden. Die ergänzende These „Das Neue Steuerungsmodell hat positiven Einfluss auf die politischen Vertreterinnen und Vertreter" kann so nicht uneingeschränkt bestätigt werden. Die Bürgernähe wird durch das Neue Steuerungsmodell berührt. Bürgerinteressen gehen in den strategischen Zielsetzungen auf. Es handelt sich somit um eine andere Art und Weise der Gewährleistung der Bürgernähe. Die Auswirkungen sind zwar nicht negativ zu beurteilen, überzeugende positive Effekte sind jedoch ebenfalls nicht zu erkennen.

6.4 These 4: Das Neue Steuerungsmodell vernachlässigt die aktive Teilhabe der Bürgerinnen und Bürger an der Kommunalverwaltung

Die These „Das Neue Steuerungsmodell vernachlässigt die aktive Teilhabe der Bürgerinnen und Bürger an der Kommunalverwaltung" und die ergänzende These „Die Bürgerkommune gleicht die Schwächen des Neuen Steuerungsmodells im Bereich der Partizipation aus" setzen bei einem Schwachpunkt des Neuen Steuerungsmodells, der Bürgerbeteiligung, an. Mit Hilfe des Neuen Steuerungsmodells sollen die Ratsmitglieder in die Lage versetzt werden, anhand qualitativ verbesserter Entscheidungsgrundlagen Ziele zu setzen und die Kommune zu steuern. Im Mittelpunkt des Neuen Steuerungsmodells steht die Stärkung des politischen Ehrenamtes.[822] Die Partizipation der Bürgerinnen und Bürger wird auf Wahlen beschränkt. Eine weitere aktive Rolle der Bürgerinnen und Bürger sieht das Neue Steuerungsmodell nicht explizit vor.[823] Diese Rollenverteilung kommt außerdem im Leitbild des Neuen Steuerungsmodells, der Dienstleistungskommune, zum Ausdruck. Die Bürgerinnen und Bürger werden als „Kunden" betrachtet, an deren Bedarf sich konsequent Leistungsangebot und Organisation auszurichten haben. Dies bedeutet zwar Berücksichtigung der „Kundenwünsche" bei der Festlegung der Zielsetzungen und Art der Ausführung, ein Mitbestimmungsrecht lässt sich jedoch daraus nicht ableiten. Das Neue Steuerungsmodell klammert jegliche Möglichkeit einer direkten Beteiligung der Bürgerinnen und Bürger am politischen Entscheidungsprozess aus. Dies gilt vor allem für den Bereich der Bürgerentscheide und auch für die Stärkung von Bezirksausschüssen/Stadtteilparlamenten. In der bisherigen Ausprägung des Neuen Steue-

---

822 siehe dazu auch Ausführungen zu These 3 (Kap. 6.3)
823 s.o. 5.4.4.1

rungsmodells erfolgt infolgedessen keine Aktivierung zur Beteiligung der Bürgerinnen und Bürger an gemeindlichen Angelegenheiten, einer Essentiale der kommunalen Selbstverwaltung.[824]

In jüngster Zeit setzt sich in vielen Kommunen immer mehr die Erkenntnis durch, dass Reformerfolge am besten mit Bürgerinnen und Bürger als Mitgestaltern zu erzielen sind.[825] Dieser nun einsetzende Wandel von der reinen Dienstleistungskommune hin zur „Bürgerkommune" zeigt jedoch auch, dass sich die Elemente des Neuen Steuerungsmodells grundsätzlich mit einer aktiveren Rolle der Bürgerinnen und Bürger verbinden lassen. Nahezu problemlos ist jegliche Form der beratenden Partizipation mit dem Neuen Steuerungsmodell kompatibel, da es sich hier um eine Meinungsbildung und Interessenvertretung im Vorfeld politischer Entscheidungen handelt.[826] Ergebnisse im Bereich der beratenden Partizipation sind Ausdruck des Bürgerwillens und entsprechend dann von den Mandatsträgerinnen und Mandatsträgern zu bewerten. Beim bürgerschaftlichen Engagement erbringen die Bürgerinnen und Bürger selbst für sich und die gesamte Kommune Leistungen. Bei Einhaltung politischer Rahmenvorgaben und bei Berücksichtigung der Zielsetzungen der Kommune kann diese Form der Partizipation mit dem Neuen Steuerungsmodell in Einklang gebracht werden.[827] Außerdem besteht auch im Neuen Steuerungsmodell die Vorgabe, Ziele am Bürgerwillen, der auch durch entsprechendes bürgerschaftliches Engagement zum Ausdruck gebracht wird, anzupassen.

Bürgerentscheide und Aufgabendelegationen auf Bezirksausschüsse/ Stadtteilvertretungen verschieben dagegen das Kräfteverhältnis in der Kommunalverwaltung. Die Macht der gewählten Ratsmitglieder wird dadurch beschränkt. Ebenso könnten Effizienzgesichtspunkte nicht genügend Beachtung finden. Dagegen erfolgt auch im Rahmen der direkten Demokratie und infolge der Stärkung der Bezirksausschüsse/Stadtteilvertretungen in gewisser Weise eine Ergebnisorientierung und eine Steuerung nach Zielen – Ziele werden direkt von der Bürgerschaft bzw. durch Bezirksausschüsse gesetzt –, deshalb sind auch diese Partizipationsformen in weiten Teilen mit dem Neuen Steuerungsmodell vereinbar.[828]

Die „Bürgerkommune" setzt den Schwerpunkt auf Aktivierung der Bürgerinnen und Bürger zur Beteiligung an gemeindlichen Angelegenheiten. Dabei wird auf die Elemente des Neuen Steuerungsmodell zurückgegriffen und diese für den Bereich der Partizipation ausgebaut und angepasst. Die

---

824 s.o. 2.2.1 und 5.4.5
825 s.o. 5.4.4.1
826 s.o. 5.4.4.3
827 s.o. 5.4.4.2
828 s.o. 5.4.4.4 und 5.4.4.5

„Bürgerkommune" ist eine Weiterentwicklung des Neuen Steuerungsmodells und versucht dabei die konzeptionellen Schwachpunkte des Neuen Steuerungsmodells im Bereich der Partizipation auszugleichen.

Im Ergebnis kann die These „Das Neue Steuerungsmodell vernachlässigt die aktive Teilhabe der Bürgerinnen und Bürger an der Kommunalverwaltung" bestätigt werden. Dies gilt auch für die ergänzende These „Die ‚Bürgerkommune' gleicht die Schwächen des Neuen Steuerungsmodells im Bereich der Partizipation aus".

Anhang

Auswertung des Fragebogens zu Veränderungen des Verhältnisses von Politik und Verwaltung im Rahmen des Neuen Steuerungsmodells

Die Auswertung erfolgt überwiegend getrennt nach Fragebogen von Ratsmitgliedern und Verwaltungsmitgliedern. Die Angaben erfolgen in %, wobei sich die Zahlen jeweils auf die Anzahl der Fragebogen aus dem jeweiligen Bereich beziehen. Der Gesamtprozentsatz basiert auf der Grundlage aller abgegebenen Fragebogen.

1 Stand der Reform

1.1 Das Konzept des Neuen Steuerungsmodells setzt sich aus einer Vielzahl von Elementen zusammen. Bitte beurteilen Sie den Stand der Modernisierung bezüglich der einzelnen Elemente in Ihrer Gemeinde.

Modernisierung ist

	verwirklicht	im Aufbau	in Planung	z. Zt. kein Schwerpunkt	keine Aussage
Leitbild	28	30	7	26	9
Produktbeschreibungen	33	60	0	7	0
Rechnungswesen	12	79	12	2	5
Produktorientierter Haushalt	5	35	44	16	0
Dezentralisierung	16	70	7	5	2
Controlling/Berichtswesen	10	65	23	0	2
Veränderungen im Verhältnis zwischen Rat und Verwaltung	5	25	30	35	5

[kein signifikanter Unterschied zwischen Fragebogen aus dem Bereich des Rates und der Verwaltung, deshalb keine weitere Differenzierung]

1.2 Wer sind die treibenden Kräfte im Reformprozess?
(Hier waren Mehrfachnennungen möglich)

	Rat	Verwaltung	Gesamt
Oberbürgermeister bzw. Oberstadtdirektor	62	47	56
Organisationsdezernent bzw. Leiter des Hauptamtes	42	58	49
Finanzdezernent bzw. Stadtkämmerer	25	47	35
Rechnungsprüfungsamt	4	5	5
Sonstige Führungskräfte der Verwaltung	33	21	28
Personalrat	8	16	12
Bestimmte Fraktionen	38	11	26
Einzelne Ratsmitglieder	17	0	9

1.3 Wer hat die größten Vorbehalte gegen den Reformprozess?
(Hier waren Mehrfachnennungen möglich)

	Rat	Verwaltung	Gesamt
Personal allgemein	42	74	56
Querschnittseinheiten	8	5	7
Altgediente Führungskräfte	13	0	7
Personalrat	8	11	9
Rat allgemein	0	21	9
Bestimmte Fraktionen	50	0	28
Bestimmte Räte	13	0	7

1.4 Wer beeinflusst sonst noch den Reformprozess und auf welche Weise?
(Hier waren Mehrfachnennungen möglich)

	Rat	Verwaltung	Gesamt
Allgemeine Finanzentwicklung	8	5	7
Personalrat	8	21	14
Rat	0	26	12
Wissenschaft/internationale Entwicklung	4	5	5
Externe Berater	13	5	9
Medien	29	16	23
Sonstige	4	16	9

1.5 Können Sie die wichtigsten zeitlichen Eckpunkte der Verwaltungsreform in Ihrer Gemeinde schildern (Stadtratsbeschlüsse etc.)?

Diese Frage diente in erster Linie der Plausibilität und der näheren Einordnung der weiteren Antworten. Eine differenzierte Auswertung ist nicht möglich.

1.6 Wie beurteilen Sie die Geschwindigkeit des Reformprozesses in Ihrer Gemeinde?

	Rat	Verwaltung	Gesamt
Zu schnell	13	11	12
Gerade richtig	33	21	27
Zu langsam	50	63	56
Keine Aussage	4	5	5

2 Beteiligung der Politik am Reformprozess

2.1 Welche Maßnahmen wurden bisher zur Information und Einbindung der Politik in den Reformprozess getroffen?
(Hier waren Mehrfachnennungen möglich)

	Ja			Nein			keine Aussage		
	Rat	Verw.	Gesamt	Rat	Verw.	Gesamt	Rat	Verw.	Gesamt
Gemeinsame AG von Verw. und Rat	75	63	70	21	32	25	4	5	5
Diskussionen	84	79	81	8	0	5	8	21	14
Fortbildungen für Räte	71	42	58	17	26	21	12	32	21
Beschlüsse	88	89	89	4	0	2	8	11	9
Persönl. Gespräche	58	58	58	13	0	7	29	42	35

2.2 Von wem kam überwiegend der Anstoß zu diesen Aktivitäten?
(Hier waren Mehrfachnennungen möglich)

	Rat	Verwaltung	Gesamt
Rat	58	21	42
Bürgermeister/ Oberstadtdirektor	54	37	47
Amtsleiter	29	21	26
Sonstige	4	42	21
Keine Aussage	4	5	5

2.3 Erfolgt die Einbeziehung der Politik aus Ihrer Sicht in ausreichendem Maße?

	Rat	Verwaltung	Gesamt
Eher zuviel	4	0	2
Gerade richtig	54	32	44
Eher zu wenig	38	63	49
Keine Aussage	4	5	5

2.4 Wie haben sich die Ratsmitglieder Ihrer Einschätzung nach bisher mit dem Reformthema befasst?

	Rat	Verwaltung	Gesamt
Intensiv	0	0	0
Ausreichend	42	5	26
Eher zu wenig	50	90	67
Überhaupt nicht	0	0	0
Keine Aussage	8	5	7

3 Die neue Rolle des Rates und der Verwaltung

3.1 Wurden im Zuge der Verwaltungsreform Kompetenzen vom Rat auf die Verwaltung delegiert?

	Rat	Verwaltung	Gesamt
Ja	42	21	33
Nein	50	74	60
Keine Aussage	8	5	7

Angegebene Bereiche:
Budget   12 %
Personal   5 %

3.2 In welcher Form und wie oft erfolgen die Berichte der Verwaltung an die Politik?

Diese Frage wurde anscheinend missverständlich aufgefasst und in über 50 % der Fragebogen nicht beantwortet. Aus diesem Grund erfolgt keine Auswertung.

3.3 Hat sich durch die Verwaltungsreform am Berichtswesen etwas geändert?

	Rat	Verwaltung	Gesamt
Ja	62	52	58
Nein	25	32	28
Keine Aussage	13	16	14

3.4 Wie empfinden Sie den Umfang der Berichte an den Rat?

	Rat	Verwaltung	Gesamt
Zu umfangreich	29	32	30
Gerade richtig	21	26	23
Ausreichend	29	5	19
Zu wenig	13	5	9
Keine Aussage	8	32	19

3.5 Für ein Ratsmitglied gibt es unterschiedliche Möglichkeiten sich über die Tätigkeit der Verwaltung zu informieren. Geben Sie bitte für jede der folgenden Informationsmöglichkeiten an, welche Bedeutung Sie ihr zumessen.

	sehr wichtig	wichtig	weniger wichtig	unwichtig	keine Aussage
Beschlussvorlagen/Bekanntgaben	77	21	0	0	2
Medien	19	51	21	7	2
Partei	9	28	42	12	9
Persönliche Gespräche mit					
Verwaltungsmitgliedern	44	42	12	0	2
Anderen Ratsmitgliedern	23	54	16	2	5
Bürgern	46	28	19	5	2

[kein signifikanter Unterschied zwischen Fragebogen aus dem Bereich des Rates und der Verwaltung, deshalb keine weitere Differenzierung]

3.6 Ein Element des Neuen Steuerungsmodells ist die „Steuerung auf Abstand" durch Zielvereinbarungen des Rates mit der Verwaltung. Inwieweit wird dieser Grundgedanke in Ihrer Gemeinde bereits umgesetzt?

	Rat	Verwaltung	Gesamt
Verwirklicht	25	10	19
Geplant	50	53	51
Nicht angestrebt	13	21	16
Keine Aussage	12	16	14

3.7 Erfolgt eine „Selbstbeschränkung" des Rates, Detaileingriffe zu unterlassen?

	Rat	Verwaltung	Gesamt
In der Regel	12	10	12
Manchmal	29	32	30
Noch nicht, aber geplant	29	16	23
Nicht geplant	17	26	21
Keine Aussage	13	16	14

3.8 Erwarten Sie im Zuge der Reform Veränderungen im Verhältnis Rat – Bürger?

	Rat	Verwaltung	Gesamt
Bereits vorhanden	21	11	16
Langfristig	50	58	54
Kurzfristig	4	5	5
Eher nein	25	21	23
Keine Aussage	0	5	2

4 Zur Binnenorganisation der Politik

4.1 Hat der Reformprozess bereits Auswirkungen auf die Organisationsstruktur des Rates mit sich gebracht (Reduzierung von Ausschüssen etc.)

	Rat	Verwaltung	Gesamt
Ja	38	16	28
Nein	58	74	65
Keine Aussage	4	10	7

4.2 Hat die Reform Veränderungen bei den Ratssitzungen hervorgerufen?

Anzahl der Sitzungen

	Rat	Verwaltung	Gesamt
Mehr	4	5	5
Weniger	29	21	25
Keine Änderung	67	48	58
Keine Aussage	0	26	12

Dauer der Sitzungen

	Rat	Verwaltung	Gesamt
Länger	13	0	7
Kürzer	21	32	26
Keine Änderung	58	42	51
Keine Aussage	8	26	16

Tagesordnungspunkte

	Rat	Verwaltung	Gesamt
Mehr	29	0	16
Weniger	8	26	16
Keine Änderung	59	48	54
Keine Aussage	4	26	14

4.3 Hat sich die Arbeitsbelastung als Mandatsträger durch die Verwaltungsreform verändert?

	Rat	Verwaltung	Gesamt
Höher	34	11	23
Geringer	8	5	7
Keine Änderung	54	37	47
Keine Aussage	4	47	23

4.4 Die Aufgaben eines Ratsmitgliedes sind vielfältig. Bitte geben Sie für jede der folgenden Aufgaben an, welche Bedeutung sie ihr zumessen.

	sehr wichtig	wichtig	weniger wichtig	unwichtig	keine Aussage
Vertretung von Bürgerinteressen	74	19	0	0	7
Direkter Bürgerkontakt	65	30	0	0	5
Verwaltungskontrolle	39	49	7	0	5
Gemeinwohlorientierung	65	28	2	0	5
Innovation und Initiative	42	46	7	0	5
Steuerung der Verwaltung	37	44	12	2	5
Haushaltsplan	51	35	7	0	7
Vertretung parteipolitischer Interessen	2	46	33	12	7
Stadtteilvertretung	5	35	42	9	9
Vertretung von Gruppeninteressen	0	23	59	9	9
Ausschussarbeit	30	58	7	0	5
Experte für ein spezielles Verwaltungsgebiet	16	26	35	16	7

[kein signifikanter Unterschied zwischen Fragebogen aus dem Bereich des Rates und der Verwaltung, deshalb keine weitere Differenzierung]

4.5 Hat sich Ihrer Meinung nach durch die Reform das Anforderungsprofil an ein Ratsmitglied geändert?

	Rat	Verwaltung	Gesamt
Ja	42	58	49
Nein	54	42	49
Keine Aussage	4	0	2

4.6 Welche Parteien im Rat haben Ihrer Meinung nach eher Vorteile oder Nachteile durch die Verwaltungsreform?

	Vorteile	Nachteile	keine Auswirkung	Keine Aussage
Kleine Parteien	21	19	32	28
Große Parteien	21	0	53	26
Mehrheitsparteien	26	7	35	32
Minderheitsparteien	14	16	35	35

[kein signifikanter Unterschied zwischen Fragebogen aus dem Bereich des Rates und der Verwaltung, deshalb keine weitere Differenzierung]

Abkürzungsverzeichnis

AfK	Archiv für Kommunalwissenschaften
Anm.	Anmerkung
Art.	Artikel
BA-Satzung	Satzung für die Bezirksausschüsse der Landeshauptstadt München
BayBG	Bayerisches Beamtengesetz
BayBgm	Der Bayerische Bürgermeister
GO	Gemeindeordnung für den Freistaat Bayern
BayHO	Bayerische Haushaltsordnung
BayVbl.	Bayerische Verwaltungsblätter
BRRG	Beamtenrechtsrahmengesetz
BV	Bayerische Verfassung
BverfG	Bundesverfassungsgericht
BverfGE	Entscheidungssammlung des Bundesverfassungsgerichtes
BWVP	Baden-Württembergische Verwaltungspraxis
bzw.	beziehungsweise
DBW	Deutsche Betriebswirtschaft
DÖV	Die öffentliche Verwaltung
DVBl.	Deutsches Verwaltungsblatt
GeschO	Geschäftsordnung
GG	Grundgesetz
HGrG	Haushaltsgrundsätzegesetz
Hrsg.	Herausgeber
i.V.m.	in Verbindung mit
KGSt	Kommunale Gemeinschaftsstelle
KWBG	Gesetz über kommunale Wahlbeamte
NGO	Niedersächsische Gemeindeordnung
NPM	New Public Management
RdNr.	Randnummer
SHGO	Gemeindeordnung Schleswig-Holstein
VerwArch.	Verwaltungsarchiv
VM	Verwaltung und Management
VOP	Zeitschrift für Verwaltung, Organisation und Planung
VR	Verwaltungsrundschau
VuF	Verwaltung und Fortbildung
ZKF	Zeitschrift für Kommunalfinanzen
Zparl	Zeitschrift für Parlamentsfragen

Literaturverzeichnis

Albertin, Lothar/Keim, Erik/Werle, Raymund, 1982: Die Zukunft der Gemeinden in der Hand ihrer Reformer, Opladen
Alemann, Ulrich von, 1995: Grundlagen der Politikwissenschaft, Opladen
Alemann, Ulrich von, 1996: Repräsentation, in: Nohlen, Dieter (Hrsg.) Wörterbuch Staat und Politik, S. 655 - 658
Andree, Ulrich, 1994: Möglichkeiten und Grenzen des Controlling in Kommunalverwaltungen, Göttingen
Arnim von, Hans Herbert, 1977: Gemeinwohl und Gruppeninteressen, Frankfurt a. Main
Arnim von, Hans Herbert, 1993: Ist "der rationale Staat" möglich? in: Arnim von, Hans Herbert/Lüder, Klaus (Hrsg.), Wirtschaftlichkeit in Staat und Verwaltung, S. 67 - 80
Arnim von, Hans Herbert/Lüder, Klaus (Hrsg.), 1993: Wirtschaftlichkeit in Staat und Verwaltung, Berlin
Badura, Peter, 1996: Staatsrecht, München
Baltzer, Klaus, 1989: Kommunalpolitik gegen Kommunalverwaltung? in: VR, Heft 1, S. 1 - 5
Bank, Hans-Peter, 1975: Rationale Sozialpolitik, Berlin
Banner, Gerhard, 1982: Zur politisch-administrativen Steuerung in der Kommune, in: AfK Heft 1, S. 26 – 47
Banner, Gerhard, 1984: Kommunale Steuerung zwischen Gemeindeordnung und Parteipolitik, in: DÖV Heft 9, S. 364 - 372
Banner, Gerhard, 1991: Von der Behörde zum Dienstleistungsunternehmen, in: VOP Heft 1, S. 6 - 11
Banner, Gerhard, 1993 a: Anregung für die kommunale Verwaltungsreform in Deutschland, in: Bertelsmann - Stiftung (Hrsg.), Carl Bertelsmann-Preis, S. 147 - 169
Banner, Gerhard, 1993 b: Die internationale Entwicklung im kommunalen Management und ihre Rezeption in Deutschland, in: Banner, Gerhard/Reichard, Christoph, Kommunale Managementkonzepte in Europa, S. 185 - 196
Banner, Gerhard, 1994: Verwaltungsreform nach dem Typ des Tilburger Modells - geeignet für die Kommunalverwaltung im Osten, in: Hill Hermann (Hrsg.), Erfolg im Osten III, S. 170 - 183
Banner, Gerhard, 1995: Effiziente Verwaltung – Anforderungen an die Verwaltungsspitze, in: Der Landkreis Nr. 8-9, S. 361 - 364
Banner, Gerhard, 1996: Kommunale Verwaltungsmodernisierung und die Kommunalpolitiker, in: Reichard, Christoph/Wollmann, Hellmut (Hrsg.), Kommunalverwaltung im Modernisierungsschub, S. 141 - 151
Banner, Gerhard, 1997: Das Demokratie- und Effizienzpotential des Neuen Steuerungsmodells ausschöpfen! in: Bogumil, Jörg/Kißler, Leo (Hrsg.), Verwaltungsmodernisierung und lokale Demokratie, S. 125 - 137
Banner, Gerhard/Reichard, Christoph (Hrsg.), 1993: Kommunale Managementkonzepte in Europa, Köln

Bauer, Martin/Böhle, Thomas/Masson, Christoph/Samper, Rudolf, Stand Sept. 1998: Bayerische Kommunalgesetze, Kommentar, München
Bäumler, Klaus, 1999, Die Bezirksausschüsse in München, in: BayVbl. Heft 21, S. 644 - 650
Bayerische Verwaltungsschule (Hrsg.), 1996: Modernes Verwaltungsmanagement, München
Beck, Ulrich, 1988: Gegengifte, Frankfurt a.M.
Berg, Wilfried, 1982: Selbstverwaltung im ländlichen Raum und die Grundlage des demokratischen Lebens, in: BayVbl. Heft 18, S. 552 - 557
Bertelsmann Stiftung (Hrsg.), 1993: Carl Bertelsmann-Preis, Demokratie und Effizienz in der Kommunalverwaltung, Band 1 und 2, Gütersloh,
Bertelsmann Stiftung (Hrsg.), 1995: Neue Steuerungsmodelle und die Rolle der Politik, Gütersloh
Biermann, Martin, 1996: Möglichkeiten und Grenzen einer Reform der gemeindlichen Kommunalverwaltung, in: Ipsen, Jörn, Verwaltungsreform – Herausforderung für Staat und Kommunen, S. 29 - 37
Bladine, Raymond, 1995: Steuerungsmodelle und Wahlchancen, in: Bertelsmann-Stiftung (Hrsg.), Neue Steuerungsmodelle und die Rolle der Politik, S. 101 - 104
Blanke, Bernhard/Bandemer von, Stephan (Hrsg.), 1998: Handbuch zur Verwaltungsreform, Opladen
Blume, Michael, 1993 a: Tilburg: Modernes betriebswirtschaftlich orientiertes Verwaltungsmanagement, in: Banner, Gerhard/Reichard, Christoph (Hrsg.), Kommunale Managementkonzepte in Europa, S. 143 - 160
Blume, Michael, 1993 b: Zur Diskussion um ein neues Steuerungsmodell für Kommunalverwaltungen - Argumente und Einwände, in: Der Gemeindehaushalt Heft 1, S. 1 - 8
Bogumil, Jörg, 1997 a: Das Neue Steuerungsmodell und der Prozeß der politischen Problembearbeitung - Modell ohne Realitätsbezug, in: Bogumil, Jörg/Kißler, Leo (Hrsg.), Verwaltungsmodernisierung und lokale Demokratie, S. 33 - 43
Bogumil, Jörg/Kißler, Leo (Hrsg.), 1997: Verwaltungsmodernisierung und lokale Demokratie, Baden-Baden
Bogumil, Jörg/Kißler, Leo, 1997 b: Modernisierung der Kommunalverwaltung auf dem Prüfstand der Praxis, in: Heinelt, Hubert (Hrsg.), Modernisierung der Kommunalpolitik, S. 118 - 142
Böhme, Rolf, 1997: Beeilt Euch zu handeln, bevor es zu spät ist zu bereuen, Freiburg
Böhret, Carl, 1998: Verwaltungspolitik als Führungsauftrag, in: Blanke, Bernhard/ Bandemer von, Stephan, Handbuch zur Verwaltungsreform, S. 41 - 46
Böhret, Carl/Frey, Rainer, 1982: Staatspolitik und Kommunalpolitik, in: Püttner, Günter (Hrsg.), Handbuch der kommunalen Wissenschaft und Praxis, Band 2, S. 11 - 25
Böhret, Carl/Jann, Werner/Kronenwett, Eva, 1988: Innenpolitik und politische Theorie, Opladen
Brandel, Rolf/Stöbe-Blossey, Sybille/Wohlfahrt, Norbert, 1999: Verwalten oder gestalten, Berlin

Brecht, Ulrike, 1999: Potentiale und Blockaden der kommunalen Leistungserstellung, München
Bruder, Wolfgang/Dose, Nicolai, 1996: Bürokratie, in: Nohlen, Dieter (Hrsg.), Wörterbuch Staat und Politik, S. 74 - 77
Brüning, Christoph, 1997: Die kommunalrechtlichen Experimentierklauseln, in: DÖV Heft 7, S. 278 - 289
Bruns, Dirk/Mohnen, Elgin, 1999: Eine Stadt ohne Bürger?, in: VR Heft 1, S. 2 - 10
Budäus, Dietrich, 1993: Kommunale Verwaltungen in der Bundesrepublik Deutschland zwischen Leistungsdefizit und Modernisierungsdruck, in: Banner, Gerhard/Reichard, Christoph (Hrsg.), Kommunale Managementkonzepte in Europa, S. 163 - 176
Budäus, Dietrich, 1994: Public Management, Berlin
Budäus, Dietrich/Buchholtz, Klaus, 1997: Konzeptionelle Grundlagen des Controlling in öffentlichen Verwaltungen, in: DBW Heft 3, S. 322 - 337
Burmeister, Joachim (Hrsg.), 1997: Verfassungsstaatlichkeit, München
Bürsch, Michael/Pfister, Manfred, 1995: Verwaltungsreformen in Städten und Gemeinden, in: Friedrich - Ebert - Stiftung (Hrsg.), S. 26 - 37
Busch, Matthias, 1997: Politische Themen und Wahlverhalten, in: Gabriel, Oscar W./Brettschneider, Frank/Vetter Angelika (Hrsg.), Politische Kultur und Wahlverhalten in einer Großstadt, S. 181 - 202
Czerwick, Edwin, 1996: Modernisierung und (Selbst-)Reform der öffentlichen Verwaltung, in: Neue Politische Literatur Jg. 41, S. 433 - 453
Damkowski, Wulf/Precht, Claus (Hrsg.), 1998: Moderne Verwaltung in Deutschland, Stuttgart
Damkowski, Wulf/Precht, Claus, 1998: Trennendes und Verbindendes im Public Management in: Damkowski, Wulf/Precht, Claus (Hrsg.), Moderne Verwaltung in Deutschland, S. 487 - 501
Deckert, Klaus/ Wind, Ferdinand, 1996: Das Neue Steuerungsmodell, Köln
Derlien, Hans-Ulrich, 1986: Kommunalpolitik im geplanten Wandel, Baden-Baden
Deutscher Städtetag (Hrsg.), 1996: Städte auf dem Reformweg, Köln
Dieckmann, Jochen, 1996: Bürger, Rat und Verwaltung, in: Schöneich, Michael (Hrsg.), Reformen im Rathaus, S. 19 - 32
Döring, Hans-Martin, 1997: Der Repräsentations-Begriff seit 1800 in Deutschland, England und den USA, in: Göhler, Gerhard u.a. (Hrsg.), Institution - Macht - Repräsentation, S. 476 - 512
Dose, Nicolai/Voigt, Rüdiger, Steuerung (in) der Kommunalpolitik, 1997: in: Heinelt, Hubert (Hrsg.), Modernisierung der Kommunalpolitik, S. 31 - 47
Downs, Antony, 1968: Ökonomische Theorie der Demokratie, Tübingen
Ellwein, Thomas, 1971: Parteien und kommunale Öffentlichkeit, in: AfK Heft 10, S. 11 - 25wein, Thomas, 1994: Das Dilemma der Verwaltung, Mannheim
Ellwein, Thomas/ Zoll, Ralf, 1982: Wertheim - Politik und Machtstruktur einer deutschen Stadt, München
Ellwein, Thomas/Hesse, Joachim Jens, 1996: Thesen zur Reform der öffentlichen Verwaltung in Deutschland, in: Staatswissenschaften und Staatspraxis Heft 4, S. 469 - 478

Ellwein, Thomas/Hesse, Joachim Jens/Maynitz, Renate/Scharpf, Fritz W. (Hrsg.), 1987: Jahrbuch zur Staats- und Verwaltungswissenschaft Band 1, Baden-Baden

Fach, Wolfgang, 1997: Die Sehnen der Macht, in: Blätter für deutsche und internationale Politik Heft 2, S. 222 - 231

Fiedler, Jobst, 1996: Verwaltungsreform in einer deutschen Großstadt - Versuch einer kritischen Evaluation des Reformprozesses in Hannover, in: Reichard, Christoph/Wollmann, Hellmut (Hrsg.) Kommunalverwaltung im Modernisierungsschub, S. 113 - 134

Fisahn, Andreas/Gerstlberger, Wolfgang, 1997: Neuer Wein in alten Schläuchen, in: Sozialismus Heft 1, S. 13 - 17

Fraenkel, Ernst, 1974: Deutschland und die westlichen Demokratien, Stuttgart

Frey, Birgit/Kleinfeld, Ralf, 1997: Organisierte Interessen und das Neue Steuerungsmodell, in: Bogumil, Jörg/Kißler, Leo (Hrsg.), Verwaltungsmodernisierung und lokale Demokratie, S. 47 - 71

Frey, Rainer (Hrsg.), 1976: Kommunale Demokratie, Bonn

Frey, Rainer, 1984: Lokale Demokratie, in: Voigt, Rüdiger (Hrsg.), Handwörterbuch zur Kommunalpolitik, S. 104 - 107

Frey, Rainer, 1989: Das institutionelle Feld der politischen Entscheidungen auf der Kommunalebene, in: Schimanke, Dieter (Hrsg.), Stadtdirektor oder Bürgermeister, S. 121 - 135

Friebertshäuser, Barbara/Prengel, Annedore (Hrsg.), 1997: Handbuch Qualitative Forschungsmethoden in der Erziehungswissenschaft, Weinheim

Frind, Reinhard, 1996: Neue Verwaltungsstrukturen in der Kommune, in: Hans-Böckler-Stiftung, Die Modernisierung der Kommunalverwaltung und die Rolle der Politik, S. 37 - 40

Frohwein, Jochen, 1976: Das freie Mandat der Gemeindevertreter, in: DÖV Heft1/2, S. 44 - 46

Fruth, Hanno, 1989: Sind unsere ehrenamtlichen Stadträte überfordert? München

Gabler, 1997: Wirtschaftslexikon, Wiesbaden

Gabriel, Oscar W. (Hrsg.), 1989: Kommunale Demokratie zwischen Politik und Verwaltung, München

Gabriel, Oscar W., 1979: Mängelanalyse des politischen Willensbildungsprozesses in der Gemeinde, in: Konrad-Adenauer-Stiftung (Hrsg.) Politische Beteiligung im repräsentativen System, S. 73 - 251

Gabriel, Oscar W., 1984: Parlamentarisierung der Kommunalpolitik, in: Gabriel, Oscar W./Haungs, Peter/Zender, Matthias (Hrsg.), Opposition in Großstadtparlamenten, S. 101 - 147

Gabriel, Oscar W., 1989: Kommunale Demokratie zwischen Politik und Verwaltung, in: Gabriel, Oscar W. (Hrsg.), Kommunale Demokratie zwischen Politik und Verwaltung, S. 9 - 14

Gabriel, Oscar W./Brettschneider, Frank/Vetter Angelika (Hrsg.), 1997: Politische Kultur und Wahlverhalten in einer Großstadt, Opladen

Gabriel, Oscar W./Haungs, Peter/Zender, Matthias, 1984: Opposition in Großstadtparlamenten, Melle

Gisevius, Wofgang, 1997: Leitfaden durch die Kommunalpolitik, Bonn

Göhler, Gerhard u.a. (Hrsg.), 1997: Institution - Macht - Repräsentation, Baden-Baden
Gohlke, Klaus/Meyer, Horst, 1997: Strategisches Controlling als Instrument zur Führungsunterstützung des Rates, in: VR Heft 6, S. 189 - 193
Görlitz, Axel, 1972: Zu einem Konzept rationaler Politik, in: Politische Vierteljahresschrift Heft 1, S. 64 - 70
Görlitz, Axel, 1995: Politische Steuerung, Opladen
Grauhan, Rolf-Richard, 1970: Politische Verwaltung, Freiburg
Grömig, Erko, 1996: Verwaltungsmodernisierung – Rahmenbedingungen, Ziele, Lösungswege; in: Deutscher Städtetag (Hrsg.), Städte auf dem Reformweg, S. 15 - 24
Grömig, Erko, 1997: Controlling-Organisation - die moderne Stadt braucht eine starke Steuerung, in: Die innovative Verwaltung Heft 6, S. 28 - 31
Grömig, Erko/ Gruner, Kersten, 1998: Reform in den Rathäusern, in: der Städtetag Heft 8, S. 581 - 587
Grunow, Dieter, 1994: Kommunale Leistungsverwaltung: Bürgernähe und Effizienz, in: Roth, Roland/Wollmann, Hellmut (Hrsg.), Kommunalpolitik, S. 362 - 379
Güllner, Manfred, 1986: Der Zustand des lokalen Parteiensystems: Chance oder Ende der Kommunalpolitik? in: Hesse, Joachim Jens (Hrsg.), Erneuerung der Politik "von unten"? S. 26 - 37
Gustmann, Hartmut, 2000: Die Bürgerkultur muss neu entwickelt werden, in: VOP Heft 4, S. 10 - 12
Hablützel, Peter/Haldemann, Theo/Schedler, Kuno/Schwar, Karl (Hrsg.), 1995: Umbruch in Politik und Verwaltung, Bern
Hans-Böckler-Stiftung, 1996: Die Modernisierung der Kommunalverwaltung und die Rolle der Politik, Düsseldorf
Hättich, Manfred, 1986: Politische Rationalität, in: Mickel, Wolfgang W./Zitzlaff, Dietrich (Hrsg.), Handlexikon zur Politikwissenschaft, S. 406 - 410
Heinelt, Hubert (Hrsg.), 1997: Modernisierung der Kommunalpolitik, Opladen
Heinelt, Hubert, 1997: Neuere Debatten zur Modernisierung der Kommunalpolitik, in: Heinelt, Hubert (Hrsg.), Modernisierung der Kommunalpolitik, S. 12 - 28
Heinrich, Winfried, 1993: Drei kritische Erfolgsfaktoren öffentlicher Verwaltungen, in: Hill, Hermann/Klages, Helmut (Hrsg.), Qualitäts- und erfolgsorientiertes Verwaltungsmanagement, S. 281 - 300
Heinz, Rainer, 2000: Kommunales Management, Stuttgart
Hendler, Reinhard, 1984: Selbstverwaltung als Ordnungsprinzip, Köln
Henneke, Hans-Günter, 1996: Selbstverwaltung der Kreise zwischen Politikgestaltung und Verwaltungsmanagement, in: Der Landkreis Heft 10, S. 447 - 453
Henneke, Hans-Günter, 1997 a: Die Rolle der Fraktionen und Parteien in einem gewandelten Kommunalverfassungsrecht, in: Der Landkreis Heft 1, S. 1 - 9
Henneke, Hans-Günter, 1997 b: Organisation kommunaler Aufgabenerfüllung - Optimierungspotentiale im Spannungsfeld von Demokratie und Effizienz, in: DVBl. Heft 21, S. 1270 - 1276

Henneke, Hans-Günter, 1999: Das Verhältnis von Politik und Verwaltung in den Kommunalverfassungen der deutschen Länder, in: VM Heft 3, S. 132 - 136 und Heft 4, S. 240 - 244
Hesse, Joachim Jens (Hrsg.), 1986: Erneuerung der Politik "von unten"? Opladen
Hill, Hermann (Hrsg.), 1994: Erfolg im Osten III, Baden-Baden
Hill, Hermann, 1987: Die politisch-demokratische Funktion der kommunalen Selbstverwaltung nach der Reform, Baden-Baden
Hill, Hermann, 1997 a: Verwaltungsmodernisierung als Demokratiechance in der Kommune, in: Bogumil, Jörg/Kißler, Leo (Hrsg.), Verwaltungsmodernisierung und lokale Demokratie, S. 23 - 31
Hill, Hermann, 1997 b: Verwaltung im Umbruch, Speyerer Arbeitshefte Nr. 109
Hill, Hermann, 1998: Einfach politisch - Reformbaustelle Rat, in: VOP Heft 7 - 8, S. 20 - 22
Hill, Hermann/Klages Helmut (Hrsg.), 1996: Controlling im Neuen Steuerungsmodell, Düsseldorf
Hill, Hermann/Klages, Helmut (Hrsg.), 1993: Qualitäts- und erfolgsorientiertes Verwaltungsmanagement, Schriftenreihe der Hochschule Speyer Band 112
Hill, Hermann/Klages, Helmut (Hrsg.), 1995: Lernen von Spitzenverwaltungen, Berlin
Holler, Wolfgang/Naßmacher, Karl-Heinz, 1976: Rat und Verwaltung im Prozeß kommunalpolitischer Willensbildung, in: Frey, Rainer (Hrsg.), Kommunale Demokratie, S. 141 - 181
Holtmann, Everhard, 1992: Politisierung der Kommunalpolitik und Wandlungen im lokalen Parteiensystem, in: Aus Politik und Zeitgeschichte B 22 - 23, S. 13 - 22
Holtmann, Everhard, 1994: Politiklexikon, München
Hölzl, Josef/Hien, Eckart, 1998: Gemeindeordnung für den Freistaat Bayern (Kommentar), München, Stand Juni 1998
Horvarth & Partner (Hrsg.), 1996: Neues Verwaltungsmanagement, Grundlagen, Methoden und Anwendungsbeispiele, Düsseldorf
Jann, Werner, 1983: Policy-Forschung – ein sinnvoller Schwerpunkt der Politikwissenschaft, in: Aus Politik und Zeitgeschichte Bd. 1, S. 26 - 38
Jann, Werner, 1986: Von der Politik zur Ökonomie, Siegen
Jann, Werner, 1994: Moderner Staat und effiziente Verwaltung, Bonn
Jann, Werner, 1998: Verwaltungswissenschaften und Managementlehre, in: Blanke, Bernhard/Bandemer von, Stephan, Handbuch zur Verwaltungsreform, S. 41 - 57
Janning, Hermann, 1996: Neue Steuerungsmodelle im Spannungsverhältnis von Politik und Verwaltung, in: Reichard, Christoph/Wollmann, Hellmut (Hrsg.), Kommunalverwaltung im Modernisierungsschub, S. 152 - 168
Kaase, Max, 1996: Partizipation, in: Nohlen, Dieter (Hrsg.), Wörterbuch Staat und Politik, S. 521 - 527
Kersting, Norbert, 1997: Bürgerinitiativen und Verwaltungsmodernisierung, in: Bogumil, Jörg/Kißler, Leo (Hrsg.), Verwaltungsmodernisierung und lokale Demokratie, S. 73 - 92
Kißler, Leo/Bogumil, Jörg/Greifenstein, Ralph/Wiechmann, Elke, 1997: Moderne Zeiten im Rathaus? Berlin

Klages, Helmut, 1993: Möglichkeiten der Qualitätsmessung und -bewertung in der öffentlichen Verwaltung, in: Hill, Hermann/Klages, Helmut (Hrsg.), Qualitäts- und erfolgsorientiertes Verwaltungsmanagement, Schriftenreihe der Hochschule Speyer Band 112, S. 37 - 56

Klages, Helmut, 1995: Verwaltungsmodernisierung durch "neue Steuerung", in: AfK Heft 2, S. 203 - 227

Klages, Helmut, 1997: Zwischenbilanz der Verwaltungsmodernisierung in Deutschland, in: Verwaltung und Management Heft 3, S. 132 - 139Klages, Helmut, 1998: Verwaltungsmodernisierung: "harte" und "weiche" Aspekte II, Speyerer Forschungsberichte Nr. 181

Klaus, Georg/Buhr, Manfred (Hrsg.), 1975: Philosophisches Wörterbuch, Leipzig

Kleinfeld, Ralf, 1996: Kommunalpolitik, Opladen

Klie, Thomas/Meysen, Thomas, 1998: Neues Steuerungsmodell und bürgerschaftliches Engagement, in: DÖV Heft 11, S. 452 - 459

Knemeyer, Franz-Ludwig, 1995: Bürgerbeteiligung und Kommunalpolitik, München

Knemeyer, Franz-Ludwig, 1996: Bayerisches Kommunalrecht, München

Knoepfel, Peter, 1995: New Public Management: Vorprogrammierte Enttäuschungen oder politische Flurschäden - eine Kritik aus der Sicht der Politikanalyse, in: Hablützel, Peter/Haldemann, Theo/Schedler, Kuno/Schwar, Karl (Hrsg.), Umbruch in Politik und Verwaltung, S. 453 - 470

Knorr, Friedhelm, 1996: Organisationstheoretische und ökonomische Grundlagen der kommunalen Verwaltungsreform in Nordrhein-Westfalens Großstädten, Frankfurt/Main

Kochanski, Karl-Heinz, 1991: Verhältnis Kommunalverwaltung – Bürger, in: Petzold, Siegfried/von der Heide, Hans-Jürgen (Hrsg.), Handbuch zur kommunalen Selbstverwaltung, S. 136 - 143

Kodolitsch von, Paul, 1996: Die Zusammenarbeit von Rat und Verwaltung - Herausforderungen durch das "Neue Steuerungsmodell", in: Reichard, Christoph/Wollmann, Hellmut (Hrsg.), Kommunalverwaltung im Modernisierungsschub, S. 169 - 181

Kodolitsch von, Paul/ Olbermann, Sven, 1996: Porträts zur Verwaltungsmodernisierung in den Städten, in Deutscher Städtetag (Hrsg.) Städte auf dem Reformweg, S. 7 - 14

Kommunale Gemeinschaftsstelle (Hrsg.), 1991: Dezentrale Ressourcenverwaltung, Bericht Nr. 12, Köln

Kommunale Gemeinschaftsstelle (Hrsg.), 1992: Wege zum Dienstleistungsunternehmen Kommunalverwaltung, Fallstudie Tilburg, Bericht Nr. 19, Köln

Kommunale Gemeinschaftsstelle (Hrsg.), 1993: Das Neue Steuerungsmodell, Bericht Nr. 5, Köln

Kommunale Gemeinschaftsstelle (Hrsg.), 1994: Verwaltungscontrolling im Neuen Steuerungsmodell, Bericht Nr. 15, Köln

Kommunale Gemeinschaftsstelle (Hrsg.), 1996: Das Verhältnis von Politik und Verwaltung im Neuen Steuerungsmodell, Bericht Nr. 10, Köln

Kommunale Gemeinschaftsstelle (Hrsg.), 1996: KGSt-Politikerhandbuch zur Verwaltungsreform, Köln

Kommunale Gemeinschaftsstelle (Hrsg.), 1996: Zentrale Steuerungsunterstützung, Bericht Nr. 11, Köln

Kommunale Gemeinschaftsstelle (Hrsg.), 1998: Führungsstrukturen im Neuen Steuerungsmodell, Bericht Nr.9, Köln

Kommunale Gemeinschaftsstelle (Hrsg.), 1998: Kontraktmanagement, Bericht Nr. 4, Köln

Kommunale Gemeinschaftsstelle (Hrsg.), 1999: Das Neue Politikerhandbuch, Köln

König, Klaus, 1997 a: Verwaltungsmodernisierung im internationalen Vergleich, in: DÖV Heft 7, S. 265 - 268

König, Klaus, 1997 b: Der Verwaltungsstaat in Deutschland, in: VerwArch. Heft 4, S. 545 - 567

König, Klaus/Dose, Nicolai (Hrsg.), 1993: Instrumente und Formen staatlichen Handelns, Köln

Konrad-Adenauer-Stiftung (Hrsg.), 1979: Politische Beteiligung im repräsentativen System, Bonn

Köser, Helmut, 1984: Community Power-Forschung, in: Voigt, Rüdiger (Hrsg.), Handwörterbuch zur Kommunalpolitik, S. 91 - 93

Köser, Helmut/Caspers-Merk, Marion, 1989: Einfluß und Steuerungspotential kommunaler Mandatsträger in Baden-Württemberg, in: Schimanke, Dieter (Hrsg.), Stadtdirektor oder Bürgermeister, S. 97 - 120

Krähmer, Rolf, 1993: Das Konzernmodell der Verwaltungsorganisation und Verwaltungsführung, in: VR Heft 12, S. 415 - 422

Kühn, Rainer, 1997: "Steuerung" als Ordnungsleistung? in: Göhler, Gerhard u.a. (Hrsg.), Institution - Macht - Repräsentation, S. 515 - 562

Kunz, Volker, 2000: Parteien und kommunale Haushaltspolitik im Städtevergleich, Opladen

Kyrer, Alfred/Jettel, Christoph/Vlasils, Brigitte, 1995: Wirtschaftslexikon, München

Landeshauptstadt Kiel (Hrsg.), 1996: Dokumentation zum neuen Verhältnis von Stadtpolitik und Stadtverwaltung, Kiel

Landeshauptstadt Stuttgart, 1999: Auf dem Weg zum bürgerorientierten Dienstleistungsbetrieb, Stuttgart

Lang, Eva, 1996: Modernisierung der öffentlichen Verwaltung, in: Bayerische Verwaltungsschule (Hrsg.), Modernes Verwaltungsmanagement, S. 13 - 47

Lang, Gerhard/Gronbach, Dieter, 1998: Neue Kooperation von Politik und Verwaltung im Stadtmanagement, in: Damkowski, Wulf/Precht, Claus (Hrsg.), Moderne Verwaltung in Deutschland, S. 160 - 168

Lange, Klaus, 1995: Die kommunalrechtliche Experimentierklausel, in: DÖV Heft 18, S. 770 - 773

Lehmann-Grube, Heinrich, 1982: Aufgaben und Zuständigkeiten der kommunalen Vertretungskörperschaft, in: Püttner, Günter (Hrsg.), Handbuch der kommunalen Wissenschaft und Praxis, S. 119 - 128

Lenk, Klaus, 1997: Kommunale Politik erschöpft sich nicht im Management der kommunalen Eigenproduktion, in: Bogumil, Jörg/Kißler, Leo (Hrsg.), Verwaltungsmodernisierung und lokale Demokratie, S. 145 - 156

Lindblom, Charles E., 1975: Inkrementalismus: Die Lehre von „Sich – Durchwursteln", in: Narr, Wolf-Dieter/Offe, Claus (Hrsg.), Wohlfahrtsstaat und Massenloyalität? S. 161 - 177
Lüder, Klaus, 1993: Verwaltungscontrolling, in: DÖV Heft 7, S. 263 - 272
Luhmann, Niklas, 1965: Die Grenzen einer betriebswirtschaftlichen Verwaltungslehre, in: VerwArch. Heft 4, S. 303 - 313
Luhmann, Niklas, 1992: Beobachtungen der Moderne, Opladen
Mäding, Heinrich, 1997: Die Budgethoheit der Räte/Kreistage im Spannungsverhältnis zur dezentralen Ressourcenverantwortung, in: ZKF Heft 3, S. 98 - 104
Mayntz, Renate, 1978: Soziologie der öffentlichen Verwaltung, Köln
Mayntz, Renate, 1987: Politische Steuerung und gesellschaftliche Steuerungsprobleme - Anmerkungen zu einem theoretischen Paradigma, in: Ellwein, Thomas/Hesse, Joachim Jens/Mayntz, Renate/Scharpf, Fritz W. (Hrsg.), Jahrbuch zur Staats- und Verwaltungswissenschaft Band 1, S. 89 - 109
Mersmann, Gerhard, 1994: Unternehmensziele für die Kommunalverwaltung, in: BWVP Heft 10, S. 217 - 219
Mickel, Wolfgang W./Zitzlaff, Dietrich (Hrsg.), 1986: Handlexikon zur Politikwissenschaft, München
Mielke, Gerd/Eith, Ulrich, 1994: Honoratioren oder Parteisoldaten, Bochum
Mohnen-Behlau, Elgin/Bruns, Dirk, 1996: Dienstleistungsunternehmen Stadt: Wer kontrolliert die Controller? Wo bleibt die Politik? in: VR Heft 7, S. 234 - 239
Müller, Udo, 1995: Controlling als Steuerungsinstrument der öffentlichen Verwaltung, in: Aus Politik und Zeitgeschichte B 5, S. 11 - 19
Mutius von, Albert, 1996 a: Kommunalrecht, München
Mutius von, Albert, 1996 b: Verwaltungsreform der Landeshauptstadt Kiel, in: Landeshauptstadt Kiel (Hrsg.), Dokumentation zum neuen Verhältnis von Stadtpolitik und Stadtverwaltung, S. 7 - 17
Mutius von, Albert, 1997: Neues Steuerungsmodell in der Kommunalverwaltung, in: Burmeister, Joachim (Hrsg.), Verfassungsstaatlichkeit, S. 685 - 716
Narr, Wolf-Dieter/Offe, Claus (Hrsg.), 1975: Wohlfahrtsstaat und Massenloyalität, Köln
Naschold, Frieder u. a. (Hrsg.), 1997: Innovative Kommunen, Opladen
Naschold, Frieder, 1995: Ergebnissteuerung, Wettbewerb, Qualitätspolitik, Berlin 1995
Naschold, Frieder, 1997 a: Binnenmodernisierung, Wettbewerb, Haushaltskonsolidierung, in: Heinelt, Hubert (Hrsg.), Modernisierung der Kommunalpolitik, S. 89 - 117
Naschold, Frieder, 1997 b: Politische Steuerung und kommunale Verwaltungsmodernisierung, in: Naschold, Frieder u. a. (Hrsg.), Innovative Kommunen, S. 305 - 340
Nassmacher, Hiltrud, 1989 a: Kommunale Entscheidungsstrukturen, in: Schimanke, Dieter (Hrsg.), Stadtdirektor oder Bürgermeister, S. 62 - 83
Nassmacher, Hiltrud, 1989 b: Die Aufgaben, die Organisation und die Arbeitsweise der kommunalen Vertretungskörperschaft, in: Gabriel, Oscar W. (Hrsg.), Kommunale Demokratie zwischen Politik und Verwaltung, S. 179 - 196

Nassmacher, Hiltrud/Nassmacher, Karl-Heinz, 1979: Die Kommunalpolitik in der BRD, Opladen
Nawiasky, Hans/Schweiger, Karl/Knöpfle, Franz (Hrsg.), 1998: Die Verfassung des Freistaates Bayern, Kommentar, München
Nohlen, Dieter (Hrsg.), 1992: Wörterbuch Staat und Politik, München
Nohlen, Dieter (Hrsg.), 1998: Lexikon der Politik, Bd. 7, München
Nohlen, Dieter/Schultze, Rainer-Olaf (Hrsg.), 1995: Lexikon der Politik, Bd. 1, München
Oakeshott, Michael, 1966: Rationalismus in der Politik, Neuwied
Oebbecke, Janbernd, 1998: Verwaltungssteuerung im Spannungsfeld von Rat und Verwaltung, in: DÖV Heft 20, S. 853 - 859
Ossadnik, Wolfgang, 1993: Entwicklung eines Controlling für Öffentliche Verwaltungen, in: Die Verwaltung Heft 1, S. 75 - 68
Oswald, Hans, 1997: Was heißt qualitativ forschen? in: Friebertshäuser, Barbara/Prengel, Annedore (Hrsg.), Handbuch Qualitative Forschungsmethoden in der Erziehungswissenschaft, S. 71 - 87
Otting, Olaf, 1997: Kontraktmanagement in der Kommunalverwaltung: Zwischen politischem Anspruch und rechtlicher Verbindlichkeit, in: VR Heft 11, S. 361 - 363
Penski,Ulrich, 1999: Staatlichkeit öffentlicher Verwaltung und ihre marktmäßige Modernisierung, in: DÖV Heft 3, S. 85 - 96
Petzold, Siegfried, 1997: Liegt die Zukunft im Parlamentarismus? in: Die Neue Verwaltung Heft 5, S. 20 - 22
Petzold, Siegfried/von der Heide, Hans-Jürgen (Hrsg.), 1991: Handbuch zur kommunalen Selbstverwaltung, Regensburg
Pfister, Manfred, 1995: Verwaltungsreformen in Städten und Gemeinden Praxis – Projekte – Perspektiven, in: Bürsch, Michael/Pfister, Manfred, Verwaltungsreformen in Städten und Gemeinden, S. 41 - 68
Pfreundschuh, Gerhard, 1999: Vom Dienstleistungsunternehmen zur Bürgerkommune, in: VM Heft 4, S. 218 - 222
Pieper, Rüdiger (Hrsg.), 1991: Managementlexikon, Wiesbaden
Pitschas, Rainer, 1997: Kommunalverwaltung und Bürgerschaftliches Engagement, in: der Städtetag Heft 8, S. 538 - 542
Plamper, Harald, 1999, 50 Jahre KGSt, in: VOP Heft 10, S. 9 - 12
Potthast, Ulrich, 1996 a: Organisation des politischen Controllings, in: der Städtetag Heft 9, S. 600 - 604
Potthast, Ulrich, 1996 b: Politische Führung in der reformierten Kommunalverwaltung, in: der Städtetag Heft 7, S. 453 - 457
Prittwitz von, Volker, 1994: Politikanalyse, OpladenPritzkoleit, Friedrich,1996: Neues Steuerungsmodell bringt mehr Demokratie in die Kommunalpolitik, in: Demokratische Gemeinde Heft 5, S. 29 - 30
Pröhl, Marga (Hrsg.), 1998: Die lernende Organisation - Vertrauensbildung in der Kommunalverwaltung, Gütersloh
Püttner, Günter (Hrsg.), 1982: Handbuch der kommunalen Wissenschaft und Praxis, Berlin

Püttner, Günter, 1982: Zum Verhältnis von Demokratie und Selbstverwaltung, in: Püttner, Günter (Hrsg.), Handbuch der kommunalen Wissenschaft und Praxis Band 2, S. 3 - 10
Quasdorff, Edgar/Häfner, Philipp, 2000: Rechnungswesen, in: Die Neue Verwaltung Heft 2; S. 20 - 23
Rawls, John, 1971: A Theorie auf Justice, Cambridge, dt. Eine Theorie der Gerechtigkeit, 1975, Frankfurt
Reichard, Christoph, 1992: Kommunales Management im internationalen Vergleich, in: der Städtetag Heft 12, S. 843 - 848
Reichard, Christoph, 1993: Internationale Entwicklungstrends im kommunalen Management, in: Banner, Gerhard/Reichard, Christoph(Hrsg.), Kommunale Managementkonzepte in Europa, S. 3 - 24
Reichard, Christoph, 1996: Die "New Public Management"- Debatte im internationalen Kontext, in: Reichard, Christoph/Wollmann, Hellmut (Hrsg.), Kommunalverwaltung im Modernisierungsschub, S. 241 - 274
Reichard, Christoph, 1997: Politikeinbindung als Kernproblem Neuer Steuerungsmodelle, in: Bogumil, Jörg/Kißler, Leo (Hrsg.), Verwaltungsmodernisierung und lokale Demokratie, S. 139 - 144
Reichard, Christoph, 1999: Leitbild des „Aktivierenden Staates", in: VuF Heft 3, S. 117 - 130
Reichard, Christoph/Wollmann, Hellmut (Hrsg.), 1996: Kommunalverwaltung im Modernisierungsschub, Basel
Rembor, Ralph-Peter, 1996: Controlling in der Kommunalverwaltung - Entwicklungsstand und Perspektiven, in: Hill, Hermann/Klages, Helmut, Controlling im Neuen Steuerungsmodell, S. 1 - 22
Ressmann, Wolfgang, 1999: Der Bürger soll es richten, in: Die neue Verwaltung Heft 1, S. 29 - 33
Rickenbacher, Iwan, 1995: New Public Management aus Sicht der Politik, in: Hablützel, Peter/Haldemann, Theo/Schedler, Kuno/Schwar, Karl (Hrsg), Umbruch in Politik und Verwaltung, S. 401 - 410
Röber, Manfred, 1996: Über einige Mißverständnisse in der verwaltungswissenschaftlichen Modernisierungsdebatte, in: Reichard, Christoph/Wollmann, Hellmut (Hrsg.) Kommunalverwaltung im Modernisierungsschub, S. 98 - 111
Rohe, Karl, 1994: Politik, Begriffe und Wirklichkeiten, Stuttgart
Rosenberger, Josef, 1995: Unternehmen Stadt Passau - Unser Weg zum Kommunalen Management, in: Hill, Hermann/ Klages, Helmut (Hrsg.), Lernen von Spitzenverwaltungen, S. 195 - 207
Roth, Roland/Wollmann, Hellmut (Hrsg.), 1994: Kommunalpolitik, Opladen
Rothe, Karl-Heinz, 1988: Über Begriff, Rechte und Pflichten der Ratsfraktionen, in: DVBl., S. 382 - 388
Rürup, Bert, 1995: Controlling als Instrument effizienzsteigernder Verwaltungsreformen, in: Aus Politik und Zeitgeschichte Band 5, S. 3 - 10
Schäfer, Peter, 1984: Bürgernähe, in: Voigt, Rüdiger (Hrsg.), Handwörterbuch zur Kommunalpolitik, S. 81 - 84

Schäfer, Rudolf/Volger, Gernot, 1977: Kommunale Vertretungskörperschaften, in: AfK Heft 1, S. 68 - 82

Scharpf, Fritz W.,1987: Grenzen der institutionellen Reform, in: Ellwein, Thomas/Hesse, Joachim Jens/Mayntz, Renate/Scharpf, Fritz W. (Hrsg.), Jahrbuch zur Staats- und Verwaltungswissenschaft Band 1, S. 111 - 151

Schiller, Theo, 1997: Verwaltungsmodernisierung und direkte Demokratie, in: Bogumil, Jörg/Kißler, Leo (Hrsg.), Verwaltungsmodernisierung und lokale Demokratie, S. 113 - 122

Schimanke, Dieter (Hrsg.), 1989: Stadtdirektor oder Bürgermeister, Basel

Schmid, Hansdieter, 2000: Kommunale Kosten- und Leistungsrechnung, in: Kommunalpraxis Heft 3, S. 84 - 90

Schmidt-Bleibtreu, Bruno/ Klein, Franz, 1995: Kommentar zum Grundgesetz, Neuwied

Schmidt-Jortzig, 1980 a: Verfassungsmäßige und soziologische Legitimation gemeindlicher Selbstverwaltung im modernen Industriestaat, in: DVBl. Heft1/2, S. 1 - 10

Schmidt-Jortzig, 1980 b: Rechte der Ratsfraktionen gegenüber der Gemeindeverwaltung, in: DVBl., S. 719 - 723

Schmithals, Elisabeth, 1995: Verbesserung der Leistungs- und Kostentransparenz im kommunalen Bereich durch Definition und Beschreibung von Produkten, in: Der BayBgm Heft 2, S. 53 - 57

Schmithals-Ferrari, Elisabeth, 1999: Der Leistungsvergleich als Motor des Berichtswesens, in: VOP Heft 10, S. 16 - 18

Schmöller, Willi, 1997: Drei Jahre Leitbild Unternehmen Stadt Passau, in: VOP Heft 5, S. 14 - 18

Schöneich, Michael (Hrsg.), 1996: Reformen im Rathaus, Köln

Schöneich, Michael, 1996: Produkte - und was dann, in: der Städtetag Heft 7, S. 451 - 452

Schultze, Rainer-Olaf, 1991: Gemeinwohl, in: Nohlen, Dieter (Hrsg.), Wörterbuch Staat und Politik, S. 193 - 198

Schumacher, Paul, 1996: Was ist neu an dem "Neuen Steuerungsmodell", in: Der Gemeindehaushalt Heft 10, S. 221 - 228

Simon, Klaus, 1988: Repräsentative Demokratie in großen Städten, Forschungsbericht der Konrad-Adenauer-Stiftung e. V. Nr. 65, Melle

Spieker, Herbert, 1996: Die neuen Münchner Bezirksausschüsse, München 1996

Spinner, Helmut, 1995: Rationalitätstheorien, in: Nohlen, Dieter/Schultze, Rainer-Olaf (Hrsg.), Lexikon der Politik, Bd. 1, S. 504 - 511

Stadt Passau, 1997: Unternehmen Stadt Passau – Unser Weg zum kommunalen Management, Passau

Stern, Klaus, 1984: Das Staatsrecht der Bundesrepublik Deutschland, Band 1, München

Stöbe, Sybille/Wohlfahrt, Norbert, 1996: Modernisierung des Staates – Modernisierung der Verwaltung, in: Hans-Böckler-Stiftung, Die Modernisierung der Kommunalverwaltung und die Rolle der Politik, S. 13 - 30

Strünck, Christoph, 1997: Kontraktmanagement und kommunale Demokratie, in: Heinelt, Hubert (Hrsg.), Modernisierung der Kommunalpolitik, S. 153 - 170

Struwe, Jochen, 1995: Lean Administration und Verwaltungscontrolling, in: Aus Politik und Zeitgeschichte Band 5, S. 20 - 32

Terhart, Ewald, 1997: Entwicklung und Situation des qualitativen Forschungsansatzes in der Erziehungswissenschaft, in: Friebertshäuser, Barbara/Prengel, Annedore (Hrsg.), Handbuch Qualitative Forschungsmethoden in der Erziehungswissenschaft, S. 27 - 42

Thieme, Werner, 1997: Der Oberbürgermeister als Stadtoberhaupt, in: DÖV Heft 22, S. 948 - 954

Unruh von, Georg-Christoph, 1986: Demokratie und kommunale Selbstverwaltung, in: DÖV Heft 6, S. 217 - 224

Vogelsang, Klaus/Lüpking, Uwe/Jahn, Helga, 1997: Kommunale Selbstverwaltung, Berlin

Voigt, Rüdiger (Hrsg.), 1984: Handwörterbuch zur Kommunalpolitik, Opladen

Voigt, Rüdiger (Hrsg.), 1995: Der kooperative Staat, Baden-Baden

Voigt, Rüdiger, 1984: Kommunalpolitik, in: Voigt, Rüdiger (Hrsg.), Handwörterbuch zur Kommunalpolitik, S. 239 - 243

Voigt, Rüdiger, 1992: Kommunalpolitik zwischen exekutiver Führerschaft und legislatorischer Programmsteuerung, in: Aus Politik und Zeitgeschichte Band 22-23, S. 3 - 12

Voigt, Rüdiger, 1993: Staatliche Steuerung aus interdisziplinärer Perspektive, in: König, Klaus/Dose, Nicolai (Hrsg.), Instrumente und Formen staatlichen Handelns, S. 289 - 322

Voigt, Rüdiger, 1995: Der kooperative Staat: Auf der Suche nach einem neuen Steuerungsmodus, in: Voigt, Rüdiger (Hrsg.), Der kooperative Staat, S. 33 - 92

Wallerath, Maximilian, 1986: Strukturprobleme kommunaler Selbstverwaltung, in: DÖV Heft 13, S. 533 - 545

Wallerath, Maximilian, 1997 a: Verwaltungserneuerung, in: VerwArch. Heft 1, S. 1 - 22

Wallerath, Maximilian, 1997 b: Kontraktmanagement und Zielvereinbarungen als Instrumente der Verwaltungsmodernisierung, in: DÖV Heft 2, S. 57 - 67

Wallerath, Maximilian, 1998: Kommunale Selbstverwaltung und Verwaltungsmodernisierung - eine Zwischenbilanz, in: DVP Heft 2, S. 53 - 59

Walter, Melanie, 1997: Stuttgarter Ratsmitglieder, in: Gabriel, Oscar W./Brettschneider, Franz/Vetter, Angelika (Hrsg.), Politische Kultur und Wahlverhalten in einer Großstadt, S. 229 - 247

Walther, Norbert/Brückmann, Friedel, 1996: Controllinggrundlagen und Controllingerfahrungen in Offenbach, in: Hill Hermann/Klages Helmut (Hrsg.), Controlling im Neuen Steuerungsmodell, S. 23 - 44

Weber, Max, 1966: Staatssoziologie, Berlin

Weber, Max, 1980: Aus Wirtschaft und Gesellschaft, Tübingen

Wehling, Hans-Georg, 1984: Der Bürgermeister und "sein" Rat, in: Politische Studien Nr. 273, S. 27 - 36

Wehling, Hans-Georg, 1989: Rechtsstellung, Rolle und Sozialprofil der Bürgermeister, in: Gabriel, Oscar W. (Hrsg.), Kommunale Demokratie zwischen Politik und Verwaltung, S. 221 - 235

Wehling, Hans-Georg, 1996: Kommunalpolitik, in: Nohlen, Dieter (Hrsg.), Wörterbuch Staat und Politik, S. 319 - 325

Wehling, Hans-Georg, 1998: Besonderheiten der Demokratie auf Gemeindeebene, in: Verwaltung und Management Heft 2, S. 76 - 80

Wehling, Hans-Georg/Siewert, H.-Jörg, 1987: Der Bürgermeister in Baden-Württemberg, Stuttgart

Weise, Frank, 1996: Den Wandel erfolgreich managen, in: Horvarth & Partner (Hrsg.), Neues Verwaltungsmanagement B 5

Weiß, Ulrich, 1998: Rationalismus/ Rationalität, in: Nohlen, Dieter (Hrsg.), Lexikon der Politik, Bd. 7, S. 532 - 534

Widtmann, Julius/ Grasser, Walter, 1998: Bayerische Gemeindeordnung (Kommentar), München, Stand Januar 1998

Willke, Helmut, 1992: Steuerungs- und Regierungsfähigkeit der Politik gegenüber Verwaltung und Gesellschaft, Wien

Wimmer, Georg, 1989: Parteien in der Kommunalpolitik, Wien

Winkler-Haupt, Uwe, 1988: Gemeindeordnung und Politikfolgen, München

Wolf, Thomas, 1999: Politisches Controlling im kommunalen Kontraktmanagement, in: VR Heft 4, S. 131 - 134

Wolf-Hegerbekermeier, Thomas, 1999: Die Verbindlichkeit im kommunalen Kontraktmanagement, in: DÖV Heft 4, S. 419 - 424

Wollmann, Hellmut, "Echte Kommunalisierung" und Parlamentarisierung, 1997: in: Heinelt, Hubert (Hrsg.), Modernisierung der Kommunalpolitik, S. 235 - 247

Wollmann, Hellmut, 1996: Verwaltungsmodernisierung, in: Reichard, Christoph/Wollmann, Hellmut (Hrsg.) Kommunalverwaltung im Modernisierungsschub, S. 1 - 49

Ziebill, Otto, 1964: Politische Parteien und kommunale Selbstverwaltung, Stuttgart

Ziegler, Josef, 1974: Bürgerbeteiligung in der kommunalen Selbstverwaltung, Würzburg

Zuleeg, Manfred, 1982: Die Fraktionen in den kommunalen Vertretungskörperschaften, in: Püttner, Günter (Hrsg.), Handbuch der kommunalen Wissenschaft und Praxis, Band 2, S. 156 - 164

Gerichtsentscheidungen

Urteil des Bundesverfassungsgerichts vom 20.03.1952, in: BVerfGE 1, 167 - 184
Beschluss des Bundesverfassungsgerichts vom 12.07.1960, in: BVerfGE 11, S. 266 - 277
Beschluss des Bundesverfassungsgerichts vom 26.10.1994, in: DVBl 1995, S. 290 - 296
Urteil des Bayerischen Verwaltungsgerichtshofes vom 21.08.1961, in: BayVbl 1962, S. 24 - 25
Beschluss des Bayerischen Obersten Landesgerichts vom 28.02.1974, in: BayVbl 1974, S. 313 - 314

Unterlagen der Landeshauptstadt München

Beschluss des Stadtrates vom 02.03.1994: „Grundsatzbeschluss zur Aufgaben- und Verwaltungsreform"
Beschluss des Stadtrates vom 23.07.1996 und vom 20.11.1997: „Delegation von Personalkompetenzen auf den Oberbürgermeister"
Beschluss des Stadtrates vom 18.03.1998: „Stadtweite Umsetzung des Neuen Steuerungsmodells"
Beschluss des Stadtrates vom 27.10.1999: „Entwicklung und Einführung des produktorientierten Berichtswesen"
Beschluss des Stadtrates vom 27.10.1999: „Sachstandsbericht zur Verwaltungsreform"
Geschäftsordnung des Stadtrates der Landeshauptstadt München vom 02.05.1996, zuletzt geändert am 29.01.1997
Satzung für die Bezirksausschüsse vom 03.01.1996
Gesamtstädtisches Leitbild Entwurf Stand 16.02.2000